Der Bockenkrieg 1804

Der Bockenkrieg 1804

Aspekte eines Volksaufstandes

Herausgegeben von Joseph Jung

unter Mitarbeit von Michael Hess

Verlag Neue Zürcher Zeitung

© 2004 Ortsmuseum Sust, Horgen
Herausgeber: Joseph Jung im Auftrag der Gemeinde Horgen
Illustrationen: Michael Hess
Lektorat: Edgar Haberthür
Gestaltung: Heinz Egli, Markus Fasnacht
Verlag Neue Zürcher Zeitung, Zürich
ISBN 3-03823-103-7
www.nzz-buchverlag.ch

Inhaltsverzeichnis

Walter Bosshard	Vorwort	7
Joseph Jung	Zur Einführung	9
Jürg Stüssi-Lauterburg	Voraussetzungen und Folgen des Bockenkrieges in der internationalen Politik	19
Otto Sigg	Schlaglichter auf die Zeit des Bockenkrieges	33
Peter Ziegler	«Aufrührer», Verführte und Herrschende	45
Hubert Foerster	Ein militärischer Ordnungseinsatz zum Wohle des Vaterlandes	73
Hans Rudolf Fuhrer	Ein asymmetrischer Krieg?	99
René Bieri	Die Landjägerkorps	131
	Autorenverzeichnis / Bildnachweis Ortsmuseum Sust	168

Vorwort

Bocken, während Jahrhunderten Herrschaftssitz, Kurort und landwirtschaftlicher Gutsbetrieb oberhalb von Horgen, ist Namensgeberin für ein Gefecht, das im Frühjahr 1804 an diesem Ort zwischen Aufständischen und eidgenössischen Truppen stattfand. Als Bockenkrieg hat diese kriegerische Auseinandersetzung zwischen Stadt und Landschaft, zwischen Obrigkeit und Bevölkerung ihren festen Platz in der Geschichte der Gemeinde Horgen, aber auch in der Geschichte unseres Kantons und unseres Landes gefunden. Der Bockenkrieg ist ein Stück unserer Geschichte.

Aus Anlass des 200-Jahr-Jubiläums sollen die Gründe, welche zu diesem Krieg führten, die kriegerischen Ereignisse selber, aber auch die Folgen dieses Krieges näher unter die Lupe genommen werden. Die vorliegende Schrift ermöglicht den Zugang zu diesem Stück Geschichte.

Sind solche historischen Rückblicke in einer schnelllebigen Zeit wie der heutigen überhaupt noch sinnvoll? Ich meine ja. Gerade das Beispiel des Bockenkrieges zeigt uns exemplarisch das wirtschaftliche, soziale und politische Umfeld vor 200 Jahren auf. Und dies hat durchaus auch Gegenwartsbezug. Auch heute sind und bleiben beispielsweise Steuerbelastungen sensible Themen. Auch heute besteht ein latentes Spannungsverhältnis zwischen den Gemeinden und der kantonalen Regierung. Dies zeigen – 200 Jahre nach dem Bockenkrieg – die aktuellen politischen Auseinandersetzungen zwischen der kommunalen und der kantonalen Ebene im Rahmen der wirtschaftlich bedingten Sparbemühungen der öffentlichen Hand. Die Themen wiederholen sich, die Mittel der politischen Auseinandersetzung sind aber ganz andere.

Ich freue mich, dass dieses Stück unserer Geschichte wissenschaftlich präzis und attraktiv in der Gestaltung aufgearbeitet wurde. Mein Dank richtet sich an Prof. Dr. Joseph Jung, den Herausgeber dieser Schrift, sowie an die Autoren René Bieri, lic. phil. Hubert Foerster, PD Dr. Hans Rudolf Fuhrer, Dr. Otto Sigg, Dr. Jürg Stüssi-Lauterburg und Prof. Dr. h. c. Peter Ziegler. Ebenso danke ich Michael Hess für die konzeptionelle Mitarbeit und die Zusammenstellung der Illustrationen und Edgar Haberthür für das Lektorat. Mein Dank für vielfältige Unterstützung geht schliesslich an Dr. Matthias Senn, Schweizerisches Landesmuseum, an Dr. Barbara Stadler, Staatsarchiv des Kantons Zürich, und an Dr. Jürg Wille, Feldmeilen.

Horgen, Frühjahr 2004					Walter Bosshard
							Gemeindepräsident

Der Landsitz Bocken in Horgen, seit 1993 Teil des Credit Suisse Communication Center, war 1804 Schauplatz von kriegerischen Auseinandersetzungen. Flugaufnahme von Nordwesten. Links oben das Herrenhaus, unten links das ehemalige Reitgebäude, unten rechts das CS Forum.

Joseph Jung

Zur Einführung

Vorliegende Schrift entführt die Leserinnen und Leser in die Jahre vor der Gründung des schweizerischen Bundesstaates. Der Bockenkrieg – bisweilen als Aufstand von bloss regionaler Bedeutung missverstanden, ja als «Revolutiönchen» lächerlich gemacht – erregte 1804 durchaus internationale Aufmerksamkeit. «Wir waren zunächst alarmiert über diese Unruhen», schrieb Napoleon Bonaparte am 26. Mai 1804 an den Schweizer Landammann Niklaus Rudolf von Wattenwyl. Was war geschehen?

Wir schreiben das Jahr 1792. Napoleon führt zugleich nördlich und südlich der Schweiz Krieg. Im Frühjahr überschreiten französische Truppen die Landesgrenze – angeblich, um die Schweiz von Österreich zu befreien. Doch Napoleon will die Kontrolle über die Mittellandachse und die Alpenpässe. Ihn locken überdies die vollen Staatskassen und das schweizerische Potential an erfahrenen Soldaten. Die Schweizer ihrerseits sind sich uneinig, ob sie kämpfen oder sich ergeben sollen. 1798 kapitulieren Bern und Zürich. Der danach noch eilig formierte Berner Landsturm wird vernichtend geschlagen. «Seid einig!» heisst es auf dem Schlachtdenkmal im Grauholz. Fehlende Einigkeit ist das Hauptproblem der Eidgenossenschaft. Johann Wolfgang von Goethe schreibt dazu an Friedrich Schiller: «Sie werden nicht zusammenstehen und werden einer nach dem andern totgeschlagen.»

Der Bockenkrieg hat eine bittere Lektion erteilt. Schiller greift den Satz im Drama «Wilhelm Tell» auf.

Während der sogenannten Helvetik (1799–1803), die das Protektorat Helvétie zentralistisch organisiert, wird die Schweiz von den französischen Kriegsherren trotz Proklamationen schöner Revolutionsideale ausgebeutet.

Die damalige Stimmung in der Bevölkerung bleibt kontrovers. Auf der einen Seite steht stellvertretend das Gedicht des Pfarrers von Sigriswil, das die klare Aufforderung enthält: «Marsch! Marsch! Franzos gang hey!» Dagegen die andere Position: Nach fünf Jahren am Abgrund der Auflösung seien die Schweizer Frankreich für die Rettung der persönlichen, gesellschaftlichen und staatlichen Existenz dankbar gewesen.

1799 stossen preussische, österreichische und russische Truppen in die Schweiz vor, diesmal angeblich, um Helvetien von Frankreich zu befreien. Das Land wird zum Schauplatz kriegerischer Auseinandersetzungen zwischen den damaligen europäischen Grossmächten. Nach den Friedensschlüssen von 1800 und 1801 ziehen die französischen Truppen aus den meisten Gebieten der heutigen Schweiz ab. Schon der republikanische Senator und spätere NZZ-Redaktor Paul Usteri hielt das für eine durchtriebene und perfide Aktion. Napoleon wusste, dass das Land nach dem Abzug der französischen Truppen aus den Fugen geraten musste, was einen erneuten Einmarsch rechtfertigen würde. So jedenfalls kommt es. Kaum sind die Franzosen weg, geraten sich die Schweizer endgültig in die Haare. Um die Schweiz steht es schlecht. Die Unitarier wollen bei der helvetischen Verfassung bleiben, die Föderalisten hingegen kämpfen für kantonale und kommunale Autonomierechte. Es kommt zu Ausbrüchen offener Gewalt. Die helvetische Regierung wird verjagt und bittet unverzüglich Napoleon um Hilfe. Im August 1802 marschieren zum zweiten Mal französische Truppen in der Schweiz ein. Napoleon beruft die schweizerische verfassunggebende Versammlung (Consulta) nach Paris und händigt ihr eine neue, föderalistische Verfassung für Bund und Kantone aus (Mediation). Die Untertanenverhältnisse sollen abgeschafft und die Gleichberechtigung zwischen Stadt und Landschaft festgeschrieben werden. Indes: Papier ist geduldig. Die Umsetzung der Mediationsverfassung führt namentlich in Zürich zur Verschlechterung der Lebensbedingungen in ländlichen Gebieten. Mangels neuer Rechtsgrundlagen werden Folter und Körperstrafen des Ancien Régime, wenn auch in gemilderter Form, wieder eingeführt. Die Pressezensur verhindert unruhestiftende politische Zeitungen. Die teilweise von jahrelangen Kriegswirren gebeutelte Landbevölkerung sieht sich in verschiedenen Kantonen von einer städtischen Aristokratie unterdrückt, die zwar mit Napoleon gemeinsame Sache macht, zugleich aber die Wiederherstellung der vorrevolutionären Ordnung anstrebt.

Vor diesem Hintergrund hoffen die Anführer des Bockenkrieges, in dem sich 1804 der Unwille revolutionär gesinnter Patrioten rund um den Zürichsee Luft verschafft, sie könnten den Ersten Konsul auf ihre sozialen Mißstände aufmerksam machen und für sich gewinnen. Sie ahnen nicht, dass Napoleon sich noch im Herbst 1804 zum Kaiser krönen und so endgültig auf die Seite der Aristokraten schlagen wird. Das sollte auch für weitsichtige Geister wie Schiller oder Beethoven überraschend kommen. Und damit hängt die zweite, nicht weniger bittere Lektion zusammen, welche viele Schweizer im Bockenkrieg lernen: Auch auf den mächtigsten Nachbarn ist nicht immer Verlass.

Am 14. März 1803 beschliesst der Zürcher Grosse Rat, den Huldigungsakt wieder einzuführen. Das heisst: In allen Kirchen müssen die Bürger einen Eid auf Obrigkeit,

François Gérard (1770–1837), Napoleon im Krönungsornat. Öl auf Leinwand, um 1810. – Napoleon brachte weder Demokratie noch Gleichheit in die Schweiz, wie Johann Jakob Willi dies fälschlicherweise erhoffte. Umsonst appellierte Willi angesichts seiner Verurteilung durch das Kriegsgericht an Napoleon Bonaparte. Allerdings äusserte dieser sein Missfallen gegenüber den ausgesprochenen Todesstrafen, und nicht zuletzt auf Druck aus Frankreich wurde das Kriegsgericht Ende April 1804 aufgelöst.

Verfassung und Gesetze ablegen. Schon tags darauf wird dieser Akt in der Stadt Zürich ohne Schwierigkeiten vollzogen. Auf dem Land hingegen regt sich vielerorts Widerstand gegen die Vereidigung: 47 von 192 Gemeinden verweigern den Gehorsam. In Stäfa werden Stühle hin und her geschoben, so dass man die Ausführungen der Deputierten kaum verstehen kann. Auch Meilen, Hinwil und Wädenswil sind Zentren des Widerstands. Die Deputierten werden geduzt und bald mit Schneebällen, bald mit Kot und faulen Äpfeln beworfen. In Andelfingen und im Knonauer Amt eskalieren die Proteste zur Revolte. Der Bockenkrieg ist somit kein Einzelereignis, sondern einer von vielen Aufständen am Übergang zwischen Helvetik und Mediation.

Den eigentlichen Kriegsgrund bilden die sozioökonomischen Mißstände am oberen Zürichsee, im Oberland und im Amt, die teils auf feudalistische Altlasten, teils auf die Kriegswirren und teils auf die neuen Verfassungen zurückgehen. Die Manufakturen ← *Handarbeiten* gewinnen an Bedeutung, die Industrialisierung bahnt sich an. Um 1800 leben zwischen Knonauer Amt und Zürcher Oberland nurmehr 10 bis 20 Prozent der Haushalte von ihrem Grundbesitz. Bis zu 70 Prozent der Familien sind Kleinbauern; ein Viertel der Bevölkerung schlägt sich als Heimarbeiter und Taglöhner durch. Viele ziehen auf der Suche nach Gelegenheitsarbeit umher. Diese unterste, flottante soziale Schicht gibt ein erschütterndes Bild: Bettelei und Landstreicherei sind zum allgegenwärtigen Problem geworden. Fahrendes Volk, falsche Steuereintreiber, Falschmünzer, Tierbändiger, unschickliche Weibspersonen und Deserteure machen die Strassen unsicher. Die «Preisaufgabe der Naturforschenden Gesellschaft» von 1803 beschäftigt sich mit der Frage, wie «Taglöhner und Fabrikarbeiter so beschäftigt werden» können, «dass sie in den Stand gesetzt werden, sich … den notwendigsten Unterhalt zu verschaffen». Die eingegangenen Antworten sind bemerkenswert. Viele von ihnen empfehlen die Abkehr von der Industrialisierung und die Einschränkung des Handels durch Rückkehr zu Formen der Subsistenzwirtschaft. Die Entwicklung jedoch ist nicht aufzuhalten. *das Bestehen durch sich selbst (Eigenständig)*

Die Bockenkrieg-Rebellen rekrutieren sich aus unterschiedlichen sozialen Schichten. Ein vergleichender Blick auf die Lebensläufe ihrer Anführer zeigt es deutlich: Die Brandstifter der ersten Stunde zählen allesamt zur verarmten Unterschicht. Anders die Männer um Johann Jakob Willi: Hauser ist musikalisch begabt und unterrichtet in reiferen Jahren an einer Gemeindeschule. Wie Häberling zählt auch Schneebeli als gelernter Färber, Unternehmer, helvetischer Beamter und eidgenössischer Truppenkommandant a. D. zur neuen ländlichen Oberschicht. Hanhart, der die Aufständischen im Oberland kommandiert, stammt aus wohlhabenden Verhältnissen und hat 1799 als französischer Grenadierhauptmann gedient. Willi selbst schliesslich, der eigentliche Kopf der Rebellen im Bockenkrieg, erlernt zunächst bei seinem Vetter in Horgen das Schu-

«Freiheit durch Aufstand.»
Kolorierter Stich von
J. J. Aschmann (1747–1809). –
Mit der Brandlegung des Landvogteischlosses in Wädenswil
in der Nacht vom 24. auf den
25. März 1804 wurde der Beginn
des bewaffneten Aufstands
symbolträchtig in Szene gesetzt.

sterhandwerk, reisst aber schon als Fünfzehnjähriger aus und verdingt sich als Söldner erst in spanischen, dann in französischen Diensten. Vier Jahre verbringt er in englischer Kriegsgefangenschaft. Er ist weder der gebildetste noch der kompetenteste militärische Führer unter den Köpfen des Aufstands, aber ein Mann von besonderer Überzeugungskraft. Daher wird er zum unumstrittenen Chef der Aufständischen, für die er die hochtrabende Bezeichnung «gerechtigkeitsbegehrende Truppen» erfindet. In seinem charismatischen Auftritt und seinem ebenso aufrichtigen wie naiven Glauben an Gerechtigkeit erinnert Willi an Figuren wie Robin Hood und Wilhelm Tell.

Am 17. März 1804 wird Friedrich Schillers Drama «Wilhelm Tell» in Weimar uraufgeführt. Bereits vom nahenden Tod gezeichnet, feiert der Dichter einen der grössten Erfolge seines Lebens. Das Motiv des Freiheitskämpfers liegt in der Luft. Nur eine Woche nach der «Tell»-Premiere beschliessen fünf Zürcher am Wirtshaustisch, das ehemalige Vogteischloss Wädenswil in Brand zu stecken. Das Gemäuer steht zwar schon längere Zeit leer, doch das Zeichen wird verstanden. Weit leuchtet diese Kriegserklärung nach historischer Vorlage in die Zürcher Landschaft hinaus. Willis Truppen setzen Bevölkerung und Gemeindebehörden massiv unter Druck, damit diese sich ihnen anschliessen. «Stellt Truppen», befiehlt Willi der Horgener Gemeindebehörde, «oder zitret für euer Leben und Eigentum». Trotz oder gerade wegen derlei harter Methoden bleiben die Werber am rechten Zürichseeufer jedoch erfolglos. Und vielleicht auch, weil hier die Erinnerung an einen früheren Aufstand der Landbevölkerung, den Stäfner Handel von 1794/95, noch zu lebendig ist. Dieser war mit solcher Härte unterdrückt worden, dass selbst der damals involvierte Johann Heinrich Pestalozzi im Bockenkrieg nicht mehr den Mut hatte, seine Stimme zu erheben.

Schon am 18. März hat die Zürcher Regierung eidgenössische Truppen zur Verstärkung angefordert. Der umsichtige Landammann von Wattenwyl überlegt sich gut, in welchen Kantonen er die Einheiten rekrutieren will, die den Rebellen entgegentreten sollen. Soldaten aus der Waadt kommen für den Berner Patrizier nicht in Frage, weil ihm der Aufstand der Vaudois gegen Bern noch in allzu lebendiger Erinnerung ist. Das Kontingent aus Luzern weist von Wattenwyl zurück, weil er befürchtet, dass die Luzerner den Rebellen Waffen und Munition liefern. Schliesslich kommen die ersten eidgenössischen Einheiten, die nach Zürch entsandt werden, aus Bern, Freiburg und dem Aargau.

Von Wattenwyl lässt in den Gegenden, die Widerstand leisten, einen Zettel aushängen, der unter Drohungen zum Gehorsam aufruft: «Gegen zusammengerottetes Volk gebietet selbst die Menschlichkeit Strenge... Der erste Wink eurer Regierung findet mich bereit, eidgenössische Truppen gegen euch ziehen zu lassen. Dann aber wird die Strafe für euch eine schreckliche sein.» Den eilig mobilisierten Truppen gibt von Wattenwyl die Erlaubnis zum ungehindert freien Gebrauch der Schusswaffen gegen alles.

Am 23. März 1804 wird Christoph Ziegler von Landammann von Wattenwyl zum Oberbefehlshaber der eidgenössischen Truppen ernannt. Fünf Tage später, am 28. März, setzt sich Ziegler mit rund 800 Mann von Zürich Richtung Horgen in Bewegung. Die vier Kriegsschiffe sollten vom See her angreifen, die mittlere Kolonne dem Ufer entlang und die dritte Einheit vom Horgenberg her: ein Zangenangriff nach Napoleonischem Vorbild. So haben die Franzosen auch 1798 beim Grauholz den Berner Landsturm in die Knie gezwungen.

Bei Oberrieden kommt es zum ersten Gefecht. Die eidgenössischen Truppen nehmen das Dorf im Sturm, worauf sich die Rebellen bergwärts zurückziehen. In Horgen verbreitet insbesondere das Auftauchen der Kriegsflotte Angst. Es ist ihr letzter Einsatz. Die Schiffe sind recht baufällig, aber sie versehen ihren Dienst als Instrumente der psychologischen Kriegführung. Die eidgenössischen Truppen stossen den Aufständischen schnell Richtung Horgenberg nach – zu schnell, denn der Munitionsnachschub bleibt zurück. Überdies versinkt eine Kanone im Morast. Oberst Ziegler schreibt in sein Tagebuch: «Bey der Boken ereignete sich abermals ein lebhaftes Gefecht. Wir rauften uns so den ganzen Tag mit dem Feinde herum und zogen die Nacht wieder in Zürich ein, weil die Truppen zu sehr ermüdet waren, als dass man auf einen wachsamen Vorposten Dienst hatte zählen und die Position bey Kilchberg nemmen können.»

An diesem 28. März stehen sich auf beiden Seiten rund 800 Mann gegenüber. In der Schlacht auf Bocken gelingt es den Rebellen, den Feind hinzuhalten und zu zermür-

Beschiessung von Horgen vom See aus. Malerei auf Holztäfer.

ben. Landammann von Wattenwyl ist besorgt. Umgehend macht er sich daran, weitere 3500 Mann zu mobilisieren und nach Zürich zu entsenden. Auf Bocken haben allerdings auch die Rebellen Federn lassen müssen. Willi ist am Bein verletzt und nur noch sehr beschränkt einsatzfähig. Am 1. April setzt er über den See, um neue Gefolgsleute im Oberland zu rekrutieren. Am 2. April sieht man ihn mit ein paar Getreuen und der erbeuteten Kanone in der Nähe von Hinwil. Am 4. April rückt Ziegler mit seinem nunmehr über 4000 Mann starken Heer erneut auf breiter Front Richtung Horgenberg vor. Er stösst entlang dem linken Seeufer und im Knonauer Amt auf keinerlei Widerstand mehr. Hier ist der Krieg gewonnen. Er schreibt in sein Tagebuch: «Ein par Patruillen Schiffe nach Stefa hinüber geschikt wegen dem Willi.» Auf den Kopf des Rebellenführers wird eine Belohnung von 1000 Franken ausgesetzt.

An den folgenden Tagen widmen sich die Eidgenossen bereits den dringlichsten Nachkriegsaufgaben: «Die Entwaffnung wird immer fortgesetzt und eine vorläuffige Versicherung für die Kriegskosten auf die Gemeinden ausgeschrieben.» Dabei dürfte für die Mannschaft auch viel freie Zeit angefallen sein. Es wird berichtet, dass die Berner zur Erhaltung der Truppenmoral in Wartezeiten Schwingwettkämpfe organisierten, während die Freiburger gemeinsam Lieder sangen. Das ist um so bemerkenswerter, als man weiss, dass es den Freiburger Söldnern auf Napoleons Russlandfeldzug bei Todesstrafe verboten werden sollte, etwa den «Ranz des Vaches» anzustimmen. Dieser Gesang nämlich, so sagte man, wecke in den Freiburgern fern der Heimat ein derartiges Heimweh, dass sie danach jeweils auf Tage hinaus kampfunfähig seien. Am Horgenberg bleibt diese Wirkung aus.

Doch zurück zum Ablauf der Kriegshandlungen. Am 7. April 1804 schreibt Ziegler in sein Tagebuch: «Vormittags zwischen 8 und 9 Uhr schifften wir mit 13 Compag. Infant., 1 Zug Scharfschützen, einer Compag. Züricher Freywilliger und einichen Chevaux legers in Wedenschwil, Richterschwil und Horgen ein und sezten über den See nach Stäfa, Menedorf, Ütikon und Meilen. Durch 3 Kanonenschüsse wurde das Signal zur Überfahrt gegeben. H. Oberst v. Hauser blieb noch mit 8 Compagnien auf dem linken See Ufer zurück. Das Hauptquartier wurde auf dem Züricher Kriegsschiffe von Wedenschweil nach Stefa verlegt. Ongefehr eine Stunde nachdeme wir in Stefa eingerükt waren und durch einiche H. Officiers zugleicher Zeit mehrere Haüser visitiert wurden, entdekte H. Leut. Gatschet den Rebellenchef Willj bey dem Metzger Riffel, wo er unter Rebsteken und Stroh verstekt war. Willj und Reiffel, in dessen Haus man noch überdies 5 Gewehre fand, wurden sogleich in Ketten gelegt und im Hauptquartier in gute Verwahrung genommen.»

Oberst Ziegler nennt die Rebellen in seinen Aufzeichnungen Schelme, Räuber oder Gesindel, als habe es sich um einen wilden, ungeordneten Haufen gehandelt. Das dürfte allerdings nicht ganz den Tatsachen entsprechen. Bis heute werden die beiden Truppenkörper hinsichtlich Ordnung und Disziplin kontrovers beurteilt. «Jeden, der raubt oder Unbewaffnete ermordet, werde ich mit eigener Hand erschiessen», so die Drohung Willis. Daher die Auffassung, dass die Führer der Aufständischen keine schlimme Disziplinlosigkeiten zuliessen – eine soldatische Qualität, welche die eidgenössischen Truppen nicht an allen Orten zeigten. So gab es Übergriffe der eidgenössischen Truppen auf Zivilisten. Lassen diese sich daraus erklären, dass eidgenössische Soldaten da und dort von Zivilisten beschossen und von Frauen mit Heugabeln angegriffen worden waren? Ein umstrittenes Ereignis war tatsächlich, dass eine Frau von einem Schützen der Freiburger Kompanie erschossen wurde. Dazu heisst es im «Schweizer Bothe» von 1804: «Sie hatte sich selbst ihr Unglück zugezogen. Weiber sollen nicht gegen Männer streiten mit solchen Waffen. Dies sey zur Ehrenrettung der Freyburger gesagt.»

Was die Aburteilung der Rebellenführer betrifft, lässt von Wattenwyl umgehend äusserste Strenge walten. Schon neun Tage nach Willis Verhaftung wird in Zürich das Kriegsgericht eingesetzt. Willi, Schneebeli und Häberling werden zum Tod verurteilt und unverzüglich – noch während das Gericht weiter tagt – auf dem Münsterhof hingerichtet. 18 Aufständische sterben gleichentags unter den Stockhieben, die ihnen als Strafe zugedacht werden. Warum die Eile? Warum die unerbittliche Strenge?

Von Wattenwyl geht es darum, eine neuerliche Invasion der Franzosen um jeden Preis zu verhindern. Den toten Rebellen würde Napoleon gewiss nicht zu Hilfe eilen – den lebenden möglicherweise schon. Jedenfalls rät der Erste Konsul dem Landammann, Milde walten zu lassen. Und zweifellos hoffen Willi und die Seinen im Kerker darauf, dass sich Napoleon für sie einsetzen werde. Von Wattenwyl stellt durch sein konsequentes Vorgehen sicher, dass das Gericht ungehindert arbeiten und seine volle Abschreckungswirkung entfalten kann. Auch gegenüber den Gemeindebehörden, die unter schwersten Drohungen seitens beider Kriegsparteien haben Position beziehen müssen, kennt von Wattenwyl keine Gnade. Am 5. April 1804 wird der Gemeinderat von Wädenswil, am 10. April derjenige von Horgen in globo abgesetzt. Erst 1809 darf Wädenswil wieder freie Wahlen zur Besetzung des Gemeinderates und des Friedensrichteramtes durchführen. 42 Gemeinden haben hohe Bussen zu bezahlen. Hinter dem steht ein ganzes Netzwerk regierungstreuer Amtsträger, das Hunderte von Personen wegen ihrer Teilnahme am Aufstand bei den Zürcher Behörden denunziert hatte.

Landammann von Wattenwyl zielt, wie schon seine Proklamation vom 18. März 1804 deutlich gemacht hat, auf die Wiederherstellung des absoluten Gehorsams im

Sinn der Ständeordnung des Ancien Régime: «Wir sehen vor, dass das durch fünf Revolutionsjahre verwilderte Volk nicht anders als durch militärisches Vorgehen zum unbedingten Gehorsam gegen seine gesetzliche Obrigkeit gebracht und von dem unglückseligen Wahne geheilt werden kann, es dürfe Gesetze vorschreiben.» Johann Jakob Willi erscheint mit ungebrochenem Sendungsbewusstsein vor Gericht. Er zeigt weder Reue noch die geringste Absicht, die Richter milde zu stimmen. Gefasst, betend und «in zärtlichen Worten der Seinigen gedenkend» geht er in den Tod.

Erst eine scharfe Note Napoleons bringt die Eidgenossen dazu, das Kriegsgericht aufzulösen und auf weitere Verfolgungen zu verzichten. Besser als tausend Worte dokumentiert der Ingrimm der rächenden Strafjustiz, welche Bedeutung der Bockenkrieg für die Eidgenossenschaft und ihre internationale Positionierung hatte.

Die Strategie der Abschreckung hatte sich insofern bewährt, als keine weiteren Ordnungs- und Strafaktionen dieser Art erfolgen mussten. Ein Exempel war statuiert worden, auch um den Preis, dass Märtyrer und Volkshelden geschaffen wurden. Unbestritten ist sicherlich, dass die schnelle Wiederherstellung von Ruhe und Ordnung im Interesse einer Mehrheit der Bevölkerung gelegen hatte. Und nicht zuletzt war es darum gegangen, Napoleon zu zeigen, dass die Schweizer Obrigkeit in der Lage war, Turbulenzen dieser Art aus eigener Kraft zu meistern. In seinen Briefen vom 21. und 26. Mai 1804 teilte der französische Herrscher dem Landammann in Bern denn auch mit, dass er mit dem Vorgehen der Schweizer Behörden gegen die Aufständischen einverstanden sei.

Und was bleibt vom Bockenkrieg für die heutige Gegenwart? Einerseits gewiss die Denkmäler und Bilddokumente. Andrerseits das Bockenkriegs-Schiessen der Schützengesellschaft Horgen, das als Preis- und Wettschiessen von Schützenvereinen aus dem ganzen Kanton ausgetragen wird – nächstes Mal vom 24. September bis zum 2. Oktober 2004. Als Hintergrund dieses «rite de commémoration» hält die Schützengesellschaft Horgen die Erinnerung an die mutigen Neuerer wach, die der Zürcher Aristokratie und den eidgenössischen Anpassern zugleich die Stirne boten.

Jürg Stüssi-Lauterburg

Voraussetzungen und Folgen des Bockenkrieges in der internationalen Politik

«Hier wohnte der Schuhmacher Joh. Jak. Willi / Anführer des Landvolkes im Bockenkrieg 1804 / Enthauptet in Zürich am 25. April 1804.»[1] So erinnert seit 1986 eine Tafel in Horgen an jenen Mann, der, zusammen mit Jakob Schneebeli von Affoltern und Heinrich Häberling von Knonau, den bewaffneten Widerstand gegen eine als ungerecht empfundene Ordnung mit dem Leben bezahlte. Zusammen mit der an der Fassade des Hauses Alte Landstrasse 10 eingemauerten Kanonenkugel[2], dem Denkmal in Affoltern am Albis und dem recht verbreiteten Stich[3] von J. J. Aschmann über das namengebende Gefecht auf Bocken am 28. März 1804 bewahrt die Tafel für Willi eine Seite Schweizer Geschichte vor dem Vergessen durch eine Gegenwart, welcher die zu Beginn des 19. Jahrhunderts teuer und unter Wirrungen und Irrungen erkämpfte Freiheit vielleicht nur allzu sehr selbstverständlich geworden ist.

Andere Autoren schildern zwischen denselben Buchdeckeln die Ursachen des teils unbewaffneten, teils bewaffneten Widerstandes gegen den erschwerten Zehntenloskauf und gegen die Eidesleistung auf die am See und im Amt wenig geliebte kantonalzürcherische Inkarnation der Mediationsverfassung. Sie gehen auf den Brand des Schlosses Wädenswil ein (einen der letzten schweizerischen Burgenbrüche), auf den Verlauf der Kämpfe und schildern die – zuerst vom bedeutendsten Kenner des Jahres 1804 in der Schweiz, Staatsarchivar Hubert Foerster von Freiburg, unterstrichene – Wichtigkeit des Bockenkrieges für die Ausbildung einer modernen schweizerischen Militärorganisation, stellte die Niederwerfung des Aufstandes doch die von der Zürcher Obrigkeit und vom Landammann der Schweiz, Niklaus Rudolf von Wattenwyl, herbeigerufenen kantonalen Kontingente vor neuartige Herausforderungen. Es mag sein, dass dabei auch Spezialaspekte zur Sprache kommen wie die Rolle von Oberst Jakob Christoph Ziegler an der Spitze der Regierungstruppen oder wie der gut belegte militärische Einsatz von Frauen auf der Seite der Freiheitskämpfer beziehungsweise, je nach Standpunkt, der Rebellen. Dass unter den Umständen von 1804 auf Seite der Freunde der Obrigkeit ein Einsatz von Frauen auf der Gegenseite besonders ungern gesehen wurde, versteht sich. Der in Aarau erscheinende «Schweizer Bothe» meldete damals in seinem ersten Band:

«Es ist Lüge, dass man wehrlose Weiber, Kinder und Greise ermordet hätte. Aber wahr ists, dass auch Weiber mit Stangen und Mistgabeln rasend genug waren, die Mannschaft der Eidgenossen anzufallen. Und wahr ists, dass eines dieser Weiber das Leben verlor durch einen Schuss. Aber sie hatte sich selbst ihr Unglück zugezogen. Weiber sollen nicht gegen Männer streiten mit solchen Waffen! Dies sey zur Ehrenrettung der Freyburger gesagt!»[4]

Unsere Aufgabe aber ist nicht, faszinierenden und bedeutungsschweren oder auch einfach interessanten Einzelheiten nachzugehen, sondern den *internationalen* Kontext des Bockenkrieges zu skizzieren.

Die alte Republik Zürich war wie die Eidgenossenschaft als Ganzes 1798 zusammengebrochen. Dieser Zusammenbruch ging sehr direkt auf den Wunsch der erobernden Franzosen zurück, die Schweizer Alpentransversalen zu behändigen und die lockenden Staatsschätze der eidgenössischen Orte zu «befreien». Mit irgendwelchen emanzipatorischen Anliegen hatte die Invasion nur soviel zu tun, dass die Republikaner an der Seine in jenen Schweizern, die den Idealen der Französischen Revolution besonders zugetan waren, zunächst natürliche Verbündete erblickten. Dass allerdings auch fervente Befürworter des unter dem Namen «Helvetische Republik» Gestalt annehmenden Neuen häufig nur allzu bald desillusioniert waren, dass die *wahre* Schweiz auch von den meisten Schweizern in den verbissen Widerstand leistenden Bewohnern der Gebirgsgegenden gesehen wurden, etwa in den Nidwaldnern und Nidwaldnerinnen, welche sich am 9. September 1798 mit dem Mute der Verzweiflung wehrten, macht bereits die immer wieder lohnende Lektüre von Gottfried Kellers Erzählung «Verschiedene Freiheitskämpfer»[5] klar. Der Widerstand von 1798 mündete in den Krieg von 1799, wo vom Juni bis zum September der Zürichsee die Front zwischen den Franzosen in Horgen und den Österreichern und Russen in Meilen war. Das an die Zweite Schlacht bei Zürich mahnende Denkmal am Eingang des Tierparks Langenberg steht nicht umsonst auf seinem Platz. Die Russen Alexander Rimski-Korsakows in Zürich hofften, die Russen des über den Gotthard herannahenden Eroberers von Oberitalien, Alexander Suworows, auf der Albispasshöhe auftauchen zu sehen. Suworow setzte auf die Kraft der Losung «Religion, Souveränität», welche er gegen das französische Motto «Freiheit, Gleichheit» stellte.[6] Allein, die Hoffnung der Russen Rimski-Korsakows erfüllte sich nicht. Die Franzosen hatten den bereits verlorenen Gotthardstock wieder in ihre Gewalt gebracht und verzögerten Suworow so lange, bis André Masséna seinen Gegenspieler Rimski-Korsakow geschlagen hatte. Die Schweiz geriet erneut völlig unter französische Botmässigkeit.

Das ehemalige Wohnhaus von Johann Jakob Willi an der Alten Landstrasse 10 in Horgen mit einer Kanonenkugel und der Inschrift auf der Seitenfassade. Die Kugel soll nach der Überlieferung aus der Beschiessung von Horgen durch die eidgenössischen Truppen stammen.

Im folgenden Jahr 1800 wurde die Schweiz französische Operationsbasis gegen Süden – für Napoleon Bonapartes Zug über den Grossen St. Bernhard auf das Schlachtfeld von Marengo – und gegen Norden über den Hochrhein nach Süddeutschland.[7]

Theoretisch schaffte im Rücken dieser kriegerischen Ereignisse die Helvetische Republik den Bewohnern der Landschaft Erleichterung: Sie erhielten die politische Gleichheit und – in ihrer ursprünglichen Verfassung – die Befreiung vom oder doch später noch die Rückkaufbarkeit des Zehnten. Die gnadenlose finanzielle Ausbeutung sowie die politische und auch sexuelle Unterdrückung durch die französische Besatzungsmacht führten jedoch dazu, dass die Schweiz als Ganzes beim Abzug der französischen Truppen im Juli 1802 empfand, was der Sigriswiler Pfarrer Gottlieb Jakob Kuhn in Gedichtform brachte:

«Marsch! Marsch! Franzos gang hey!
Mir thüe der alli Thüren uuf.
Marsch! Marsch! Franzos gang hey!
Mir thüe der d'Thüre uuf.
[…]
Ja! Gang jetz einisch hey.
U blib deheim u chum nit meh!
Mer wey tue was mer cheu.
Dass mir di nie meh gseh.

Me het a dir d's erst Mahl scho gnue,
U wünscht nit d's zweute no derzue.
Versteisch, Mussie Frangseh?
So gang, u chum nit meh.»[8]

Die Franzosen, deren Republik seit 1799 Napoleon Bonaparte an der Spitze hatte, dem Namen nach als Ersten Konsul, in Tat und Wahrheit als Diktator, hatten 1801 mit den Österreichern in Lunéville Frieden geschlossen und dabei in Artikel 11 das Selbstbestimmungsrecht der Schweiz völkervertragsrechtlich anerkannt:

«Der gegenwärtige Friedenstraktat, namentlich die Artikel acht, neun, zehn und der unten folgende Artikel fünfzehn, sind als der batavischen, der helvetischen, der cisalpinischen, und der ligurischen Republik, gemeinschaftlich erklärt. Die kontrahirenden Theile garantiren sich wechselseitig die Unabhängigkeit der besagten Republiken, und den Völkern, welche dieselben bewohnen, das Vermögen, sich jede, ihnen schicklich dünkende Regierungsform zu geben.»⁹

Dieser klare Wortlaut des französisch-österreichischen Friedens von Lunéville gehörte zum geltenden Völkervertragsrecht, als 1802 auch Grossbritannien in Amiens zu einem Frieden mit Frankreich fand. Deshalb zog der Erste Konsul Bonaparte im Juli 1802 seine Truppen aus der Schweiz zurück. Das helvetische System konnte das Verschwinden seiner einzigen effektiven Stütze, der französischen Gewehre, nur wenige Wochen überleben. Nach der vergeblichen Beschiessung Zürichs durch den helvetischen General Joseph Leonz Andermatt fegte ein föderalistischer Volksaufstand mit der neu konstituierten Tagsatzung in Schwyz an der Spitze die Helvetik bis auf einen winzigen Rest am Ufer des Genfersees weg – einen Rest, der im Oktober ebenfalls verschwunden wäre, hätte nicht Bonaparte dieser ihm nicht willkommenen Weise der Ausübung des Selbstbestimmungsrechts der Schweiz durch sein Diktat an das tonangebende Bern und an die Tagsatzung in Schwyz ein Ende gesetzt. Allein, sehr zu seiner Verärgerung weigerte sich die Tagsatzung, einfach zu verschwinden, und zwang ihn so, abermals Truppen ins Land zu schicken, womit er die Voraussetzungen für das zweite französische Diktatregime, die Mediation, geschaffen hatte.¹⁰ Dass die Mediation relativ klug, wenn auch, wie gerade Horgen beweist, doch auch wieder nicht allzu klug, ausgedacht war, wer wollte es bestreiten? Allein, darum ging es in der europäischen Politik nun einmal entschieden *nicht*. Es handelte sich vielmehr um das Gleichgewicht der Kräfte.

Mit seinem Eingreifen in die inneren Angelegenheiten der Schweiz forderte Bonaparte 1802 und 1803 Österreich und Grossbritannien heraus. Österreich war besonders irritiert, betrachtete es doch die Schweiz als eine Art von Pufferstaat, der nun wieder ganz französisch werden sollte. Erzherzog Carl, der Kriegsminister, liess daran keinen Zweifel:

«Fast anderthalb Jahre nach dem Lunéviller Frieden zog endlich Frankreich seine Truppen aus der Schweiz zurück. Keine Begebenheit konnte für uns erwünschter als diese sein, und es war Alles daran gelegen, dass die Schweiz wieder zu einiger Consistenz und Ordnung gelangte, so dass sie zur Barrière zwischen uns und Frankreich dienen könne, auch nicht blos in den Händen von Anhängern der Franzosen liege.» Die Bestrebungen Bonapartes, die Schweiz seiner «uneingeschränktesten Beherrschung […] zu unterwerfen», müsse «die unseligsten Folgen für die Sicherheit unserer Monarchie haben».¹¹

Österreich war irritiert, aber 1802 und 1803 handlungsunfähig. Ganz anders das meerbeherrschende England. Hier wurde, durchaus auch unter dem Druck der Presse und des Parlamentes, von Seiten der Regierung an Frankreich die Forderung gerichtet:

«Switzerland shall be evacuated by the French forces.» Als der Erste Konsul in dieser und einigen wenigen anderen Fragen nicht nachgab, erklärte Georg III. den Franzosen den Krieg. Der König begründete dies unter anderem mit der Schweiz: «They have, in a period of peace, invaded the territory, and violated the independence of the Swiss nation, in defiance of the treaty of Lunéville, which had stipulated the independence of their territory, and the right of the inhabitants to choose their own form of government.»[12]

Bonaparte lag also so viel an der völligen Beherrschung der Schweiz, dass er bereit war, dafür Krieg zu führen. Dies ist nicht weiter erstaunlich, hatte doch sein Sprung über die Alpen nach Marengo im Jahre 1800 den strategischen Nutzen der Schweiz so sehr gezeigt, dass es für diesen hemmungslosen militärischen Kopf gar nicht in Frage kommen konnte, vertragsgemäss auf den beherrschenden Einfluss in Helvetien zu verzichten. Kam es nur auf die Apparencen an, war mit der Unabhängigkeit der Schweiz zu leben; die Substanz der Sache zu konzedieren [zugestehen], fiel dem Korsen niemals ein. Sein am 15. April 1803 als Mediationsakte in Kraft gesetztes politisches Diktat enthielt alle Kantonsverfassungen, bestimmte die politische Organisation des Bundes und legte den Bestand der gemeinsamen Armee auf 15 203 Mann fest, etwas mehr als die Hälfte des aufgrund eines später, aber noch im selben Jahr geschlossenen Vertrages im Kriegsfall von der Schweiz *an Frankreich* zu liefernden Truppenbestandes.

Entscheidend war für Bonaparte die Kooptation der durch die Helvetische Republik irritierten alten Eliten, um mit ihrer Hilfe aus der Schweiz den dreifachen Nutzen zu ziehen, den sie auch nach dem Raub der Staatsschätze für Frankreich noch haben konnte: die Wehrkraft für seine Kriege, die Benützung des Schweizer Bodens für seine Feldzüge und die Sicherheit eines Abschnittes der französischen Ostgrenze durch ein vorgelagertes Bollwerk. Unter der Voraussetzung der Befriedigung dieser Interessen durften die Regierungen der Kantone schalten und walten, wie ihnen beliebte, auch zum Beispiel durch die willkürliche Unterdrückung harmloser Regungen politischer Opposition[13] oder durch den Erlass von die alten Eigentümer begünstigenden und die Pflichtigen belastenden Zehntrückkaufgesetzen.

In dieser Lage entwickelte sich die Opposition gegen die Zürcher Regierung auf dem Lande bis hin zum bewaffneten Aufstand. In welcher Verfassung trafen nun die Nachrichten von der innenpolitischen Eskalation in der Schweiz und schliesslich vom Bokkenkrieg den Ersten Konsul? Er wusste, dass in Frankreich die Anhänglichkeit an die gestürzte bourbonische Dynastie ein Faktor war, mit dem er politisch zu rechnen hatte. Deshalb versuchte er die emigrierten Angehörigen des Königsgeschlechts durch finanzielle Offerten zum Stillsitzen zu bringen. Diese Angebote wurden jedoch von den

«Vorstellung der Beschiessung des Dorfs Horgen von den Eidgenössischen Truppen den 28ten Marti 1804.»
Stich von J. J. Aschmann (1747–1809).

stolzen Bourbonen zurückgewiesen, auch von ihrem Frankreich geographisch am nächsten wohnenden Vertreter, Louis Antoine Henri de Bourbon, Duc d'Enghien, dessen Ablehnung das Datum Ettenheim, 22. März 1803, trägt.[14] Die bourbonische Ablehnung eines Verzichts auf den Thron führte unter den Umständen des nicht zuletzt der Schweiz wegen neu ausgebrochenen Krieges zu einer bourbonisch-britischen Operation, die bezweckte, Napoleon Bonapartes Karriere ein abruptes und endgültiges Ende zu setzen. Diese Operation nahm im Oktober und im November 1803 konkretere Formen an. Die Realisierung scheiterte jedoch, da Bonapartes Leute in die komplottierenden Kreise zu infiltrieren vermochten und die Verschwörung deshalb aufflog. Resigniert schrieb am 12. März 1804 der Parliamentary Secretary at the Foreign Office, Arbuthnot, in einem Brief vom «sad result of all our fine projects for the re-establishment of the Bourbons».[15] Der Herzog von Enghien war kaum in das Komplott verwickelt, aber er war ein widerspenstiger Bourbone, er befand sich in Reichweite – also wurde er gegen das Völkerrecht auf fremdem Boden verhaftet, nach Frankreich geschleppt, in einer Travestie von Verhandlung zum Tod verurteilt und am 21. März 1804 im Schlosshof von Vincennes füsiliert. Diese Hinrichtung brachte Bonaparte innenpolitisch einen Zugewinn an Unterstützung durch die jakobinische Linke, denn nach diesem Vergiessen bourbonischen Blutes konnte er sich unmöglich mehr, wie von den Jakobinern befürchtet, zum Werkzeug einer Restauration machen, was insbesondere für die Aufkäufer konfiszierten Landes in Frankreich von Bedeutung war, die so nicht mehr unmittelbar um ihren neu erworbenen Besitz fürchten mussten.[16] Auf der anderen Seite war natürlich keine Sicherheit zu haben, dass zukünftige Komplotte gegen Bonapartes Leben ebenso rechtzeitig entdeckt würden wie bisherige. Um den Verschwörern die Hoffnung zu nehmen, durch die Ermordung des Oberhauptes das System zu stürzen, sollte es auf eine neue oder vielmehr auf die alte erbliche Grundlage gestellt werden, nur dass die neue Monarchie auch in einem neuen Hause erblich sein sollte. So liess sich Bonaparte – denn er war uneingeschränkter Diktator, und nichts geschah ohne seine Weisung oder Zulassung – am 18. Mai 1804 vom Senat als Napoleon I. zum Kaiser der Franzosen machen.[17]

Diese Erhebung zerstörte auch den letzten Rest revolutionärer Glaubwürdigkeit. Ludwig van Beethoven zog die Konsequenz und annullierte, dem Augenzeugenbericht Ferdinand Ries' zufolge, die Widmung seiner Dritten Symphonie. Am anderen Ende des politischen Spektrums – bei den altetablierten Kaisern in Wien und in St. Petersburg – war die Aufnahme der Entwicklungen in Frankreich nicht unähnlich. Die sichtbar werdende Unersättlichkeit[18] Napoleons sollte schliesslich eine neue Koalition auf die Beine bringen, jene von 1805.

Die Schweiz war in diesen Entwicklungen nicht ohne Belang, hatte doch Grossbritannien 1803 nicht zuletzt zum Schwert gegriffen, um der Forderung nach dem Selbstbestimmungsrecht der Schweiz Nachdruck zu verleihen, und war auch bei Kaiser Alexander I. das Alpenland, dessen Sohn ihn erzogen hatte und wo vor fünf Jahren russische Soldaten unter Suworow Grosses geleistet hatten, buchstäblich auf der politischmilitärischen Landkarte präsent.[19] Noch war der Bruch Frankreichs mit Russland nicht eingetreten, noch bestanden diplomatische Beziehungen mit Österreich. Es galt also, in der Schweiz möglichst Ruhe zu haben, nicht nur, um, gemäss dem Defensivbündnis vom 27. September 1803, die gewünschten Truppenlieferungen im Hinblick auf kommende Kriege Frankreichs sicherzustellen[20], sondern auch, um die europäischen Mächte nicht zur Unzeit ohne Not über Gebühr zu reizen. Napoleons zwei Vernehmlassungen zum Bockenkrieg passen fugenlos in dieses Bild. Am 21. Mai 1804 schrieb der Kaiser der Franzosen an seinen Aussenminister:

«Monsieur Talleyrand, Ministre des relations extérieures, répondez au ministre suisse que j'ai lu avec attention les notes et le mémoire qu'il m'a remis de la part du landamman, relatifs aux derniers troubles de Zurich; que ces troubles m'ont déchiré le cœur; mais que j'ai appris avec une vive satisfaction que la sévérité du landamman a eu le bon effet de les réprimer promptement; que ce n'est que par une succession de mesures sages, fermes et paternelles qu'on parviendra à consolider la tranquillité de la Suisse et à réprimer tout esprit de faction; que, de son côté, l'Empereur, ayant été instruit qu'on colportait des adresses sur la réunion de la Suisse à la France, a ordonné qu'on les saisit, ne voulant pas qu'il existât sur le territoire français un individu qui tentât de porter atteinte à l'acte de médiation.»[21]

Einerseits sollten die Schweizer eingeschüchtert werden. «Seid ruhig, oder Ihr werdet ein Teil Frankreichs.» So oder ähnlich ist das Signal des Kaisers der Franzosen zu dechiffrieren, der Ruhe haben, gleichzeitig aber die erneute Entsendung französischer Besatzungstruppen aus politischen und ökonomischen Gründen vermeiden wollte. Andererseits sollten mit der Erhaltung der Unabhängigkeit der Schweiz – *aber nur einer durch die Mediationsakte regierten Schweiz* – die Kaiser in Wien und St. Petersburg und gewiss auch der König in Berlin nach Möglichkeit besänftigt werden. Nicht anders ist der Brief zu interpretieren, welchen Kaiser Napoleon am 26. Mai an den Landammann der Schweiz, Niklaus Rudolf von Wattenwyl, richtete:

«A notre très-cher et grand Ami le Landamman de la Suisse et Président de la diète de nos grands amis, alliés et confédérés, composant la Confédération helvétique.

Très-cher et grand Ami, nous avons lu avec intérêt le mémoire que vous nous avez fait sur les derniers troubles de la Suisse. Nous avons été un moment alarmé de ces troubles; mais nous avons vu avec une vive satisfaction que, par des mesures clémentes, sévères et justes, vous avez rétabli la parfaite tranquillité. Le prix que nous attachons au maintien de la bonne harmonie dans la confédération, et surtout l'intérêt particulier que nous prenons à la nation suisse, nous portent à vous recommander de vous opposer à tout ce qui tendrait à violer l'indépendance ou la constitution des cantons; l'intégrité de l'une comme de l'autre forme la garantie de toute la confédération. Tout ce qui peut être agréable à votre nation, et à vous, fait partie de notre bonheur.

Sur ce, nous prions Dieu, très-cher et grand Ami, qu'il vous ait dans sa sainte et digne garde.

Ecrit en notre palais de Saint-Cloud, le 6 prairial an XII, de notre règne le premier. NAPOLÉON.»

Napoleon ging, seit er 1797 begonnen hatte, sich mit helvetischen Angelegenheiten näher zu beschäftigen, davon aus, dass Bern – und das hiess für ihn das bernische Patriziat – den Schlüssel zum Schweizerhaus darstellte. *Diese* Gruppe von Menschen war einzuschüchtern oder zu versöhnen oder durch eine Kombination von beiden Elementen ruhigzustellen.[22] Seine lobende und ermahnende Sprache gegenüber dem diesem Patriziat entstammenden Landammann von Wattenwyl ist eine konkrete Anwendung dieses stets verfolgten Grundsatzes. Wattenwyl war 1802 am föderalistischen Aufstand beteiligt gewesen und 1803 unter der Mediationsakte erster bernischer Schultheiss der neuen Ordnung geworden. Sein Sohn Albrecht Rudolf von Wattenwyl sollte 1805 in preussische Dienste[23] gehen – was die potentielle politische Gefährlichkeit der Familie für Napoleon illustriert –, wurde später (1806) von den Franzosen gefangen und auf Parole entlassen, trat dann auf ausdrücklichen Wunsch Napoleons in französische Dienste, stieg zum *Baron de l'Empire* auf und ging als Ordonnanzoffizier Napoleons 1812 in Russland an einer Blutvergiftung zugrunde. Diese weitere Geschichte und der übrige Kontext legen nahe, dass es Napoleon *bereits 1804* darum gegangen sein kann, Landammann Wattenwyl an sich zu binden.

Wie immer es sich damit auch verhalten haben mag: Durch die beiden Briefe vom 21. und vom 26. Mai bestätigte Napoleon kraft seiner Macht und der Art ihrer Ausübung *abschliessend* sowohl die Richtigkeit als auch die Gültigkeit des obrigkeitlichen Vorgehens gegen Johann Jakob Willi. Schweizer, die *eigene* Ideen entwickelten, hatten unter der Herrschaft des Korsen nichts verloren.

Das hatte Johann Jakob Willi gewusst, das wussten seine Leute. Nur glaubten sie irrtümlicherweise, was *sie* begehrten, könne, solle, müsse oder werde auch Napoleon wollen. Sie munterten sich noch im Gefängnis gegenseitig mit der Hoffnung auf, die «Franken seien schon über Basel her eingezogen, und ihre Befreiungsstunde nahe».[24]

Was Willi hoffte, befürchtete Wattenwyl. So jedenfalls erlebte es ein auf Seite der Obrigkeit an den Geschehnissen Beteiligter:[25]

«Gleich nach erhaltener Nachricht des also gedämpften Aufstandes setzte von Wattenwyl zu Beurteilung der Schuldigen ein Kriegsgericht nieder, bestimmte die Anzahl und den Militär-Rang seiner Mitglieder, welche der Eidgenössische Generalstab zu ernennen hatte, während er den Vorsitz des Gerichts Ratsherrn von Mutach aus Bern übertrug.

Auch diese Verfügung suchten die Revolutions-Männer im Dunkeln zu hintertreiben und ihren Vorstellungen dagegen sowohl bey dem an Ney's Stelle neu accreditierten fränkischen Botschafter Vial, als auch in Paris durch Entstellung der Tatsachen und hämische Verdächtigungen Eingang zu verschaffen. Vial, den Grundsätzen des Revolutionswesens nichts weniger als abgeneigt, hatte zwar in einem vorhergehenden Schreiben an den Landammann der Schweiz[26] die Insurgenten mittelbar zur Niederlegung der Waffen aufgefordert, dabei aber zu Anhörung ihrer Beschwerden denselben Hoffnung gemacht und widersetzte sich jetzt ihrer gerichtlichen Beurteilung so lebhaft, dass er das wirklich niedergesetzte Kriegsgericht von sich aus wieder aufzuheben, von einer Stunde zur andern nach Zürich abzureisen drohte.

Dieses, von der Lage der Umstände unterrichtet und die obschwebende Gefahr des Vaterlandes bei jeder längern Zögerung ahnend, verdoppelte seine Anstrengungen. Den 16. April setzte sich dasselbe sowohl durch öffentliche Abschwörung eines Eides als durch den gerichtlichen Ruf an viele flüchtige Rebellen mit Feierlichkeit ein, nahm im Verfolge über 70 Verhaftete in Verhör, von welchen alle bis auf fünf Hauptanführer unter Bürgschaft entlassen, von diesen aber den 25. April drei zum Tode und zwei zu lebenslänglicher Kerkerstrafe verurteilt wurden.»[27]

Napoleons Willkürherrschaft in der Schweiz mag mit ein Grund dafür sein, dass letztlich trotz klugen Arrangements im einzelnen und teilweise bis heute nachwirkenden territorialen Folgen sich 1813 und 1814 – als es darum gegangen wäre, Napoleons Mediationsakte gegen die Feinde des Kaisers der Franzosen zu verteidigen – in der Schweiz kaum jemand rührte, sondern im Gegenteil der ehemalige Landammann Wattenwyl nun als General die Truppen zeitig vor dem Einmarsch der Alliierten nach Hause gehen liess. Selbstverständlich liegen zwischen dem Bockenkrieg und dem Ende des Mediationssystems in der Schweiz vor allem Trafalgar, Baylen, die Beresina. Allein, die Schweizer hatten nur zu deutlich gelernt, dass sie ihre politische Erneuerung aus eigener Kraft und ohne fremde Hilfe zu leisten hatten und leisten konnten. Johann Jakob Willis Schicksal war eine der eindringlichsten Lehren auf diesem Weg der Erkenntnis, zu dem auch die von Schiller in seinem «Wilhelm Tell» im selben Jahr 1804 und nicht ohne Seitenblick auf Napoleon den Schweizern mitgegebene Botschaft «Seid einig!» gehört – eine Botschaft, die seit 1886 ganz zu Recht das Denkmal im Grauholz ziert.

Napoleons Besitzergreifung der Schweiz mochte hinter einem Schleier von Pseudo-Uabhängigkeit geschickt getarnt sein. Der Kaiser der Franzosen konnte jedoch die Apparencen nicht aufrechterhalten. Er sah sich vielmehr – wohl in Erinnerung an die Vorwürfe der Briten von 1803 – veranlasst, in späteren Friedensschlüssen die schweizerische Unabhängigkeit nur unter dem Vorbehalt der Mediationsakte zuzugestehen, etwa am 26. Dezember 1805 im den einmal mehr geschlagenen Österreichern auferlegten Frieden von Pressburg, dessen Artikel XVIII von der «indépendance de la république helvétique régie par l'acte de médiation»[28] spricht. Was Wunder, unterstrich Karl Freiherr von Stein in Berlin am 26. Oktober 1805 in einer Denkschrift an seinen König die Hemmungslosigkeit des Korsen unter anderem durch den Hinweis auf «die Kühnheit in der Unterdrückung aller Benachbarten, nicht nur der kleinen Republiken Italiens, der Schweiz und Hollands, sondern weiland mächtiger Königreiche».[29]

Johann Jakob Willis Aufstand hatte in der grossen Politik zur Folge, dass Napoleon noch sichtbarer machen musste als bereits zuvor, dass eine wirkliche Respektierung des Selbstbestimmungsrechts der Schweiz für ihn nicht in Frage kam. Gleichzeitig wurde in der Schweiz selbst klar, dass die Hoffnung auf Frankreich, die von 1797 an so viele Revolutionäre und Reformer gehegt hatten, eine Illusion war, dass eine dauerhafte politische Ordnung in der Freiheit nur durch schweizerische Kräfte zu gewinnen, zu erhalten war. Und diese Erkenntnis hat ja ihre Bedeutung nicht verloren bis auf den heutigen Tag.

Anmerkungen

1 Nicolas Zbinden, Die Allmendkorporation «Reiti» Horgen im Umfeld der Dorfgemeinschaft und der Zeitgeschichte, in: Horgner Jahrheft 1996, S. 29–39, 35.

2 Nicolas Zbinden, Die Allmendkorporation «Reiti» Horgen im Umfeld der Dorfgemeinschaft und der Zeitgeschichte, in: Horgner Jahrheft 1996, S. 29–39, 33.

3 Maria Specker-Schwarzenbach, Landgut Bocken, in: Horgner Jahrheft 1984, S. 20–30, 29. Unser Horgen, Horgen: Pro Horgen, 1975, S. 8.

4 Rosy Gysler-Schöni (Herausgeberin), Helvetias Töchter, Frauenfeld 1989, S. 50.

5 Gottfried Kellers Werke, herausgegeben von Max Zollinger, Neunter Teil, Berlin 1921, S. 70–90.

6 Vgl. Richard Munday u.a., Weltgeschichte im Hochgebirge, Baden 1999.

7 Hans Luginbühl u.a., Bonapartes Sprung über die Alpen, Operationsbasis Schweiz 1800, Beilage zur Allgemeinen Schweizerischen Militärzeitschrift (ASMZ), Nr. 3, März 2000, Frauenfeld 2000.

8 Gottlieb Jakob Kuhn (u.a.), Volkslieder und Gedichte, Bern, Biel, Zürich 1913, S. 1–3.

9 Hans Luginbühl u. a., Vivat das Bernerbiet Bis an d'r Welt ihr End!, Lenzburg 2000, S. 369.
10 Jürg Stüssi-Lauterburg, Föderalismus und Freiheit, Brugg 1994.
11 Hans Luginbühl u. a., Vivat das Bernerbiet Bis an d'r Welt ihr End!, Lenzburg 2000, S. 371.
12 Hans Luginbühl u. a., Vivat das Bernerbiet Bis an d'r Welt ihr End!, Lenzburg 2000, S. 370, 371.
13 Vgl. zum Beispiel Jürg Stüssi-Lauterburg, Föderalismus und Freiheit, Brugg 1994, S. 255.
14 John Holland Rose, The Life of Napoleon I, Vol. I, London 1902, S. 447.
15 John Holland Rose, The Life of Napoleon I, Vol. I, London 1902, S. 452.
16 John Holland Rose, The Life of Napoleon I, Vol. I, London 1902, S. 466, 467.
17 Correspondance de Napoléon Ier, Tome neuvième, Paris 1862, Nrn. 7751–7755.
18 John Holland Rose, The Life of Napoleon I, Vol. II, London 1902, S. 2, 3.
19 Arthur Dürst u. a., Atlas des Feldzuges der Kaiserlich Russischen Truppen in der Schweiz unter dem Oberbefehl von Generalissimus Fürst Italijskij Graf Suworow im Jahre 1799, Zürich 2000.
20 Paul de Vallière, Honneur et fidélité, Lausanne 1940, S. 663–665.
21 Correspondance de Napoléon Ier, Tome neuvième, Paris 1862, Nr. 7762.
22 Vgl. Hans Luginbühl u. a., Vivat das Bernerbiet Bis an d'r Welt ihr End!, Lenzburg 2000, und Jürg Stüssi-Lauterburg, Föderalismus und Freiheit, Brugg 1994.
23 Wir verdanken die Hinweise auf Albrecht Rudolf von Wattenwyl der Freundlichkeit von Herrn Dominic Pedrazzini, welcher dazu die Schafroth-Sammlung der Eidgenössischen Militärbibliothek konsultiert hat.
24 A. Friedrich von Mutach, Revolutions-Geschichte der Republik Bern 1789–1815, herausgegeben von Hans Georg Wirz, Bern und Leipzig 1934, S. 252.
25 A. Friedrich von Mutach, Revolutions-Geschichte der Republik Bern 1789–1815, herausgegeben von Hans Georg Wirz, Bern und Leipzig 1934, S. 253, 254.
26 «vom 11. April 1804», Originalanmerkung, im Original als Anmerkung a).
27 «Noch während der Sitzung des Gerichts wurden die Todesurteile am gleichen Tag vollzogen. Johann Jakob Willi aus Horgen und Jakob Schneebeli, alt Präsident aus Affoltern, wurden enthauptet, Heinrich Häberling aus Knonau, gewesenes Mitglied der Verwaltungskammer des Cantons, füsiliert und Ulrich Grob aus Knonau und Jakob Hanhart aus Pfäffikon zur ewigen Kerkerstrafe verurteilt. Die den Gemeinden auferlegten Kriegskosten betrugen 232 900 Gulden.» Originalanmerkung, im Original als Anmerkung a).
28 Hans Luginbühl u. a., Vivat das Bernerbiet Bis an d'r Welt ihr End!, Lenzburg 2000, S. 371.
29 Hans Luginbühl u. a., Vivat das Bernerbiet Bis an d'r Welt ihr End!, Lenzburg 2000, S. 372.

Otto Sigg

Schlaglichter auf die Zeit des Bockenkrieges

Das politische Programm: Ruhe und Ordnung

Die in Zürich monatlich erscheinende Zeitung «Der Beobachter» («als Fortsetzung der monatlichen Nachrichten», wie es im Impressum lautete, Wissenswertes zum Staatswesen, zu Politik, Witterung, Ernte und Personalien aus der ganzen Schweiz und insbesondere dem Kanton Zürich vermittelnd) veröffentlichte in der Mai-Ausgabe des Jahres 1803 die «erste Proklamation des Grossen Rats» des Kantons Zürich vom 23. April 1803. Diese war im Druck auch an die Pfarrherren und Gemeindeverantwortlichen zur Weiterverbreitung unter dem Volk gegangen.

Es liegt wohl in der Natur der Geschichtsschreibung, Quellen manchmal nicht zu dem Wert zu nehmen, der ihnen als Akten im unmittelbaren Zeitgeschehen zugedacht gewesen war. Wie es scheint, hat die reflektierende Nachwelt kaum je Notiz von der programmatischen Ernsthaftigkeit des genannten Aufrufs der Räte an die «Mitbürger» genommen:

«Stets werden wir unsere neue Verfassung – dieses letzte und einzige Rettungsmittel der Unabhängigkeit unsers Vaterlandes – mit gewissenhafter Treue beobachten … Von keinen Parteiungen sei unter uns die Rede mehr! Altschweizerische Eintracht kehre in unsere Gemeinden und Wohnungen zurück! Keine Kränkung für vormals gehabte politische Meinung werde unter euch geduldet! Aber nach dieser brüderlichen Aussöhnung soll die ganze Strenge des Gesetzes jeden verfolgen, welcher es wagen sollte, durch aufwieglerische Umtriebe uns den letzten Balken zu entreissen, den die Vermittlungs-Urkunde uns und allen eidgenössischen Brüdern zur Rettung unsrer National-Existenz aus dem schrecklichen Schiffbruch darbietet … [Es ist alles] zu verhüten, was unser Land der Gesetzlosigkeit von neuem Preis geben und seinem gewissen Untergang entgegen führen müsste. … Die bestehenden Gesetze und Verordnungen [sind] … als gültig und verpflichtend zu beobachten …»

Die Schweiz, der Kanton Zürich waren während fünf Jahren am Abgrund der Auflösung, der Selbstzerfleischung und des Bürgerkrieges gestanden, was hierzulande eine praktisch unbekannte und deshalb für die Volksseele zutiefst traumatische Erfahrung gewesen war, wie viele Zeugnisse belegen. Man war Frankreich für die Rettung der persönlichen, gesellschaftlichen und staatlichen Existenz dankbar – so wurde es jedenfalls von der überwiegenden Mehrheit empfunden – und wollte künftig Ruhe und Ordnung unter allen Umständen wahren.

Wenn nun ein knappes Jahr später wegen der hohen Hürde für den Loskauf der Grundgefälle revoltiert wurde, so entsprach dies nach den in den vergangenen Jahren erlebten Unbillen und Schrecknissen sicherlich nicht der Intention der grossen Mehrheit. Der Bockenkrieg ist meines Erachtens nicht als wirklicher «Volksaufstand» zu werten, sondern als Prüfstein einer nach den Revolutionswirren notwendigen Besinnung auf geordnete Verhältnisse.

Eindrücklich etwa ist der zeitgenössische Bericht des Thalwiler Pfarrers Jakob Christoph Hug, der erfolgreich an die Besonnenheit seiner den Aufständischen ja geographisch und mental nahestehenden Kirchgemeindegenossen appelliert hatte. Sie legten – nur wenige Kilometer von den Herden der Aufruhr entfernt – eine solche Staatstreue an den Tag, dass sie die Rache Willis und seiner Kumpanen befürchteten. Aus Angst vor der Rache der eigenen Standesgenossen flüchteten die Thalwiler am Hohen Donnerstag 1804 nach Zürich, um am Ostersonntag wieder zurückzukehren und am Gottesdienst teilzunehmen.[1]

Porträt von Pfarrer Jakob Christoph Hug, der von 1798 bis 1808 die Kirchgemeinde Thalwil betreute. Diesem Seelsorger ist es zu verdanken, dass die Thalwiler Bevölkerung bei der Rebellion besonnen geblieben war.

Das «Volk»

In seiner 1938 bei Ernst Gagliardi eingereichten Dissertation «Der Bockenkrieg. Ein Aufstand des Zürcher Landvolkes im Jahre 1804» prägt Albert Hauser das historiographische Bild dieses Ereignisses.

Zwar relativiert Hauser die von «ultraradikaler Tendenz» getragene und unverhohlen parteiische und entsprechend emotionale Darstellung des bekannten J. J. Leuthi von 1838. Auf wessen Seite sein Herz schlägt, verbirgt aber auch Hauser nicht. Und so ist es eigentlich geblieben, war es doch einmal mehr das «Landvolk», das sich gegen die städtischen Herren und Aristokraten erhoben hatte und sich zum vornherein der Sympathie der späteren Zürcher Geschichtsschreibung sicher sein konnte.

Allerdings existierte ein «Zürcher Landvolk» in Wirklichkeit eigentlich nur im geographischen Sinn. Es war, agrarisch betrachtet – und davon sprechen die Quellen immer wieder und hat die Forschung seit Hans Nabholz auch aufgezeigt –, in mindestens drei Klassen aufgeteilt: die Vollbauern, die Halbbauern und die Taglöhner. Natürlich waren auch dies nicht festgefügte Klassen; die Übergänge waren fliessend, und jede Klasse unter sich kannte Untergruppen. Zudem war nirgends Homogenität: Klimatische, geographische und mentale Besonderheiten und die damit gekoppelte kleinräumige Flurverfassung liessen die Landschaft in soziökonomischer Hinsicht praktisch von Meile zu Meile anders aussehen. Ständig wandelten sich die Interessengruppen in den Nutzungsgemeinden, und die seit dem 18. Jahrhundert immer gewichtiger werdenden gewerblich-handwerklichen und protoindustriellen Faktoren brachten ohnehin alte Gleichgewichte ins Wanken.

In den Regionen mit Verlagsindustrie im Oberland, am Zürichsee und im Amt lebten um 1800 nur noch 10 bis 20 Prozent der Haushalte – die Oberschicht – von ihrem Grundbesitz; diese verschmähten auch allerlei Geschäfte im Textilbereich nicht. 50 bis 70 Prozent der Familien zählten in diesen Regionen zu den kleinbäuerlichen Heimarbeitern und Handwerkern, und ein Viertel aller Familien waren hier praktisch landlose Heimarbeiter- und Taglöhnerexistenzen.[2]

Im Unterland und im Weinland waren rund ein Drittel der Haushalte Vollbauernfamilien, ein Drittel Halbbauern und ein Drittel Taglöhner. Hier verhinderte die von der Grund- und Dorfverfassung gestützte Mentalität der Vollbauern das flächendeckende Aufkommen der textilen Verlagsindustrie weitgehend. Arbeit fanden die Unterschichten im Güter- und Rebwerk, im Handwerk und als Dienste.

Bäuerliche Bevölkerung in verschiedener Kleidung um die Mitte des 18. Jahrhunderts; Kupferstich von David Herrliberger (1687–1777). – Mit diesem Stich zeigt sich, wie es nur schon innerhalb der bäuerlichen Schicht deutliche Unterschiede gab, wie zwischen den Bauersleuten am See (oben) und denen in der Grafschaft Kyburg (unten). Die von der Geschichtsschreibung des 19. und weitgehend auch des 20. Jahrhunderts geübte Simplifizierung eines Gegensatzes zwischen städtischer Obrigkeit und den ländlichen «Untertanen» war für den Gehalt der historischen Aussage – auch was den Bockenkrieg anbelangt – nicht immer förderlich.

Keine Front zwischen Regierung und Volk

Für das Thema «Aufstand des Landvolks» – wir sprechen 1803 noch immer von etwa 180 000 Menschen – gegen die Stadt relevant ist seit dem 15. Jahrhundert folgendes Grundmuster: Es waren nicht zwei Fronten, wie dies die liberal-demokratische Historiographie weiszumachen sucht, sondern – stark vereinfachend gesagt – drei interdependente Spielbälle: städtische Obrigkeit, ländliche Oberschicht und ländliche Unterschicht, welche ein Gleichgewicht suchten.

Es kann überhaupt kein Zweifel bestehen, dass die eigentlichen bewegenden Konflikte, nämlich die um die tägliche Existenz, sich nicht in irgendeinem Gegensatz zur Stadt abspielten, sondern um Rechte, Nutzung und Fürsorge innerhalb von Dorf- und Kirchgemeindegrenzen ausgefochten wurden. Und in diesen zentralen Konflikten musste die Obrigkeit im Interesse des Staates ausgleichend wirken. Sie musste beispielsweise die relativ besseren Nutzungsrechte der Minderheit der Bauern gegen Mehrheitsbeschlüsse der Gemeinde für eine scheinbar fairere Nutzungsverteilung schützen, um die Nahrungsproduktion überhaupt und die Abgabe der Grundgefälle sicherzustellen. Umgekehrt musste dafür gesorgt werden, dass auch der Taglöhner oder landlose Heimarbeiter mittels der gemeinen Weide etwa eine Sommerkuh oder eine Ziege zur Ernährung seiner grossen Familie halten konnte. Seit dem späten 15. Jahrhundert rissen die Auseinandersetzungen um die gerechte Nutzung der Allmenden und des gemeinen Weidgangs nicht ab; im späteren 18. Jahrhundert und in den Revolutionsjahren wurden Realteilungen unter den Berechtigten immer häufiger.

Das in der Revolution eingeführte und 1803 beibehaltene Prinzip der politischen Einwohnergemeinde begann zwar das Bürger- und Nutzungsprinzip der alten Flurgemeinden aufzuweichen, doch war 1803 die alte Flurverfassung noch intakt.

Man müsste gezielter als bis anhin fragen, welcher Schicht eigentlich die zu hohen Umrechnungsfaktoren für die Ablösung der Grundgefälle (unmittelbare Ursache des Bockenkriegs) Bauchschmerzen verursachte – wohl weniger der Mehrheit der praktisch Besitzlosen, auch wenn unter ihnen solche sein konnten, welche intellektuell fähig waren, programmatische Standpunkte zu vertreten.

Grundgefälle als Basis von Sozialleistungen

Doch suchen wir sichereren Boden! Albert Hauser erwähnt einen wesentlichen Aspekt. Die Historiker, welche die Loskaufgesetze «verurteilten», so Hauser, hätten dabei vieles – «unter anderem das Wesentliche» – vergessen, «nämlich: dass die Aristokraten beim Loskauf hauptsächlich für die Ausstattung der Kranken-, Armen- und Erziehungsanstalten, deren wichtigste Einnahmequellen die Naturalgefälle waren, fürchteten».

Von solchen Sorgen war tatsächlich ein führender Verantwortungsträger der ersten Stunde gepackt. Karl Emanuel Steiner von Winterthur (1771–1846), studierter und praktizierender Mediziner, stand von 1803 bis 1814 und von 1819 bis 1831 als Statthalter beziehungsweise Oberamtmann dem Bezirk Winterthur vor. Diese Ämter waren damals mit einem beträchtlichen Machtpotential verbunden. Da Steiner die Jahresrechnungen der verschiedenen Gemeindegüter zu überprüfen hatte, erhielt er rasch praktischen Unterricht über gewisse durch die Revolution in den öffentlichen Haushalten verursachte Schäden. Er rief deshalb am 4. Oktober 1803 seine Kollegen zu einer «zutraulichen Beratung» in Winterthur zusammen, nämlich die Statthalter von Zürich, Horgen und Uster sowie den Unterstatthalter von Bülach (der Kanton war damals lediglich in diese fünf Grossbezirke eingeteilt).

«Unter den vielen tiefen Wunden, welche die Revolution ... besonders unserm Canton schlug», so berichtete Steiner das Resultat der besagten Statthalterkonferenz der Ratskommission des Innern, «ist auch die Verschwendung eines sehr beträchtlichen Teils der Gemeindegüter, vorzüglich aber der Kirchen- und Armengüter eine der empfindlichsten.» Die Kirchen-, Schul- und Armengüter seien an vielen Orten durch artfremde Ausgaben für Kriegserfordernisse und Einquartierung ausgelaugt worden. Mittels der «ehemals beträchtlichen Kirchengüter» seien die Unterhaltung der Kirchen- und Schulgebäude und Pfarrhäuser sowie die Besoldung der Pfarrherren, Schulmeister, Mesmer, der Hebammen zu bestreiten. Diesen Ausgaben hätten sich Schuldzinsen beigefügt für Kapitalien, die man für genannte artfremde Ausgaben aufgenommen habe. Das Geld reiche nicht mehr. Ebenso verhalte es sich mit den Armengütern, «die an mehreren Orten aufgebraucht wurden», weshalb man ausschliesslich auf die geringe sonntägliche Armensteuer angewiesen sei.

Um diese Güter «wiederherzustellen», schlugen die Statthalter vor: sorgfältige Verwaltung und Sparsamkeit, straffer Einzug von Schuldzinsen, «gewissenhafte Schätzung und möglichst ökonomische Benutzung aller den Kirchen gehörigen grossen Zehnten», «unerlässliche Eintreibung auch derjenigen Grundzinsen, welche vormals allen auf zehntenbarem Boden neu erbauten Häusern auferlegt worden sind».[3]

Umlagerung von Kriegsschulden von den öffentlichen Armen- und Kirchenkassen auf die Kassen agrarischer Dorfgemeinden

Viel brisanter und nicht durchführbar schliesslich musste der weitere Vorschlag der Statthalter gewesen sein, mittels Verordnung der Regierung sämtliche Mittel, welche den Kirchen-, Schul- und Armengütern für artfremde, im Zusammenhang mit Krieg, Fourage und Verteidigung stehende Ausgaben abgenommen worden waren, als Ge-

Porträt des Winterthurer Oberamtmanns Karl Emanuel Steiner um 1820. – Steiner setzte sich 1803/04 für die Erhaltung und den Wiederaufbau der Substanz der in der Revolution geschädigten Kirchen- und Armengüter ein.

meindeschuld erklären zu lassen und mit 4 Prozent gegenüber Kirchen- und Armengütern verzinsen zu lassen. Gemeint waren nicht die real noch kaum bestückten Gemeindegüter der eben erst gebildeten Einwohnergemeinden, sondern die Güter der herkömmlichen, unter der Führung der ländlichen Notabeln stehenden Nutzungsgemeinden. Dass eine nachträgliche vollständige Überwälzung aller Kriegskosten auf – gewissermassen – die agrarischen Korporationskassen, also die Umverteilung von Schulden der sämtliche Einwohner gleichmässig umfassenden Kirch- und Armengemeinden auf die Kasse der Dorfgemeinden, die vor allem den grösseren Grundeigentümern diente, brisant gewesen wäre, scheinen auch die Statthalter gewusst zu haben, wie die zweckoptimistische Formulierung Steiners erkennen lässt: «Eine solche Verordnung, so motiviert, dass die Nothwendigkeit derselben jedermann einleuchten müsste, würde wohl unter unserm Volke keinen Eindruck machen, den man zu fürchten hätte.»[4]

Das erwähnte Muster ist also auch hier erkennbar: eine Obrigkeit, welche in diesem Fall eigene und die Interessen der Unterschicht gegen die Interessen der Vollbauern unterstützte, sei es bezüglich des harten Einzugs der Zehnten oder bezüglich der Kräftigung der Kirchen- und Armengüter (zulasten der Dorfgemeindegüter).

Agrarische Romantik ...

Der Bockenkrieg unmittelbar hängt mit der an sich recht faszinierenden Führerfigur Willis und anderer zusammen. Die Konfliktsituation an sich fusst aber in sozioökonomischen Gegebenheiten vorwiegend herkömmlicher agrarischer Prägung. Zuerst mussten ja die feudalen Grundlasten aus der Welt geschaffen sein, bevor die genossenschaftliche und mit den Feudallasten eng verbundene Grundverfassung der Dreifelderwirtschaft und des gemeinen Nutzens zugunsten individueller Landwirtschaft mit Fruchtwechsel und Stallfütterung aufgehoben werden konnte. Aus sozialen Gründen und Gründen des öffentlichen Haushalts konnten die Verantwortlichen nicht im vielleicht notwendigen Mass die Hand dazu bieten.

Für die Bauern ihrerseits war der Zehnten stets ein Stein des Anstosses gewesen, ohne dass sie je – und wohl auch um 1800 nicht – erkannten, dass die von ihnen aus materiellen Gründen forcierte Ablösung zum Zusammenbruch des durch sie bestimmten genossenschaftlichen Agrarsystems führen würde. Im Grunde genommen sassen Regierung und Bauern mental im gleichen Boot, auch wenn sie nicht immer im gleichen Takt ruderten.

Im oben erwähnten monatlichen «Beobachter», in der September-Nummer 1803, wurde in Zürich die 49. «Preisaufgabe der Naturforschenden Gesellschaft» ausgeschrieben, deren Einleitung deutlich auf die Zeitumstände verweist: «Die Landwirtschaftliche Gesellschaft hat seit dem Jahr 1762 in 43 ordentlichen und in 5 ausserordentlichen Preisaufgaben ihren werten Mitbürgern auf dem Lande Fragen über die wichtigsten Gegenstände der gesamten Landwirtschaft vorgelegt, und aus den ... meist trefflichen Antworten Anleitungen ausgearbeitet, ... die durch ... Belehrung des schönsten und notwendigsten Berufs des Menschen, des Nährstandes, nicht bloss unserm Canton, sondern auch andern Ländern nützlich gewesen sind.»

... contra soziale Realität

Es gäbe eigentlich noch weitere landwirtschaftliche Gegenstände zu bearbeiten, so die Preisausschreibung. Allein «schon seit dem Jahr 1785 nahmen unsere Manufakturen, welche sonst einen vollen Dritteil der Volksmenge unsers Cantons beschäftigten und reichlich ernährten, mehr und mehr ab». Mit der Abnahme des Verdienstes seien zu-

Spinnerei Hard in Wülflingen um 1830; anonymer Holzstich. – Diese 1802 in Betrieb genommene erste mechanische Spinnerei im Kanton Zürich symbolisiert die Abkehr vom im 18. Jahrhundert betonten agrarischen Credo.

gleich die Preise gestiegen, was die Armut zunehmend vergrössert habe. «Hiezu kam dann noch die Revolution und damit die einer solchen Umwälzung gewöhnliche Begleiterin Creditlosigkeit, nebst dem Aufhören derjenigen Staatseinkünfte, welche bisher hauptsächlich zur Unterstützung der Armut und des Mangels verwendet worden waren. Bei solch bewandten Umständen und bei der traurigen Aussicht, dass wenn auch unsere bisherigen Manufakturen jemals wieder einige Wichtigkeit erhalten sollten, dies nur allein durch Hände ersparende Maschinen erreichbar sei», müsse derzeit die wichtigste Frage lauten, wie «der so zahlreichen Klasse von arbeit- und brotlosen Einwohnern unsers Cantons zu helfen sei».

Deshalb lautete die Preisaufgabe:

«1. Wie können Tauner, Taglöhner und Fabrikarbeiter so beschäftigt werden, dass sie in den Stand gesetzt werden, sich ... den notwendigsten Unterhalt zu verschaffen? Gibt es neue ... oder nicht allgemein bekannte Zweige der Landwirtschaft oder auch Manufakturen, welche dieser Absicht entsprechen würden?

2. Welches sind die zweckmässigsten Mittel, dieser Classe ... den Hang zum Bettel oder zu Auswanderungen abzugewöhnen und hingegen ihnen so viel Liebe zur Arbeit einzuflössen, dass sie dieselbe, auch wenn sie schon nicht so reichlich bezahlt werden sollten, dennoch dem zu Lastern führenden Bettel vorziehen würden? Wäre es möglich, vermittelst der Gemeindgüter wenigstens zum Teil diese Absicht zu erreichen?»

Grenzerträge der Landwirtschaft

Die bis Ende Januar 1804 eingeforderten Antworten sind im einzelnen nicht mehr vorhanden, jedoch in einem zusammenfassenden Exposé verarbeitet.[5] Die gezogenen Schlüsse waren mental agrarischer Art. Vorerst fällt das ökonomische Unverständnis der Agrarier aller Stufen für die seit einigen Jahrzehnten in Umwälzung begriffene Wirtschaft auf. So wurden der Mangel an Arbeitskräften und die zu hohen Löhne im Landbau beklagt. Mancher «Güterbesitzer» würde so abgeschreckt, «seine Wiesen durch Gräben und Tollen fruchtbarer zu machen» und entlegenes Ackerland zu bebauen. Solche ökonomisch als Grenzböden zu bezeichnenden Flächen, deren Ertrag eben zunehmend in Konkurrenz zum Ertrag der Manufakturen geraten war, sollten, so die eingehenden Antworten, auf alle Arten mittels Zwangs, Belohnung und Zuredens durch Arbeitslose bewirtschaftet werden.

Als Mittel zur Ankurbelung der Wirtschaft wurde etwa die Reaktivierung des in Abgang geratenen Anbaus von Hanf und Flachs vorgeschlagen. Dank diesem durch den heimischen Landbau produzierten Rohstoff könnten der Import von Baumwolle und Garnen vermindert und zusätzliche Arbeitsplätze in der traditionellen Textilverarbeitung geschaffen werden. «Unsere Landleute werden wieder wie ehemals ihre selbst gezogenen und verarbeiteten Zwilchen-Röcke tragen.» Schafzucht sollte eigene Wolle und Tuchverarbeitung im eigenen Land bringen. Das Glück wurde in möglichst autonomer Wirtschaft mit Produktion von Nahrung und Rohstoffen durch den heimischen Landbau gesehen.

In diesem Rahmen innovativ waren Vorschläge zur Gewinnung der vielfältigsten Kräuter und Wurzeln zur Zubereitung von Speise und Trank, von Gewürzen (auch wieder um ausländische Gewürze fernzuhalten) und vor allem für medizinische Zwecke. Selbst das Sammeln von Nesseln zur Sommerzeit als Rohstoff für besonders feine Fasern sollte Arbeit und Belebung bringen, dann auch das Sammeln von Beeren aller Art, Hagebutten, Wacholder usw., unter anderem für die Schnapsproduktion. Neu angebaut werden sollten der Hopfen für die Bierproduktion und «Farbpflanzen und -wurzeln» für die heimische Färberei. Nicht hoch genug loben mochte man Rudolf Bär von Rifferswil, der dank bewundernswürdiger Gartenbaukunst auf kleiner Fläche grosse Erträge erwirtschaftete.

Arbeitsanstalten zum Beispiel für den Anbau von Kartoffeln und Arbeitshäuser – diese nun explizit für Baumwollspinnerinnen und unter Beizug des geschickten «Spinnmaschinen»-Konstrukteurs Johanns Brüngger von Itzikon –, die grosszügige Austeilung der sogenannten Rumfordsuppe (Armensuppe mit Knochenbrühe, Hülsenfrüchten, Graupen, Kartoffeln, Wurzelgemüse und Schweinefleisch) waren weitere Elemente, welche in den Antworten auf die Umfrage angetönt wurden.

Neue Horizonte

Die Fragestellung des Preisausschreibens und die eingehenden Antworten spiegeln Zustände in den Monaten um den Bockenkrieg wider. Die 1802 in der Wülflinger Hard eingerichtete mechanische Spinnereifabrik, welche für neuartige industrielle Produktion, Arbeitsteilung, Importe und Exporte stand, war in der kurzen Zeit ihres Bestehens ganz offensichtlich bereits ansatzweise ins Bewusstsein gedrungen. Die Loslösung vom Primat der agrarischen Mentalität war aber auch in vielen anderen Aspekten erkennbar, und man müsste entsprechend der kleinräumigen Landschaft an ganz verschiedenen Orten nach Indizien suchen.

In der Gemeinde Wald beispielsweise kamen damals 60 Kinder «unvermöglicher» Eltern an einer Gemeindeversammlung praktisch auf die Gant, wo sie ohne Ausnahme zur Arbeit an Pflegeeltern verdingt wurden.[6] Wie der Pfarrer zudem berichtet, wurden in Wald ab 1801 «eine Menge sogenannter Webkeller zu Baumwoll-Tüchern errichtet, wie sonst Toggenburg und Appenzell ausschliessend gehabt hatten». Diese «Kellerweberei» brachte «einen ordentlichen» Gewinn, auch wenn die Feuchtigkeit der Keller und «die vegetabilische Nahrung» – Kartoffeln ohne Schmalz und Milch – Krankheiten befürchten lassen würden. Im Gegensatz zum Toggenburg und zum Appenzellerland würden in Wald auch viele Frauen in das neue Gewerbe einsteigen.[7]

Fazit

Die für die Mehrheit sicherlich willkommene Durchsetzung von Ruhe und Ordnung ist der wichtigste Aspekt des Bockenkriegs auf der politischen Handlungsebene. Darüber hinaus ist er Ausfluss eines voll einsetzenden soziökonomischen Strukturwandels. Nur auf diesem Hintergrund konnte sich der Unmut über die gesamthaft nicht so bedeutungsvollen hohen Umwandlungssätze für den Loskauf von Grundgefällen derart drastisch Luft verschaffen.

Anmerkungen

1 Kirchgemeindearchiv Thalwil, «Actenbuch» IV A 3.
2 Geschichte des Kantons Zürich, Bd. 3, Zürich 1994, S. 54.
3/4 Staatsarchiv Zürich, B V II 104.21, S. 59/62.
5/6 Staatsarchiv Zürich, B IX 96.
7 Kirchgemeindearchiv Wald, Stillstandsprotokoll IV A 2.

Peter Ziegler

«Aufrührer», Verführte und Herrschende

Aufklärung und Französische Revolution machten nicht nur Vertreter der dörflichen Oberschichten – der Fabrikanten und Tüchler –, sondern auch Angehörige der Mittel- und Unterschichten auf der Zürcher Landschaft mit den Ideen einer neuen Freiheit bekannt. Auch knapp am Existenzminimum lebende Gewerbetreibende waren nun nicht mehr bereit, Eingriffe in lokale Sonderrechte einfach hinzunehmen, und begannen sich für ihre wirtschaftliche Besserstellung zu wehren. Namentlich in der Spätphase der Helvetik und zu Beginn der Mediationszeit mehrten sich die Widerstände und Proteste: im Mai 1803 im Knonauer Amt wegen der Verbreitung eines Verfassungsentwurfs, im Dezember 1803 im Raum Andelfingen wegen der Verschärfung der Zehnt- und Loskaufsgesetze und Ende März / Anfang April 1804 am Zürichsee, im Amt und im Zürcher Oberland aus ökonomischen und politischen Gründen. Der Bockenkrieg von 1804 ist damit kein Einzelereignis, sondern ein Höhepunkt in einer längeren Reihe von Protestäusserungen unterer Gesellschaftsschichten.[1] Viele direkt oder indirekt Beteiligte hatten Erfahrungen aus früheren Unruhen und Aufständen. Andere schlossen sich der Bewegung an, weil sie bei Regierungswechseln ein Amt verloren hatten oder bei der Neuwahl nicht berücksichtigt worden waren.

Unzufriedenheit in den Unterschichten

Die Exponenten und viele Mitläufer waren besitzarm oder gar besitzlos und litten vor allem unter dem starken Bevölkerungswachstum in den protoindustriellen Gebieten. Zehnten und Grundzinsen hemmten die Landwirtschaft; die Nahrungsbasis wurde immer schmaler. Seit dem Wegfall staatlicher Regelungen verschärfte sich der Konkurrenzkampf im dörflichen Gewerbe. So standen von den zehn Schuhmachern, die zur Zeit der Helvetik in Wädenswil lebten, vier entweder vor oder im Konkurs.[2] Belastungen durch Steuern und Zehnten führten in die Krise und bedrohten die Existenz. Dazu kamen Konflikte im Dorf zwischen Anhängern der Helvetik und Altgesinnten. Zu Spannungen führten sodann finanzielle Abhängigkeiten.

Rolf Graber hat nachgewiesen, dass sich unter den Aufständischen der Bewegung von unten viele Männer befanden, die berufsbedingt über räumliche Mobilität und damit über vielfältige Kontakte zur Bevölkerung verfügten. Zu nennen sind Schuster, Schneider, Tischler, Viehärzte, fahrende Händler, Hausierer, Wanderkrämer, Schweinehändler, Viehtreiber, Musikanten, Soldaten. Sie zählten zur neuen populären Unterschicht. Zentren ihrer Meinungsbildung waren die seit der revolutionären Wende in grosser Zahl eröffneten Winkelwirtschaften. Das abgelegene Wirtshaus «Tanne» in Schönenberg diente während der Auslösungsphase des Bockenkrieges als eigentliches Kommunikationszentrum.[3] In der Schenke auf Unter Gisenrüti im Wädenswilerberg wurde der Plan ausgeheckt, das Landvogteischloss Wädenswil anzuzünden.[4] Düstere Zukunftsaussichten und politische Unsicherheit begünstigten zudem die Verbreitung von Gerüchten und Falschmeldungen, sorgten für Aufregung und führten zu voreiligen Entschlüssen und Handlungen, ja bis zu Massenpanik. Nicht zu unterschätzen war auch die Wirkung des Nachahmungseffekts.

Proteste bei den Huldigungen

Am 14. März 1803 beschloss der Grosse Rat, den Huldigungsakt wieder einzuführen. In der zweiten Märzhälfte 1804 sollten die Bürger in allen Kirchen zwei Abgeordneten des Kleinen Rates schwören, «der Verfassung des Kantons Zürich und dem gemeinsamen Vaterlande treu zu sein, den Gesetzen und Verordnungen der verfassungsmässigen Obrigkeit pflichtmässigen Gehorsam zu leisten».[5] Während die Huldigung für Zürcher Stadtbürger am 15. März 1804 problemlos verlief, verweigerten auf der Landschaft 47 von 192 Gemeinden den Gehorsam.[6] Die Arten des Protestes waren mannigfaltig: An einzelnen Orten erschienen die Leute nicht in der Kirche oder verliessen diese noch vor der Eidesleistung. In Greifensee, Wetzikon, Bauma und Wald konnte der Huldigungsakt nicht vollzogen werden.[7] Ebenso in Wädenswil: Hier entstand furchtbarer Lärm. Alles rief und schrie durcheinander. Viele machten drohende Gebärden gegen die abgeordneten Ratsherren Usteri und Hirzel.[8] In Stäfa wurden Stühle hin und her gestossen.[9] In Meilen zwangen Lärm und Unruhe die Deputierten zur Flucht, worauf sie für gut befanden, auf die Eidesleistung in Zollikon zu verzichten.[10] In Hinwil mussten die Deputierten wegen Ausschreitungen wilder Pöbelrotten fliehen.[11] In Fehraltorf erzwang eine tobende Rotte den Abbruch des Huldigungsaktes.[12] Die Ruhestörer waren öfters junge Leute, aus der Sicht der Obrigkeit «schlechtgesinnte Kreaturen» und «notorisch schlechte Kerle», ausgelassener unsinniger Pöbel.[13]

Allgemein mangelte es an Respekt gegenüber den Abgeordneten der Zürcher Regierung. Die Ratsherren, welche die Huldigung abnehmen sollten, wurden geduzt. In Hinwil störte man das Mittagessen mit den Honoratioren, indem man Kot und faule Äpfel ins Speisezimmer warf.[14] In Meilen konnten sich die Ratsherren nur mühsam einen Weg durch die Menge bahnen; die wegfahrende Kutsche wurde mit Schneebällen und Kot beworfen.[15] Widerstand und Gewaltbereitschaft hatten einen Grad erreicht, der gar den Ausbruch einer bewaffneten Revolte befürchten liess.

Der Schlossbrand in Wädenswil
Die Huldigungsverweigerungen hatten gezeigt, dass man breite Bevölkerungskreise mobilisieren konnte, dass Widerstandswille vorhanden und die Auslösung einer Revolte möglich war. Ein Brandanschlag auf das leerstehende ehemalige Landvogteischloss Wädenswil in der Nacht vom 24./25. März 1804 sollte die Verletzbarkeit der staatlichen Macht aufzeigen und beweisen, dass man sich zum Äussersten bereit fand.[16] Täter waren fünf Männer eher mittleren Alters, von denen vier zur untersten Gesellschaftsschicht zählten. Ihr Durchschnittsalter betrug 32,4 Jahre.[17] Drei von ihnen hatten Kinder. Vier wohnten in abgelegenen Höfen des Wädenswilerbergs und hatten sich wegen der Distanz zu Wädenswil der Kontrolle durch die Dorfgemeinschaft weitgehend entzogen. Nachstehend die Biographien der fünf Brandstifter.

Heinrich Stäubli
Heinrich Stäubli, der führende Kopf des Brandanschlags, kam am 22. Juni 1760 als Sohn von Hans Ulrich Stäubli und Regula Sträuli in Horgen zur Welt[18] und verbrachte hier seine Jugend. Am 30. September 1782 verheiratete er sich mit Anna Spalinger.[19] Bis 1792 wohnte das junge Ehepaar in Chur, seit den späten 1790er Jahren abgelegen im Horgnerberg. Als Vieharzt hatte Heinrich Stäubli einen niederen sozialen Status.[20] Die Familie lebte in äusserst bescheidenen Verhältnissen, knapp am Existenzminimum. Als man 1805 ein Inventar aufnehmen wollte, fand man nur ein schlechtes Bett, sechs Zinnteller und einige unbrauchbare Gegenstände.[21] Die Quellen bezeichnen Stäubli als hitzigen Politiker. Er machte Säger Jakob Stocker in der Weinschenke auf Unter Gisenrüti den Vorschlag, das Schlossgebäude anzuzünden.[22] Um sich nach der Tat der Verhaftung zu entziehen, floh Stäubli nach Markirch im Elsass zu Chirurg Andreas Staub, der dort seit seiner Verbannung im Stäfner Handel von 1794/95 lebte. Hier starb der Tierarzt am 25. Oktober 1810.[23]

Jakob Stocker
Jakob Stocker, Sohn von Caspar Stocker und Elisabetha Zürrer, wurde am 12. Februar 1769 in der Kirche Schönenberg getauft.[24] Der um 1800 begonnene Haushaltrodel von Schönenberg führt ihn unter jenen Personen auf, «die bald da, bald dort wohnen

oder ausser der Gemeinde sich aufhalten».[25] Der ledig gebliebene Stocker – von Beruf Säger – gehörte zur unsteten, flottanten Bevölkerungsschicht. Die Gemeindebehörden charakterisierten ihn als schlechten Menschen, der bald da, bald dort war und ebenfalls knapp am Existenzminimum lebte.[26] Pfarrer Kramer beschrieb ihn als einsilbigen, gefühllosen, plumpen, rohen und unwissenden Menschen, der keinen Buchstaben lesen könne.[27] Laut Gerichtsakten galt er als fanatischer, bisweilen gewalttätiger Anhänger der helvetischen Revolution. Verbissen kämpfte er gegen die Befürworter der aristokratischen Regierung. 1802 zog er mit mehreren Kumpanen nachts vor das Wohn- und Schulhaus des Schulmeisters Hans Jakob Pfister-Bär (1740–1818) in der Mittleren Chalchtaren Wädenswil, wo er Fensterscheiben einschlug und mit einer Jagdflinte ins Haus hinein schoss.[28] 1804 gehörte er zu den Tumultanten, welche in Wädenswil den Huldigungsakt störten. Häufig hielt er sich im Wirtshaus «Tanne» auf, dem «bekannten Sammelplatz unruhiger Köpfe». Obwohl ihn Stäubli zur Mitwirkung am Anschlag auf das Schloss Wädenswil überredete, war er kein Verführter. Er handelte aus eigenem Antrieb und überzeugt: Der Widerstand galt einem Regime, das alle Errungenschaften der helvetischen Revolution rückgängig machen wollte, und verhiess Hoffnung, der Not zu entrinnen. Für seine Tat wurde Stocker zu zwanzig Jahren Kettenstrafe verurteilt.

Johannes Staub

Johannes Staub wurde am 1. April 1771 geboren.[29] Er betätigte sich zuerst als Feldmusikant, dann arbeitete er auf dem väterlichen Bauernhof Schründlen im Wädenswilerberg. Seit dem 12. April 1791 war er mit Susanna Kleinert aus der «Tanne» Schönenberg verheiratet[30] und zum Zeitpunkt der Tat Vater von drei Kindern. Am Abend vor dem Schlossbrand sass nach der einen Zeugenaussage auch er in der Schenke in der Untern Gisenrüti beim Kartenspiel um Wein. Nach anderer Angabe sollen ihn Stäubli und Stocker zu Hause im Schluchtal aufgesucht haben. Dort habe er auf der «Gutsche» geschlafen. Man habe ihn dann in den Plan eingeweiht.[31] Nach langem Sperren liess er sich von Stocker überreden, man müsse das Schloss anzünden, das gebe den Leuten mehr Lust zum Kriegen. Im Gegensatz zu Stäubli und Stocker, den Verführern und Urhebern, war Staub ein Verführter und Teilnehmer. Dasselbe gilt für Rudolf und Jakob Welti. Für seine Tat wurde Johannes Staub lebenslänglich verbannt. Die Gerichtsakten charakterisieren ihn als einen sich unschuldig stellenden Schwätzer. Er starb am 9. April 1843.[32]

Rudolf Welti

Rudolf Welti, geboren 1780, war Jungbauer auf dem Hof Unter Gisenrüti, wo auch die Schenke von Caspar Welti lag.[33] Die wirtschaftliche Lage des Ledigen war ebenfalls ernst. Zwar hatte er seinem Bruder 400 Gulden ausleihen können, doch hatte er sich inzwischen wieder für gegen 350 Gulden verschuldet.[34] Da sich Rudolf Welti durch Flucht einer Strafe entzog, veröffentlichte die Kanzlei Zürich am 22. März 1805 sein Signalement.[35] Er war von gesetzter Statur, 5 Fuss 4 Zoll hoch, hatte ein glattes Gesicht, graue Augen, eine lange spitze Nase und hellbraune, zu einem Zopf gebundene Haare. Er trug zuletzt eine hellgelbe Jacke, eine hellgelbe Weste, schwarze Samthosen, weisse Baumwollstrümpfe, kurze Stiefel und einen runden, schwarzen Hut. Es gelang, Welti aufzugreifen und ihn mit fünf Jahren Zuchthaus zu bestrafen. Am 5. April 1809 begnadigte ihn das Zürcher Obergericht; er durfte jedoch seine Heimatgemeinde Wädenswil nicht mehr verlassen.

Jakob Welti

Jakob Welti, kam am 17. Januar 1779 als Sohn von Jakob Welti und Anna Ringger zur Welt[36], wohnte auf dem Hof Unter Gisenrüti und betätigte sich als Bauer. Er war seit 12. Juni 1798 verheiratet mit Katharina Hauser[37] und Vater eines Kindes. Jakob Welti widerfuhr die gleiche Strafe wie seinem Vetter Rudolf. Auch er hätte bis zum 20. März 1810 eine fünfjährige Zuchthausstrafe absitzen müssen, wurde aber am 5. April 1809 vom Obergericht begnadigt und in seine Heimatgemeinde Wädenswil verbannt. Er starb am 30. Dezember 1826.[38]

Die Anführer im Bockenkrieg

Die Einäscherung des Schlosses Wädenswil sei zwecklos gewesen. Sie würden besser tun, wenn es ihnen ernst sei, Widerstand zu leisten, sich zu bewaffnen und zu organisieren.[39] Derjenige, der im Wirtshaus «Tanne» Schönenberg so zu seinen Gesinnungsfreunden sprach, war Johann Jakob Willi, ein einfacher Schuster aus Horgen. Er wurde bald der Anführer jener Bewegung, die als Bockenkrieg in die Geschichte einging.

Johann Jakob Willi

Johann Jakob Willi wurde am 19. April 1772 als Sohn von Johann Jakob Willi und Anna Maria Leuthold in Horgen geboren[40] und wuchs in diesem Dorfe auf. Mit zweieinhalb Jahren wurde er Halbwaise. Bei einem Vetter erlernte er das Schusterhandwerk, entwich aber – erst fünfzehnjährig – aus der Lehre und begab sich in fremde Dienste. Rund zehn Jahre lang diente er als Soldat in spanischen und französischen Einheiten auf Sardinien und Korsika. Auf der Insel Elba geriet er für vier Jahre in englische Kriegsgefangenschaft. Nach abenteuerlicher Flucht von einem englischen Schiff erreichte er schwimmend mit letzter Kraft von Gibraltar aus die spanische Küste. Als wandernder Schuster schlug er sich durch und kehrte am 27. Oktober 1801 nach Horgen zurück. Zwei Monate, nachdem ihm Katharina Götschi ein uneheliches Töchterchen geboren hatte, verheiratete er sich am 28. März 1803 mit Anna Anton von Horgen.[41] Von Horgen aus kämpfte Johann Jakob Willi an vorderster Front gegen die aristokratisch-städtischen Kreise, welche wieder die alte Ordnung einführen und damit die Errungenschaften der Helvetik rückgängig machen wollten. Als Schuster war er vom grossen Konkurrenzdruck direkt betroffen und für ökonomische Prozesse besonders sensibilisiert. Beschrieben wird er als grosser, schlanker Mann mit kurz geschnittenen blonden Haaren über feurigen Augen und hoher Stirn, temperamentvoll, doch wenig gebildet. Er war ganz in Grün gekleidet, trug eine kurze grüne Weste, lange Beinkleider, Stiefel, ein schwarzes und darunter ein weisses Halstuch, einen Hut mit grünem Strauss und nach französischer Manier einen Husarensäbel.[42]

Nachdem er sich am 25. März 1804 an die Spitze des Aufstandes gestellt und den Befehl zum Angriff gegeben hatte, nannte sich Willi «Chef der gerechtigkeitsbegehrenden Truppen». Willi hatte Kriegserfahrung, die er einbrachte. Um Übergriffe auf die Zivilbevölkerung zu vermeiden, verordnete er einen Ehrenkodex: «Jeden, der raubt oder Unbewaffnete ermordet, werde ich mit eigener Hand erschiessen.»[43] Die Regierung legte Willi später zur Last, dass er die Rebellen verführt und unter Drohungen zur Bewaffnung aufgerufen hatte. Da er sich der Verhaftung durch Flucht entziehen konnte, wurde er gemäss Beschluss des Kleinen Rats vom 7. April 1804 durch Ausschreibung in den öffentlichen Blättern gesucht. Auf den für vogelfrei erklärten «Rebellenchef» war eine Kopfprämie von 1000 Franken ausgesetzt.[44] Willi, am Bein von einer Kugel verletzt, hielt sich in der Scheune des Metzgers Rudolf Ryffel in Stäfa versteckt. Dort konnte ihn ein Offizier aus der Kompanie Zeerleder, welche das Dorf besetzt hielt, am 7. April verhaften.[45] Am 25. April 1804 kam Willi vor Kriegsgericht. Umsonst appellierte er an Napoleon Bonaparte. Er wurde zum Tod durch das Schwert verurteilt und sofort hingerichtet.[46]

Willi ernannte einen Sekretär – Konrad Hauser – und drei Chefs zweiten Grades: die Horgner Heinrich Suter und Leutnant Johannes Höhn sowie Hauptmann Jakob Kleinert von Schönenberg.

Porträt von Johann Jakob Willi (1772–1804). – Der Schuster Willi kämpfte an vorderster Front gegen die aristokratisch-städtischen Kreise und nannte sich «Chef der gerechtigkeitsbegehrenden Truppen». Willi wurde nach einer kurzen Flucht am 7. April 1804 in Stäfa verhaftet und am 25. April 1804 hingerichtet.

Steckbrief von Johann Jakob Willi aus dem Protokoll des Kleinen Rats, 7. April 1804. – «Signalement. Hs. Jakob Willi, Schuhmacher von Horgen, gegenwärtiger Anführer der Rebellen, ist von grosser schlanker Statur, misst ca. 5 Fuss 10 Zoll, hat blonde abgeschnittene Haare, ein breites blasses und etwas eingefallenes Angesicht, graue Augen, breite Nase, hohe Stirne und rundes Kinn, an der linken Hand mangelt ihm der 4te Finger. Er war vergangenen Mittwoch den 28ten Merz beym Auszug mit seinen Horden ganz grün gekleidet, und zwar trug er eine kurze grüne Weste und lange Beinkleider nebst Stiefeln, ferner einen Militärhut mit grünem Strauss, ein schwarzes Halstuch und darunter ein weisses und einen Husarensabel auf französische Manier.»

Konrad Hauser

Konrad Hauser wurde am 28. Januar 1774 als Sohn des Bauern und Schützenmeisters Jakob Hauser und der Anna Maria Diezinger auf dem Hof Risi in der Gemeinde Schönenberg geboren.[47] Die Eltern hatten nach der Teilung des noch auf Wädenswiler Boden gelegenen Hofes Schluchtal auf dessen Ausgelände ein neues Gehöft erstellt: die Risi, wo «Risi Chuetli» aufwuchs. Er war musikalisch begabt und spielte mit zehn Jahren bereits Violine. Wegen der Liebschaft zu einem Nachbarsmädchen wurde Konrad ins Welschland geschickt, wo er in St-Saphorin und Aubonne landwirtschaftliche Arbeiten verrichtete.[48] Ab 1796 wieder in der Heimat, zog er während der Revolution von 1799 als Trompeter in einer Scharfschützenkompanie gegen die Kaiserlichen an den Rhein, nach Frauenfeld und Winterthur. Im Jahre 1800 wählte ihn der Gemeinderat Schönenberg zum Sekretär (Schreiber) der Munizipalität. «Mit warmem Herzen schloss ich mich 1804 Willi an», bezeugt Konrad Hauser in seiner Autobiographie. Im Auftrag Willis, den er begleitete, schrieb Hauser verschiedene Aufrufe «an die teuren Mitbürger». Nach dem gescheiterten Aufstand floh er zusammen mit Hauptmann Kleinert und hielt sich im Gross bei Einsiedeln versteckt. Dort wurde er von Bezirkslandammann Kälin verhaftet, in Schwyz verhört und am 24. April im Wellenberg in Zürich eingekerkert. Am 16. Mai 1804 verurteilte ihn das Zürcher Obergericht zu 15 Jahren Gefangenschaft. Im Februar 1805 legte man ihm nahe, sich als Kolonist nach Nordamerika verbannen zu lassen. Da Hauser dies ausschlug, überwies ihn die Regierung mit Beschluss vom 2. Juni 1805 in die Strafanstalt des Grafen Schenk von Kastell im Schloss Dischingen bei Ulm. Hier konnte er fliehen und sich zu Doktor Andreas Staub ins Oberelsass durchschlagen, wo schon andere Bockenkrieg-Kämpfer Aufnahme gefunden hatten. In Markirch übernahm Hauser eine Lehrstelle an der Gemeindeschule und betrieb nebenbei die Wollweberei. 1811 verliess er sein Exil und traf an Neujahr 1812 zu einem Kurzbesuch auf der Risi Schönenberg ein. Dann flüchtete er nach Mülhausen, wo er Arbeit nahm. Zu Beginn der Restauration rechnete Konrad Hauser mit einem Straferlass und meldete sich am 15. Juni 1815 auf der Gemeinderatskanzlei Schönenberg. Er wurde verhaftet, von Statthalter Hotz in Oberrieden verhört und dann im Zürcher Gefängnis Ötenbach eingesperrt. Am 15. Oktober 1815 verurteilte ihn das Obergericht zu halbjähriger Gefangenschaft mit anschliessender Eingrenzung in die Heimatgemeinde. Am 13. März 1816 kehrte er nach Schönenberg zurück und arbeitete als Wollweber. Nach dem liberalen Umschwung im Kanton Zürich wurden die letzten Verurteilten von 1804 am 11. März 1831 amnestiert und wieder in ihre bürgerlichen Ehren und Rechte eingesetzt. In Zürich erhielt der Bockenkrieg-Veteran Hauser eine Anstellung im Strassenbaudepartement.[49] Konrad Hauser ab der Risi starb am 16. August 1858 als ältester Bürger der Gemeinde Schönenberg.[50] Seine Mitbürger setzten ihm 1874 auf dem Friedhof Schönenberg einen Denkstein mit der Inschrift: «Dem Patrioten Konrad Hauser / Geboren 28. Januar 1774 / Gestorben 16. August 1858».

Heinrich Suter
Heinrich Suter, am 19. Oktober 1788 als Sohn von Hans Heinrich Suter und Anna Schärer geboren[51], war verheiratet und lebte in Horgen als Bäcker. In der Nacht, als das Schloss Wädenswil brannte, erhielt er Besuch von Johann Jakob Willi. Laut dessen Zeugenaussage äusserte sich Suter ihm gegenüber, es sei nun das beste, sich mit bewaffneter Hand zu widersetzen, da es die Regierung nicht zu Tätlichkeiten kommen lassen werde. Suter beteiligte sich zwar am Aufstand und veranlasste in Wädenswil die Einquartierung von Willis Truppen. Dann aber scheint er sich nicht mehr an vorderster Front engagiert zu haben. Das Obergericht entliess ihn gegen eine Kaution von 800 Franken aus dem Gefängnis Ötenbach, verurteilte ihn am 11. Juli 1804 lediglich zur Übernahme der Prozesskosten und entzog ihm für sechs Jahre das Aktivbürgerrecht.

Johannes Höhn
Johannes Höhn, 1767 in Horgen geboren, war mit Elisabeth Schäppi verheiratet und wohnte auf der Risi im Horgnerberg.[52] Als Leutnant diente er in der Scharfschützenkompanie vom oberen linken Seeufer unter Hauptmann Johann Jakob Gugolz von Horgen. Leutnant Höhn gelang es, in Affoltern am Albis mit seinen Leuten am 27. März 1804 Oberstleutnant Füssli, Major Michel und Hauptmann Füssli von den Zürcher Regierungstruppen gefangenzunehmen. Allerdings konnten Dragoner unter Leutnant Bodmer die Gefangenen kurz darauf im Handstreich wieder befreien. Das Obergericht verurteilte Höhn zu 20 Jahren Zuchthaus. Durch Flucht entzog er sich dieser Strafe. Das Totenbuch von Horgen überliefert unter dem Datum vom 30. April 1824 den Vermerk, dass Höhn als Eigentümer des Kurhauses Nidelbad bei Rüschlikon gestorben sei.[53]

Jakob Kleinert
Jakob Kleinert, am 24. Mai 1766 als Sohn von Schützenmeister Johannes Kleinert und der Verena Isler geboren[54], wuchs auf dem Hof Erni nahe der «Tanne» Schönenberg auf und erlernte den Beruf des Tischmachers. Im Alter von etwa zwanzig Jahren trat er als Chasseur in französische Dienste ein. Um 1800 kehrte er nach Schönenberg zurück und übte den Schreinerberuf aus. Hier verheiratete er sich mit Barbara Staub aus dem Schönenberg[55], welche ihm zwei Töchter gebar. Als sich bei der «Tanne» Willis

Truppen sammelten, wurde Jakob Kleinert aus dem Bett geholt und als ehemaliger Militär aufgefordert, ebenfalls unter die Waffen zu treten. Kleinert, ein patriotischer Mann, liess sich hinreissen, willigte ein und wurde von Willi sogleich zum Hauptmann ernannt. Als einer der Hauptanführer übernahm er nach Willis Verwundung auf Bocken für zwei Tage das Oberkommando der Aufständischen. Seinem Bruder *Rudolf Kleinert-Eschmann* (10. Dezember 1758 bis 20. April 1841)[56], dem Schmied und Wirt «bei der Tanne», erteilte er den Befehl, Kanonenkugeln zu sammeln. Zusammen mit Konrad Hauser wurde er am 26. April 1804 auf der Flucht im Gross bei Einsiedeln gefangen, von Schwyz an Zürich ausgeliefert, am 16. Mai 1804 zum Tode verurteilt und tags darauf mit dem Schwert hingerichtet. Bis zuletzt sah sich Kleinert als Geprellter, zumal die Volksmenge, die ihn zum Mitmachen gezwungen hatte, straffrei ausging.

Im engsten Umfeld des Anführers Willi bewegten sich zwei weitere Horgner, die später dafür hart büssen mussten: Hauptmann Johann Jakob Gugolz und der Scherer Josua Trüb.

Johann Jakob Gugolz
Johann Jakob Gugolz, geboren am 1. August 1773 als Sohn des Hans Jakob Gugolz und der Anna Elisabetha Stocker[57], wuchs in Horgen auf. Er gehörte dem ländlichen Bürgertum an, hatte sich 1799/1800 für die politische Wende engagiert und befürchtete von der Restauration einen Statusverlust. Darum schloss er sich 1804 dem vom Horgner Mitbürger Johann Jakob Willi propagierten Aufstand an. Als Hauptmann militärisch geschult, half er die Bewaffnung des Volkes organisieren und soll auch die Mobilisierung der Bevölkerung in den rechtsufrigen Zürichseegemeinden versucht haben. Seinen Tambouren befahl er, die helvetische Kokarde aufzusetzen. Für seine Taten wurde Gugolz zu 12 Jahren Haft verurteilt. Durch Flucht nach Frankreich entzog er sich dieser Strafe. Nach dem Tod des Vaters baten Mutter und Geschwister mit Unterstützung des Gemeinderates Horgen das Obergericht um Begnadigung. Am 24. April 1813 beschloss das Gericht, der psychisch und physisch gebrochene Mann, der sich im Januar 1813 in Biel bei Jungfer Syz – wohl einer Verwandten von Hans Caspar Syz – aufhielt[58], dürfe heimkehren, müsse sich aber Hausarrest unterziehen. Erst am 11. März 1831 erfolgte die Amnestie. Gugolz starb am 15. Januar 1833.[59]

Josua Trüb
Als Nachbar Willis wurde auch der am 10. Januar 1773 als Sohn von Hans Georg Trüb und Barbara Brunner geborene Scherer Josua Trüb aus Horgen in den Aufstand verwickelt.[60] Willi warb ihn als Feldscherer für seine Truppen an. Über Trüb schrieb Unter-

statthalter Kaufmann aus Küsnacht am 28. März 1804 an den Amtsbürgermeister Hans Conrad Escher in Zürich, der Chirurg zähle zu jenen «Menschen, die zur verworfensten Klasse gehören».[61] Als Mitläufer wurde er am 18. Juni 1804 vom Obergericht zu 16 Jahren Gefängnis verurteilt. Am 25. Juni 1804 reduzierte das Gericht die Haft auf 12 Jahre. Zum Strafvollzug wurde Trüb dem Grafen Schenk von Kastell im Schloss Dischingen bei Ulm übergeben. Hier konnte er im November 1806 zusammen mit Hans Ulrich Grob fliehen. Auch er fand Unterschlupf bei Doktor Andreas Staub in Markirch im Oberelsass. Hier war er als Barbier tätig und führte zusammen mit Grob die Burgapotheke. Später verlieren sich seine Spuren.

Anführer aus dem Knonauer Amt

Zwischen den linksufrigen Zürichseegemeinden und dem Knonauer Amt gab es schon früher Verbindungen, wenn man sich gegen Zürich zur Wehr setzen wollte. So 1646 bei der Steuerverweigerung im Wädenswiler Handel. Zu einer Parallelbewegung eigenständigen Charakters kam es im Knonauer Amt während des Stäfner Handels von 1794/95. Auch im Bockenkrieg spielten die Verbindungen über den Albis wieder. Denn viele Bewohner hatten im dortigen Heimarbeitergebiet mit gleichen ökonomischen Problemen zu kämpfen. «Armut, Mangel an Verdienst würkte überhaupt mehr zur Gährung auf Aufhezungen»[62], berichtete 1804 Pfarrer Andreas Wolf (1760–1820) von Hedingen. Manche Ämtler verfolgten dieselben Ziele wie die auch aus den Unterschichten stammenden und nun handelnden Personen am See. Dazu kamen verwandtschaftliche Kontakte. In diesem Zusammenhang interessieren die Biographien von Jakob Schneebeli in Affoltern und der drei Knonauer Heinrich Häberling, Caspar Syz und Hans Ulrich Grob.

Jakob Schneebeli

Jakob Schneebeli kam am 13. Juli 1755 als Sohn der Bauersleute Jakob Schneebeli und Susanna Frick in Affoltern am Albis zur Welt und erlernte in Zürich das Färberhandwerk.[63] Nach dreijähriger Wanderschaft durch Deutschland und Frankreich betrieb er zu Hause eine Färberei. Am 5. Februar 1781 verheiratete er sich mit Barbara Schneebeli[64] und wurde Vater eines Sohnes und einer Tochter. 1782 ernannte ihn der Kriegsrat zum Adjutanten des Knonauer Quartiers. Im Mai 1798 wurde er Mitglied des Distriktsgerichts Mettmenstetten und bald darauf dessen Präsident. 1799 stand er als Truppenkommandant zum Schutz der eidgenössischen Behörden im Feld. Den neuen Gesetzen gegenüber war er kritisch eingestellt. Als Angehöriger einer neuen ländlichen Oberschicht und ehemaliger helvetischer Beamter wollte er sich indessen nicht allzu stark exponieren. Erst Druck der Volksbewegung von unten brachte ihn dazu, eher unfreiwillig das Kommando zu übernehmen. «Wer noch ein rechtschaffener Mann sei, der schliesse sich an die Brüder am Zürichsee an und verteidige das Vaterland», war nun seine Parole.[65] Nach dem Zusammenbruch des Aufstandes ergriff Schneebeli die Flucht. Schwyzerisches Militär verhaftete ihn aber in Schindellegi. Schliesslich kam er vor Kriegsgericht und wurde am 25. April 1804 enthauptet.

Jakob Schneebeli verwickelte auch einen Verwandten in den Bockenkrieg: *Johannes Epprecht* (1774–1843) aus Affoltern, den Sohn seiner Schwester Susanne Schneebeli und Vater von vier Kindern.[66] Dieser war während der Helvetik von 1798 bis 1803 Agent und nachher Gemeindesäckelmeister. Als Beruf übte er das von seinem Vater ererbte Glasergewerbe aus und führte nebenbei eine Wirtschaft. Vorgeworfen wurde ihm im Prozess, dass er im Knonauer Amt öffentlich zum bewaffneten Aufstand aufrief, für Schneebeli Botengänge besorgte, mit einer Pistole bewaffnet war und Kontakte zu Caspar Syz und Hauptmann Johann Jakob Gugolz pflegte, den er von Stäfa ins Grüninger Amt begleitete. Die am 25. April 1804 verhängte Strafe lautete auf Bannung in Haus und Güter für vier Jahre, Einstellung im Aktivbürgerrecht für zwölf Jahre, Bezahlung einer Kaution von 400 Franken für Wohlverhalten, Übernahme sämtlicher Prozess- und Gefangenschaftskosten.

Heinrich Häberling

Heinrich Häberling, am 22. September 1764 in Knonau als Sohn des Schlossknechts Heinrich Häberling und der Anna Syz geboren[67], betätigte sich als Landwirt auf dem elterlichen Hof, wurde 1798 bei Ausbruch der Revolution Freiamtsweibel, und bis zur Auflösung 1803 war er Mitglied der Verwaltungskammer des Kantons Zürich. Seit 1802 war er in zweiter Ehe mit Regula Forster von Dietikon verheiratet, die am 27. Oktober 1803 den Sohn Gottfried gebar.[68] Aus erster Ehe hatte er einen Knaben und eine Tochter. Ähnlich wie Jakob Schneebeli zählte sich auch Heinrich Häberling zur ländlichen Oberschicht und wollte nicht an vorderster Front agieren. Doch auch ihn zwangen «die plebejischen Schichten» am 29. März 1804 in eine Führungsrolle. An der Spitze von zirka vierzig Rebellen habe er die öffentliche Ruhe gefährdet und das Volk zum Ungehorsam gegen seine Regierung und ihre Gesetze verleitet, befand später das Kriegsgericht über den Flüchtigen, der in Dürnten aufgegriffen werden konnte. Seine Verteidigungsargumente zeigten keine Wirkung: Der Aufruhr sei durch die Widersetzlichkeit in Horgen ausgebrochen. Als er sich am 29. März unter die Waffen begeben habe, sei der Krieg schon ausgebrochen gewesen. Er habe sich nicht aus eigenem Antrieb beteiligt, sondern durch äusserliche Verkettung fataler Umstände. Zudem sei er nur von

Das Bockenkrieg-Denkmal in Affoltern am Albis zu Ehren von Jakob Johann Willi, Jakob Schneebeli, Heinrich Häberling und Jakob Kleinert. Diese Anführer der Aufständischen wurden nach der Verurteilung durch das Kriegsgericht im April/Mai 1804 hingerichtet.

Knonau bis Adliswil gezogen und habe sich nirgends Tätlichkeiten erlaubt. Am 25. April 1804 wurde Häberling in Zürich erschossen.

Caspar Syz

Caspar Syz kam am 11. Februar 1755 als Sohn der armen Eltern Caspar Syz und Elisabeth Neuhauser in Knonau zur Welt.[69] Der Vater war Gärtner und Schulmeister. Auch Caspar widmete sich anfänglich dem Schuldienst. 1785 verlor er aber die Stelle als Verweser wieder, weil seine freimütigen Äusserungen zum Konflikt mit dem Dorfpfarrer Georg Kambli geführt hatten. Nach seiner Entlassung verdiente sich Syz den Lebensunterhalt zunächst als Gärtner, später als Kopist und Substitut in der Kanzlei der Landvogtei Knonau. Am 12. März 1781 verheiratete er sich mit Susanna Grob, der Schwester des Tierarztes Hans Ulrich Grob. Während des Stäfner Handels beteiligte er sich an der Suche nach alten Dokumenten. Verbotenerweise kopierte der Kanzlist den alten Freiamtsbrief, den er in der Freiamtlade fand. Zudem kritisierte Syz in einem Protestlied die Vorrechte der Stadt Zürich und ermunterte die Patrioten zum Widerstand. Durch Flucht nach Graubünden konnte er sich dem Haftbefehl der Regierung entziehen. Als Buchhalter, Verwalter, Hauslehrer, Lehrer an der Armenschule und zuletzt Hausangestellter einer reichen Witwe schlug er sich in Chur mühsam durchs Leben. 1798 berief ihn Regierungsstatthalter Johann Caspar Pfenninger (1760–1838) zum Schreiber des neugeschaffenen Distriktsgerichts Mettmenstetten. Der Staatsstreich von 1802, welcher die helvetische Regierung absetzte, zwang ihn erneut zur Flucht, diesmal in den Jura, in die Waadt und nach Frankreich. Kaum nach Affoltern zurückgekehrt, geriet er 1803 mit der Mediationsregierung in Konflikt, weil er sich an der Verbreitung von Gerüchten über einen neuen Verfassungsentwurf beteiligt hatte. Auf dem Zürcher Rathaus verbüsste er eine Haftstrafe von 123 Tagen und verlor überdies sein Aktivbürgerrecht. Nachdem, was Syz alles erlebt hatte, war es für ihn selbstverständlich, sich 1804 der Bewegung der Aufständischen anzuschliessen. Er habe die Waffen ergriffen, gab er später im Verhör zu Protokoll, «gegen die Regierung, die er dadurch habe helfen zwingen wollen, die Gesetze abzuändern». Er schloss sich den Aufständischen an und begleitete Johann Jakob Willi auf seinem Zug ins Zürcher Oberland. Nach der Niederlage konnte er sich der Strafjustiz durch Flucht entziehen. Als Messerschmiedgeselle getarnt, erreichte er schliesslich 1805 Markirch im Elsass, wo sich unter der Obhut von Doktor Andreas Staub weitere Emigranten aufhielten. 1831 entschloss sich Schneebeli zur Rückkehr in die Heimat. Aus seinem Haus verstossen und ausgesteuert, verbrachte er die letzten Lebensjahre in bitterer Armut. Er starb am 30. Januar 1838 in Knonau an Altersschwäche.

Hans Ulrich Grob

Hans Ulrich Grob wurde am 26. November 1761 als jüngstes Kind des Schusters Heinrich Grob und der Verena Frick in Knonau geboren.[70] Da er früh die Eltern verlor, erzog ihn der Bruder der Mutter. Nachdem er in der Landwirtschaft tätig gewesen war, erlernte er bei einem Tierarzt in Weiach die Tierheilkunde und praktizierte dann in Knonau. Am 25. November 1783 verheiratete er sich mit Anna Cleophea Buchmann[71] von Mettmenstetten und wurde Vater von sechs Kindern. Um die grosse Familie durchzubringen, handelte er auch mit Schweinen und Branntwein bis in die Niederlande. Aufgemuntert durch seinen Schwager, den Gerichtsschreiber Caspar Syz, beteiligte er sich 1795 am Aufstand im Amt während des Stäfner Handels. Zur Zeit der Helvetik war er Gemeindepräsident von Knonau. Im Bockenkrieg zog er mit der Freiamtsfahne nach Adliswil, was ihn strafbar machte. Der flüchtige Tierarzt Hans Ulrich Grob wurde am 4. April 1804 auf dem Zuger Markt verhaftet. Das Kriegsgericht betrachtete ihn nicht als Haupt des Aufstandes und verurteilte ihn statt zum Tod zu lebenslanger Gefangenschaft im Zuchthaus Dischingen. Das Obergericht begnadigte ihn am 1. April 1812 zu lebenslänglicher Verbannung aus der Eidgenossenschaft. Am 4. Oktober 1822 bewilligte es die Rückkehr nach Knonau, mit lebenslanger Eingrenzung in Haus und Güter. Grob kam aber erst 1830 zurück und wurde 1831 rehabilitiert. Von vielen Leiden geschwächt, starb er am 17. Juli 1837 in der Spanweid bei Zürich.[72]

Anführer aus dem Zürcher Oberland

Trotz dem Sieg auf Bocken sank die Stimmung unter Willis Kämpfern angesichts der vorrückenden Regierungstruppen. Willi, fest zu weiterem Widerstand entschlossen, suchte nun die Bewegung aufs Zürcher Oberland auszuweiten. Bei besonnenen Leuten fand er aber wenig Gehör. Im «Hirschen» Grüningen tagten zwölf Mitglieder des Grossen Rats, meist aus der Region, um weiterem Blutvergiessen ein Ende zu machen.[73] Doch auch im Oberland bewirkte der Druck der Volkes, dass Autoritätspersonen wider Willen Führungsaufgaben übernehmen mussten. So Felix Schoch, der Präsident des Gemeinderates Bäretswil, und Hans Jakob Hanhart aus Pfäffikon.

Felix Schoch

Johann Felix Schoch wurde 1768 in Bäretswil geboren und wuchs in bäuerlichem Milieu auf.[74] Statt Landwirtschaft zu betreiben, eröffnete er ein Detailwarengeschäft und hausierte mit Quincaillerieicharen. Gegenüber der Zürcher Obrigkeit war er feindselig eingestellt, hatte sie ihm doch das Betreiben einer Krämerbude verweigert. Nach der Heirat mit Susanna Spörri[75] von Sternenberg am 10. Dezember 1787 konnte er die Geschäfte erweitern, da der Schwiegervater Beziehungen zum nahen Toggenburg unterhielt. Nach dem Umsturz von 1798 wurde Schochs Einsatz für die Landbevölkerung mit politischem Aufstieg belohnt: Er amtete während der Helvetik als Präsident des Distriktsgerichts Wald; zu Beginn der Mediation wurde er in den Grossen Rat und zum Gemeindepräsidenten von Bäretswil gewählt. Diese Ämter verbanden ihn mit den städtischen Machthabern, was zum Loyalitätskonflikt führte: Einerseits war er ins politische System eingebunden, und andererseits fühlte er sich der ländlichen Basis verpflichtet, welcher er den politischen Aufstieg verdankte. Auch Schoch liess sich zur Mitwirkung am Aufstand überreden. Für seine Aktivitäten zum Tode verurteilt, floh er 1804 nach Weilheim in Bayern, wo er als Gutsverwalter Arbeit fand. 1805 liess er die Frau mit den Kindern nachkommen. Zwischen Schongau und Füssen betrieb er während zehn Jahren eine Landwirtschaftspacht, dann wurde er königlich-bayrischer Amtsverwalter in München. Am 24. August 1817 erlag Felix Schoch einem Schlaganfall und wurde in Rothenbuch in Oberbayern, wo er gewohnt hatte, begraben.[76]

Hans Jakob Hanhart

Der am 2. Dezember 1777 als Sohn des Hans Jakob Hanhart und der Lisabeth Senn geborene, ledige Jakob Hanhart[77], der schliesslich das Kommando der aufständischen Truppen im Zürcher Oberland übernahm, stammte aus wohlhabenden Verhältnissen und genoss im zürcherischen Pfäffikon eine gute Schulbildung. Während eines Aufenthalts in Frankreich erlernte er nicht nur die französische Sprache; er war 1799 auch Grenadierhauptmann unter General Masséna. Von 1800 bis 1803 diente er als Hauptmann in der Helvetischen Legion. 1803 bekam er den Abschied und war arbeitslos. Frustrierte Erwartungen, wirtschaftlicher Misserfolg, Geltungssucht und Karrieredenken bewogen ihn – von Grossrat Felix Schoch überredet und vorgeschlagen –, sich der Bewegung anzuschliessen. Willi militärisch überlegen, übernahm er im Oberland die Führung, legte sich den Titel eines «kantonalen Truppenchefs» zu und versuchte den Widerstand gegen die Obrigkeit zu organisieren. Aber die Volkserhebung, die er leiten wollte, war schon überall im Abflauen begriffen. Regierungstreue Bürger von Hinwil holten Hanhart am 1. April 1804 nachts aus dem Bett und brachten ihn gefangen nach Zürich. Da Hanhart seine Tat aufrichtig bereute und die Gemeinde zudem um ein mildes Urteil bat, wurde er vom Kriegsgericht statt zum Tode zu ewiger Gefangenschaft verurteilt. Die Zürcher Regierung wandelte dieses Urteil in ewige Verbannung nach Nordamerika um. Vom Heimweh geplagt, kehrte er später nach Frankreich zurück. Als Offizier im Dienste Napoleons machte er von 1810 bis 1814 dessen Feldzüge mit. Schwer verwundet und invalid kam er in die Niederlande, wo er 1815 in Löwen starb.[78]

Johann Heinrich Hagenbuch

Auf der Seite der Aufständischen im Zürcher Oberland findet sich auch ein Zürcher Stadtbürger: Johann Heinrich Hagenbuch, geboren 1771, der Sohn des Pfarrers von Sternenberg.[79] In Pfäffikon ZH sesshaft und während der Helvetik Distriktsgerichtsschreiber in Fehraltorf, begleitete er Hauptmann Hanhart Ende März 1804 als Adjutant und forderte verschiedene Gemeinden teils mit Gewalt auf, am Aufstand teilzunehmen. Das Malefizgericht des Kantons Zürich verurteilte den «Anstifter der Rebellion im Oberland» «in contumaciam» zu 16 Jahren Haft. Hagenbuch hielt sich wechselweise im Toggenburg, im Thurgau und im Pfarrhaus Sternenberg versteckt. Verhaftet, erhielt er die Vergünstigung, in französischen Kriegsdienst gehen zu dürfen. Als Werber kam er später nach St. Gallen und blieb nach Ablauf der Dienstzeit dort. Als er 1815 einer Bürgschaftspflicht nicht gerecht werden konnte, erschoss er sich.

Gemeindebehörden im Loyalitätskonflikt

Vor schwierige Entscheide sahen sich die Behörden jener Gemeinden gestellt, die von Willi und seinen Anführern zum Mitmachen gezwungen wurden: die Gemeinderäte von Horgen, Wädenswil, Richterswil, Hirzel, Adliswil, Uetikon, Stäfa, Männedorf, Fehraltorf, Bauma, Sternenberg und Fischenthal. Sollten sie zur Zürcher Regierung halten? Sollten sie sich mit den aufständischen Mitbürgern solidarisieren? Oder gab es einen neutralen dritten Weg?

In Wädenswil, Richterswil, Horgen und Stäfa standen die Gemeinderäte der Bewegung zunächst eher abwartend gegenüber und versuchten die Truppenaufgebote zu verhindern. Als sich indessen ein Teil der Bevölkerung mit den Aufständischen solidarisierte und als gar Willis Truppen einmarschierten, gaben Richterswil, Wädenswil und Horgen der Einberufung von Gemeindeversammlungen und der Mobilisierung statt. In Wädenswil war die Gemeindebehörde gespalten. Als Willi am 26. März 1804 in Wädenswil für 300 Mann Quartier verlangte und den Rat aufforderte, die Gemeinde zu versammeln, weigerte sich Präsident Johannes Diezinger (1767–1835)[80] entschieden. Eine Mehrheit des Gemeinderats aber gehorchte gegen seinen Willen. Als Diezinger und einige gleichgesinnte Mitglieder des Gemeinderats nicht zur Versammlung erscheinen wollten, wurden sie mit bewaffneter Macht dahin geführt. Willi verstand es offensichtlich, die Stimmung im Volk anzuheizen. Auch auf die Gemeinderäte machte er Druck. Drohend befahl er der Gemeinde Horgen, Truppen zu stellen, «oder zitret für euer Leben und Eigentum».[81] In Stallikon entschied der Gemeinderat, um eine angedrohte Exekution abzuwenden: «Etliche müssen gehen, sonst wird die ganze Gemeinde unglücklich.»[82] In Bäretswil beriet der Gemeinderat, wie dem Blutvergiessen ein Ende gemacht und dennoch die Rechte des Volkes gesichert werden könnten. Präsident Felix Schoch ergriff die Initiative und lud Mitglieder des Grossen Rates zu einer beratenden Versammlung in den «Hirschen» nach Grüningen ein. Der Gemeinderat Uetikon leistete keinen nennenswerten Widerstand, gab die Erlaubnis zum Aufgebot, diktierte aber Vorsichtsmassnahmen. Offenbar hatte Willis Schreiben genützt, in dem er drohte: «Zaudert nicht, oder wir werden eure Contingente mit bewaffneter Macht abholen.»[83] In Stäfa lehnte der Gemeinderat ein gleiches Begehren trotz Willis Drohungen ab. Der Dorfaristokratie gelang es, die Bewegung von unten abzublocken. Offensichtlich wirkten die Erinnerungen an den Stäfner Handel von 1794/95 als warnendes Signal. Dass die Mobilisierung in den Gemeinden am rechten Ufer des Zürichsees weitgehend ausblieb, trug wesentlich zum Scheitern des Aufstands bei. Denn dadurch konnte die Verbindung zum Zürcher Oberland nicht hergestellt werden.

Zuerst hatten die Gemeindebehörden ihre Haltung gegenüber den Truppen Willis zu erklären, später gegenüber jenen der Regierung. So schickte Pfarrer Diethelm Schweizer am 28. März 1804 in Namen des Gemeinderates Hirzel folgendes Schreiben an Oberst Ziegler: «Verehrtester Herr Offizier! Der hiesige Gemeindrath lässt Sie durch mich versichern, dass Sie in der hiesigen Gemeinde nichts Feindliches antreffen ...»[84]

Nach dem Sieg der Zürcher Regierung wurden nicht nur die Rädelsführer hingerichtet und viele Mitläufer inhaftiert und/oder gebüsst, ihrer Ämter enthoben und im Aktivbürgerrecht eingestellt, sondern auch manche Gemeindebehörden zur Rechenschaft gezogen. Am 5. April wurde der gesamte Gemeinderat Wädenswil und am 10. April 1804 der Gemeinderat Horgen abgesetzt.[85] Auch viele Beamte, von denen die Regierung Solidarität erwartet hätte, verloren nun ihre Stellung, so die drei Friedensrichter von Wädenswil und jener zu Horgen. Wädenswil wurde gar unter obrigkeitliche Vormundschaft gestellt. Namens der Regierung wählte Unterstatthalter Johannes Wild eine regierungsfreundliche neue Behörde und drei der Obrigkeit genehme Friedensrichter. Erst im Herbst 1809 durfte Wädenswil wieder eigene Gemeinderats- und Friedensrichterwahlen durchführen.[86]

Regierungstreue Bürger auf der Landschaft

Nicht nur Gemeindebehörden und lokale Amtsträger mussten abwägen, auf welche Seite sie sich im Konflikt stellen wollten; auch jeder Bürger stand vor diesem Entscheid. In allen vom Aufstand betroffenen Gemeinden gab es Männer, die zur Regierung hielten. Mitunter waren sie wichtige Informanten für die Zürcher Obrigkeit. Eine Schlüsselstellung nahm Unterstatthalter Johannes Wild in Richterswil ein. Er stand in engem Kontakt zur Standeskommission und gab dieser Nachrichten weiter, die ihm von regierungstreuen Wädenswilern und Richterswilern zugetragen wurden. Dazu zählten unter anderem alt Untervogt Hans Jakob Hauser (1744–1814), Gemeindeammann Hans Heinrich Blattmann (1781–1865) und Hauptmann Eschmann in der alten Kanzlei Wädenswil, Doktor Caspar Landis (1766–1841) in Richterswil und Gemeindeammann Andreas Hüni in Horgen.[87] Am 8. Mai 1804 denunzierte Johannes Wild der Regierung auf langer Liste 320 Personen aus den Gemeinden Richterswil, Hütten, Schönenberg, Wädenswil, Hirzel, Horgen, Oberrieden und Thalwil, die sich am Aufstand beteiligt hatten.[88]

Die Aristokraten greifen durch

Bis zum 7. April 1804 gelang es zürcherischen und eidgenössischen Truppen, den von Johann Jakob Willi ausgelösten Aufstand niederzuschlagen, und ein Kriegsgericht, das vom 16. April an auf dem Zunfthaus zur Meisen in Zürich tagte, fällte harte Urteile. Nachstehend die Biographien der wichtigsten handelnden Personen auf aristokratischer Seite:

Niklaus Rudolf von Wattenwyl

Der am 3. Januar 1760 geborene Niklaus Rudolf von Wattenwyl, Landammann der Schweiz zu Beginn der Mediation, entstammte einer Berner Patrizierfamilie.[89] Nach militärischer Erziehung in Strassburg wurde er mit sechzehn Jahren als Fähnrich in eine Schweizer Kompanie in holländischen Diensten eingeteilt. Nach sechsjährigem Dienst kehrte er in die Heimat zurück und stieg bis 1802 zum Obersten auf. 1802/03 vertrat er den Stand Bern als Gesandter an der Consulta in Paris. 1803 erfolgte die Wahl zum Ersten Schultheissen der Stadt Bern und auf 1. Januar 1804 zum Landammann der Schweiz. Im Bockenkrieg war es sein Ziel, den Aufstand rasch zu brechen, um Frankreich – das 1803 seine Truppen aus der Schweiz abgezogen hatte – keinen Vorwand zu einem erneuten Einmarsch zu geben. Um einem drohenden Bürgerkrieg zuvorzukommen, sollte der Aufstand «so gedämpft werden, dass es der erste und letzte sein wird». Auch 1810 bekleidete von Wattenwyl als Landammann wieder das Amt des höchsten Schweizers. In Bern blieb er bis zur Umwälzung von 1831 in der Regierung. Der Hardliner in der eidgenössischen Politik starb am 6. August 1832.

Hans von Reinhard

Der Zürcher Bürger Hans von Reinhard, geboren am 20. Februar 1755, studierte an der Universität Göttingen Jurisprudenz und bildete sich auf einer Auslandreise, die ihn nach Berlin, Leipzig, Amsterdam, Haag, Brüssel, Paris und Lyon führte.[90] 1777 trat er in die Zürcher Staatskanzlei ein, wurde 1780 zweiter Ratssubstitut und 1787 Staatsschreiber. Während der Helvetik war er 1801 Regierungsstatthalter des Kantons Zürich. 1802 sandte ihn Zürich zu Napoleon an die Consulta in Paris, und 1803 wurde Hans von Reinhard erster Bürgermeister des Standes Zürich. Unter seiner Federführung wurden die Neuerungen der Helvetik im Kanton Zürich schrittweise rückgängig gemacht. Folter, Körperstrafen und Pressezensur wurden wieder eingeführt, die Bildungspolitik der Landbevölkerung gesetzlich eingeschränkt. Der Bockenkrieg stellte den Politiker Hans von Reinhard, der nie aktiven Militärdienst geleistet hatte, auf eine harte Probe. Aus Angst, der Schwäche bezichtigt zu werden, wollte er nicht mit den Rebellen verhandeln. Und ihnen entgegenzutreten wagte er nicht, weil er wusste, dass einzelne Mitglieder des Kleinen und Grossen Rates den Aufstand der Landbevölkerung begrüssten. So war er froh, dass Landammann von Wattenwyl an seiner Stelle entschlossen handelte und sich mit Truppenaufgeboten rasch gegen die Aufständischen durchsetzte. 1804 war er als Diplomat zur Kaiserkrönung Napoleons nach Paris eingeladen, und 1814/15 vertrat er den Stand Zürich am Wiener Kongress. Von 1803 bis 1835 gehörte Hans von Reinhard dem Grossen Rat und von 1803 bis 1830 dem Kleinen Rat an. In zweijährigem Turnus amtete er als Bürgermeister. Als Letzter seines Stammes starb er am 23. Dezember 1835.

Die Ausserordentliche Standeskommission
Unterstützung fand Bürgermeister von Reinhard durch einen konservativ-aristokratischen Krisenstab: die am 21. März 1804 vom Kleinen Rat gewählte und mit grössten Vollmachten ausgestattete Ausserordentliche Standeskommission.[91] Ihr gehörten folgende Mitglieder an:

Hans von Reinhard (1755–1835)
Hans Conrad Finsler (1765–1839), bis 24. April
Johann Jacob Hirzel (1770–1829)
Hans Conrad von Escher (1743–1814)
Salomon Rahn (1766–1836)
David von Wyss (1763–1839), seit 24. April

Am 30. Mai 1804 löste sich die Standeskommission auf.

Die Führer der eidgenössischen Truppen
Oberbefehlshaber über alle eidgenössischen Truppen zur Bekämpfung des Aufstandes wurde der aus altem Rats- und Zunftgeschlecht der Stadt Zürich stammende Oberst Jakob Christoph Ziegler. Generalstabschef war Oberst Kaspar Müller, Adjutant Oberst-

Porträt von Jakob Christoph Ziegler (1768–1859). – Oberst Ziegler war vom 28. März bis 3. Juni 1804 Oberkommandierender der eidgenössischen Truppen im Bockenkrieg.

leutnant Gottlieb Heinrich Hünerwadel (1769–1842) von Lenzburg. Oberstleutant Kirchberger (1775–1815) von Bern und Oberstleutnant Johann Holzhalb (1758–1816) von Zürich kommandierten die beiden Bataillone, Oberleutnant Schulthess die drei Kriegsschiffe auf dem Zürichsee.[92]

Jakob Christoph Ziegler

Jakob Christoph Ziegler zum Pelikan, geboren am 1. Oktober 1768 und verheiratet mit Anna Margaretha von Meiss, stand von 1785 bis 1791 in französischem und 1793 in österreichischem Dienst. Von 1794 bis 1799 diente er als Major im Zürcher Jägerkorps.[93] 1802 wurde er Oberstleutnant und Brigadekommandant bei den eidgenössischen Kontingentstruppen. Vom 23. März bis 3. Juni 1804 war er Oberkommandierender der eidgenössischen Truppen im Bockenkrieg. Von 1804 bis 1838 gehörte er dem Grossen Rat und von 1805 bis 1815 dem Kleinen Rat an. 1831 wurde er Mitglied des Stadtrates von

Zürich. 1805 beförderte man ihn zum Divisionskommandanten. Im Ausland kommandierte er bis 1829 als Generalmajor und Brigadekommandant das Schweizerregiment Nr. 30 «von Ziegler» in niederländischen Diensten. Jakob Christoph Ziegler starb am 10. Februar 1859.

Das eidgenössische Kriegsgericht
Am 7. April 1804 setzte Landammann von Wattenwyl zur Aburteilung der Rebellenkader ein mehrheitlich aus Aristokraten zusammengesetztes eidgenössisches Kriegsgericht ein.[94] Es tagte ab 16. April im Zunfthaus zur Meisen in Zürich unter dem Vorsitz des Berner Ratsherrn Abraham Friedrich von Mutach (1765–1831). Als Auditor amtete Bezirksgerichtspräsident von Meiss. Dem Gericht gehörten an: Oberst Fridolin Josef Alois Hauser von Näfels (1759–1832), Oberstleutnant Kirchberger (1775–1815) von Bern, die Hauptleute Johann Nepomuk Schmiel von Aarau (1774–1850) und Peter von Raemy (1775–1839) von Freiburg, die Leutnants von Sury von Solothurn und Abegg von Schwyz, die Unteroffiziere von Salis von Haldenstein und Sarasin von Basel sowie die Soldaten Felix Gnehm von Schaffhausen und Sebastian Klaarer von Appenzell.

Auf Druck Frankreichs löste der Landammann das Kriegsgericht Ende April 1804 auf. Die Aburteilung und Bestrafung der weiteren Anführer und Angeklagten fiel nun in die Kompetenz der Zürcher Justiz. Das Obergericht verurteilte vom 16. Mai bis 13. Juli 119 am Aufruhr Beteiligte: mittlere und untere Kader der Aufständischen, die besonders in der Helvetik und zu Beginn der Mediation als bekannte Unitarier politische, richterliche, militärische oder Stellen als Beamte bekleidet hatten.[95] Gut ein Fünftel der Angeklagten stammten aus dem Gewerbestand, vereinzelte betätigten sich im Handel. Im weiteren lagen gegen rund tausend Personen – «einfache» Aufrührer oder Mitläufer – Verdachtsmomente vor, welche das Zürcher Obergericht bis in den Sommer 1804 beschäftigten.

Anmerkungen

1 Grundsätzlich und mit neuen Ansätzen: Foerster, Bockenkrieg; Graber, Zeit.
2 Hauser, Wädenswil, S. 189.
3 StAZ, M 1.1.
4 StAZ, M 1.8, Nr. 4, Akten Schlossbrand.
5 Gesetze, Bd. 1, S. 42.
6 Graber, Zeit, S. 288.
7 StAZ, M 2.1, Nr. 15.
8 StAZ, M 2.1, Nr. 1. – Kägi, Wädenswil, S. 187/88.
9 Frey, Stäfa, S. 14/15.
10 Dändliker, Zürich, S. 175.
11 StAZ, M 2.1, Nr. 34.
12 Dändliker, Zürich, S. 175.
13 Graber, Zeit, S. 296.
14 StAZ, M 2.1, Nr. 34.
15 Stelzer, Meilen, S. 209ff.
16 Hauser, Bockenkrieg, S. 49/50.
17 Graber, Zeit, S. 304.
18 StAZ, E III 58.4, S. 351.

19 StAZ, E III 58.5, S. 404.
20 Zur Biographie von Stäubli: Schneebeli, Bockenkrieg, S. 72/73; Graber, Zeit, S. 304/05.
21 StAZ, M 1.8, Nr. 4.
22 Hauser, Bockenkrieg, S. 49.
23 StAZ, E III 58.5, S. 616.
24 StAZ, E III 106.2, S. 140.
25 StAZ, E III 106.8, S. 321.
26 StAZ, M 1.8, Nr. 4.
27 Zur Biographie Stockers: Leuthy, Bockenkrieg, S. 141, 191; Graber, Zeit, S. 306/07.
28 StAZ, M 1.8, Nr. 4, dat. 6.3.1805.
29 StAZ, E III 132.9, S. 613.
30 StAZ, E III 132.9, S. 613.
31 StAZ, M 1.8, Nr. 4, Anklage 6. März 1805.
32 StAZ, E III 132.9, S. 613.
33 StAZ, M 1.8, Nr. 4, dat. 7.3.1805.
34 StAZ, M 1.8, Nr. 4.
35 StAZ, M 1.8, Nr. 4.
36 StAZ, E III 132.4, S. 58.
37 StAZ, E III 132.4, S. 491.
38 StAZ, E III 132.9, S. 741.
39 Verhöre Willis, S. 152.
40 StAZ, E III 58.4, S. 410. – Zur Biographie von Willi: Leuthy, Bockenkrieg, S. 123, 201–215; Graber, Zeit, S. 310ff.; HBLS 7, S. 544.
41 StAZ, E III 58.5, S. 419.
42 StAZ, Verhöre Willis, S. 144.
43 Hauser, Bockenkrieg, S. 53.
44 Verhöre Willis, S. 143/44.
45 Verhöre Willis, S. 145. – Leuthy, Bockenkrieg, S. 97f. – Frey, Stäfa, S. 21.
46 StAZ, M 1.11. – Cramer, Leben, S. 47–49.
47 StAZ, E III 132.4, S. 31; E III 106.9, S. 107a.
48 Zur Biographie Hausers: Hauser, Erinnerungen; Leuthy, Bockenkrieg, S. 159/60, 257–272; Schneebeli, Bockenkrieg, S. 114–130; Karl Kuprecht, Konrad Hauser von Schönenberg, Gemeindeblatt der evangelischen Kirchgemeinde Schönenberg, Nr. 2/1967.
49 Leuthy, Bockenkrieg, S. 296.
50 StAZ, E III 106.5, S. 86.
51 StAZ, E III 58.5, S. 44. – Zur Biographie von Suter: Leuthy, Bockenkrieg, S. 192.
52 Zur Biographie von Höhn: Leuthy, Bockenkrieg, S. 173/74.
53 StAZ, E III 58.5, S. 704.
54 StAZ, E III 106.2, S. 133. – Zur Biographie von Kleinert (auch Kleiner): Leuthy, Bockenkrieg, S. 152/53, 233–236; StAZ, M 1.11, Nr. 49, Verhör Kleinert.
55 Leuthy, Bockenkrieg, S. 234.
56 StAZ, E III 106.2, S. 93; E III 106.5, S. 33.
57 StAZ, E III 58.4, S. 416. – Zur Biographie von Gugolz: Leuthy, Bockenkrieg, S. 175/76; Kläui, Horgen, S. 374; Graber, Zeit, S. 385/86.
58 StAZ, M 1.12, Nr. 11, dat. 19.1.1813.
59 StAZ, E III 58.5, S. 757.
60 StAZ, E III 58.4, S. 413. – Zur Biographie von Trüb: Leuthy, Bockenkrieg, S. 177.
61 StAZ, M 1.1, Nr. 240.
62 Guyer, Obfelden, S. 274.
63 StAZ, E III 3.3, S. 61. – Zur Biographie von Schneebeli: Leuthy, Bockenkrieg, S. 124, 229–232; HBLS 6, S. 223; Linke, Schnewli, S. 56–59. StAZ, M 1.11, Akten Schneebeli.
64 StAZ, E III 3.3, S. 335.
65 StAZ, M 1.11, Akten Syz und Akten Schneebeli. Zitiert nach Graber, Zeit, S. 319.
66 Epprecht, Familien, S. 94–97.
67 StAZ, E III 64.2, S. 116, 467. – Zur Biographie von Häberling: Leuthy, Bockenkrieg, S. 125, 216–228; HBLS 4, S. 42.
68 StAZ, E III 64.2, S. 164.
69 StAZ, E III 64.2, S. 107. – Zur Biographie von Syz: Syz, Lebensgeschichte; Leuthy, Bockenkrieg, S. 172, 251–256; Graber, Zeit, S. 317/18, 383/384; StAZ, M 1.11, Akten Syz; Zwicky, Familie Syz, S. 49.
70 StAZ, E III 64.2, S. 113. – Zur Biographie von Grob: Leuthy, Bockenkrieg, S. 127, 247–250; Graber, Zeit, S. 318–320.
71 StAZ, E III 64.2, S. 389.
72 StAZ, E III 64.2, S. 488.
73 Strickler, Dürnten, S. 158/59.
74 Leuthy, Bockenkrieg, S. 238. – Zur Biographie von Schoch: Leuthy, Bockenkrieg, S. 169–171, 237–243; Graber, Zeit, S. 326–328. StAZ, M 1.11, Nr. 7c, Akten Schoch.
75 StAZ, E III 10.3, S. 575.
76 StAZ, E III 10.3a, S. 663.
77 StAZ, E III 89.4, S. 101. – Zur Biographie von Hanhart: Leuthy, Bockenkrieg, S. 126, 244–246; Graber, Zeit, S. 339; Brüngger, Pfäffikon, S. 283/84.
78 Leuthy, Bockenkrieg, S. 246.

79 Zur Biographie von Hagenbuch: Leuthy, Bockenkrieg, S. 174/75, 197–199; Brüngger, Pfäffikon, S. 284.
80 Kägi, Wädenswil, S. 195.
81 Guyer, Obfelden, S. 276.
82 Guyer, Obfelden, S. 277.
83 Guyer, Obfelden, S. 276.
84 StAZ, M 1.1, Nr. 230.
85 Kägi, Wädenswil, S. 198/99; Strickler, Horgen, S. 338.
86 Ziegler, Friedensrichter, S. 23/24.
87 StAZ, M 1.1, Nr. 35, 231; Hauser, Bockenkrieg, S. 57; Fretz, Blattmann, S. 85/86.
88 StAZ, M 1.1, Liste von 168 Leuten, die sich nicht widersetzten, dat. 24.3.1804; M 1.6, dat. 5.5.1804.
89 Zur Biographie von Wattenwyl: Hunziker, Landammann, S. 55–89, 124ff.
90 Zur Biographie von Reinhard: Hunziker, Landammann, S. 89ff., 124ff.
91 StAZ, MM 13.1–3, Protokolle der Ausserordentlichen Standeskommission; Leuthy, Bockenkrieg, S. 34; Hauser, Bockenkrieg, S. 46.
92 Foerster, Bockenkrieg, S. 20, 36.
93 Zur Biographie von Ziegler: Ziegler, Erinnerungen, 1884, S. 3–47, 1885, S. 5–42; Escher, Ziegler, S. 119–122.
94 Leuthy, Bockenkrieg, S. 102–104; Hauser, Bockenkrieg, S. 47; Foerster, Bockenkrieg, S. 165/66. Die Protokolle des eidgenössischen Kriegsgerichts befinden sich im Bundesarchiv in Bern.
95 Vgl. die Listen bei Graber, Zeit, S. 506–511.

Anhang

Literaturverzeichnis

Brüngger Hermann, in: Paul Kläui, Heimatbuch der Gemeinde Pfäffikon, Pfäffikon 1963 [Brüngger, Pfäffikon].

Cramer Jakob, Leben und Ende Jakob Willis von Horgen, Zürich 1804 [Cramer, Leben].

Dändliker Karl, Geschichte der Stadt und des Kantons Zürich, Bd. 3, Zürich 1912 [Dändliker, Zürich].

Epprecht Robert, Die Familien Epprecht 1360–1960, Zürich 1961 [Epprecht, Familien].

Escher Conrad, Die Zürcherfamilie Ziegler, in: Zürcher Taschenbuch 1918 [Escher, Ziegler].

Foerster Hubert, Der Bockenkrieg 1804. Schriftenreihe der Gesellschaft für militärhistorische Studienreisen, Heft 6, Zürich 1987 [Foerster, Bockenkrieg].

Fretz Diethelm, Die Blattmann, Bd. 1, Zürich 1934 [Fretz, Blattmann].

Frey Hans, Stäfa, Bd. 2, Stäfa 1969 [Frey, Stäfa].

Graber Rolf, Zeit des Teilens. Volksbewegungen und Volksunruhen auf der Zürcher Landschaft 1794–1804, Zürich 2003 [Graber, Zeit].

Guyer Paul, in: Geschichte der Gemeinde Obfelden, Obfelden 1947 [Guyer, Obfelden].

Hauser Albert, Der Bockenkrieg, ein Aufstand des Zürcher Landvolkes im Jahre 1804, Diss. Zürich 1938 [Hauser, Bockenkrieg].

Hauser Albert, Wirtschaftsgeschichte der Gemeinde Wädenswil, Wädenswil 1956 [Hauser, Wädenswil].

Hauser Konrad ab der Risi, Abschrift seiner Erinnerungen an den Bockenkrieg, in: StAZ, Da 1076 [Hauser, Erinnerungen].

Historisch-Biographisches Lexikon der Schweiz, 7 Bde., Neuenburg 1921–1934 [HBLS].

Hunziker Annemarie, Der Landammann der Schweiz in der Mediation 1803–1813, Diss. Zürich 1942 [Hunziker, Landammann].

Kägi Johann Heinrich, Geschichte der Herrschaft und Gemeinde Wädensweil, Wädenswil 1867 [Kägi, Wädenswil].

Kläui Paul, Geschichte der Gemeinde Horgen, Horgen 1952 [Kläui, Horgen].

Leuthy Johann Jakob, Vollständige Geschichte von dem Bockenkrieg, Zürich 1838 [Leuthy, Bockenkrieg].

Linke Ernst Albert, Die Schnewli von Affoltern a. A., Affoltern 1939 [Linke, Schnewli].

Oechsli Wilhelm, Die Verhöre Willis, des Anführers im Bockenkrieg, in: Zürcher Taschenbuch 1903 [Verhöre Willis].

Officielle Sammlung der von dem grossen Rathe des Cantons Zürich gegebenen Geseze und gemachten Verordnungen, Bd. 1, Zürich 1804 [Gesetze, Bd. 1].

Schneebeli Johann Jakob, Der Bockenkrieg, Stäfa 1904 [Schneebeli, Bockenkrieg].

Stelzer Jakob, Geschichte der Gemeinde Meilen, Meilen 1934 [Stelzer, Meilen].

Strickler Gustav, Geschichte der Gemeinde Dürnten, Zürich 1916 [Strickler, Dürnten].

Strickler Johannes, Geschichte der Gemeinde Horgen, Horgen 1882 [Strickler, Horgen].

Syz Hans Caspar, Lebensgeschichte des gewesenen Distriktsgerichtsschreibers Hans Caspar Syz von Knonau, Kanton Zürich, in: Der Freischütz, Zeitschrift für das gesellschaftliche und Familienleben, Zürich 1853 [Syz, Lebensgeschichte].

Ziegler Jakob Christoph, Erinnerungen aus dem Leben des General-Majors Jakob Christoph Ziegler, in: 79. und 80. Neujahrsblatt der Feuerwerkergesellschaft Zürich 1884 und 1885 [Ziegler, Erinnerungen].

Ziegler Peter, 200 Jahre Friedensrichter im Kanton Zürich 1803–2003, Wädenswil 2003 [Ziegler, Friedensrichter].

Zwicky von Gauen Hans Jakob, Familie Syz von Knonau und Zürich 1461–2000, Zürich 2001 [Zwicky, Familie Syz].

Auszüge aus dem Tagebuch von Oberst Jakob Christoph Ziegler (1768–1859)
Eintragungen vom 23. März bis 3. Juni 1804[1]

■ 23. März 1804
Um 3½ Morgens erhielt ich ganz unerwartet per Expresse Staffete von Sr. Excellenz dem H. Landamman von Wattenwyl die Ernennungs Akte zu einem Oberbefehlshaber über sämtliche im Canton Zürich zur Dempfung des Aufruhrs zu besammelnden eydgnössischen truppen dattiert Bern den 21. Merz 1804.

■ 25. März
Wehrend der Nacht hatten die Rebellen das Schloss Wedenschweil in Brand gesteckt.

■ 27. März
Nachrichten, dass sich das Reüber Gesindel zu Prügelzügen zusammen rotte. Eine Zuschrift an die sämtlichen Truppen erlassen. (Brief) von dem H. Landamman von Wattenwil. Von der ausserordentliche Standes Commission den Auftrag zum Angriff erhalten.

■ 28. März
Früh morgens um 2 Uhr mussten die sämtlichen Truppen ins Gewehr treten und sich im Talaker formieren. Zwischen 3 und 4 Uhr marschierten wir in drey Colonnen zur Sihl-Porte hinaus. Die Colonne auf der Landstrasse stiess bey Oberrieden auf die Rebellen und schlug sie nach einem kurzen Gefecht nach Horgen zurück, dieses war um 7 Uhr des Morgens. Bald nachher wurde Horgen von Land und See Seite her angegriffen, dem Sturm leüten eine Ende gemacht und das Dorf eingenommen. Die Colonne welche über die Horgeregg vordrang, stiess bey der Haagreüte auf den Feind wo sich ein lebhaftes Gefecht ereignete und eine Canone im Morast versank. Bey der Boken ereignete sich abermals ein lebhaftes Gefecht. Wir rauften uns den ganzen Tag mit dem Feinde herum und zogen die Nacht wieder in Zürich ein, weil die Truppen zu sehr ermüdet waren, als dass man auf einen wachsamen Vorposten Dienst hatte zählen und die Position bey Kilchberg nemmen können.

■ 31. März
Die Nachricht erhalten, dass heüte ein Companie von 80 Scharfschützen aus dem Kanton Schweiz auf der Schindellege angelangt seie [...]. Bis um Mitternacht meinen neüen Angriffsplan entworfen.

■ 2. April
Den Tag durch mancherley gute Kundschaft Nachrichten erhalten. Der Rebellen Anführer Willj befand sich mit seiner Kanone heüte von einem kleinen Trupp begleitet in Rüti und Hinnwyl.

■ 3. April: Abmarsch aus Zürich
Nachmittags marschierte die sämtliche Truppe in drey Colonnen von Zürich ab, die erste Colonne gieng über den Albis nach Heisch Hausen, Kappel und bis an die Sihlbrücke, das Hauptquartier wurde nach Hausen verlegt. [...] Die 2. und 3. Colonne sollen bis Thalwil vorrüken und dort die Nacht über stehen bleiben.

■ 4. April
Combinierte Operation auf das linke Seeufer: Mit Tagesanbruch marschierten wir aus unsern Cantonnementen ab, giengen über die Sihlbrücke und rükten ungefehr um 7½ Uhr in Hirzel ein. [...]
H. Oberst Lieut. Kirchberger blieb in Hirzel stehen, H. Kommandant Abyberg auf Hütten und begab mich mit einer Schweizer Scharfschützen Copagnie und 40 freywilligen des Züricher Frey Corps nach Wedenschwil, wo wir um 12 Uhr mittags eintrafen. [...] Ein paar Patruillen Schiffe nach Stefa hinüber geschickt wegen dem Willi.

■ 5. April
Die Entwaffnung wird immer fortgesetzt und eine vorläufige Versicherung für die Kriegskosten auf die Gemeinden ausgeschrieben.

■ 6. April
Wir machten die Vorbereitungen zur Überfahrt über den See. – Das Kriegsschiff traf hier ein.

■ 7. April
Überfahrt über den See: Vormittags zwischen 8 und 9 Uhr schifften wir mit 13 Compag. Infant., 1 Zug Scharfschützen, einer Comp. Züricher Freywilliger und einichen Cheveaux legers in Wedenschwil, Richterschwil und Horgen ein und sezten über den See nach Stäfa, Menedorf, Ütikon und Meilen.

Durch 3 Kanonenschüsse wurde das Signal zur Überfahrt gegeben. H. Oberst v. Hauser blieb noch mit 8 Compagnien auf dem linken See Ufer zurück. Das Hauptquartier wurde auf dem Züricher Kriegsschiffe von Wedenschwil nach Stefa verlegt.

Ongefehr eine Stunde nachdeme wir in Stefa eingerükt waren und durch einiche H. Officiers zugleicher Zeit mehrere Haüser visitiert wurden, entdekte H. Lieut. Gatschet den Rebellenschef Willj bey dem Metzger Riffel, wo er unter Rebsteken und Stroh verstekt war. Willj und Reiffel, in dessen Hause man noch überdies 5 Gewehre fand, wurden sogleich in Ketten gelegt und im Hauptquartier in gute Verwahrung genomen.

■ 8. April
(Brief) abends noch sehr späth an S. Ex. den Landammann wegen der neüen Aufstellung der Truppen und den Willj. – Mit diesem wurden heüte die zwey ersten Verhöre aufgenomen.

■ 9. April
Auch die Verfügungen S. Ex. über die Verfollständigung und Aufstellung eines eidgenössischen Kriegsgerichts erhalten.

■ 11. April
Um den Mittag wurde mir der Häberling nebst noch einem Schelm von Beretschwil von Zürich aus als Arrestant inns Hauptquartier gebracht.

■ 12. April
Wurden abermals einiche wichtige Arestanten eingebracht.

■ 16. April
Einsezung des Kriegsgerichts: Vormittags ritten wir von circa dreissig Dragonern begleitet von Stäfa nach Zürich, um das Eidgenössische Kriegsgericht daselbst einzusezen. Wir langten punkt 10 Uhr daselbst an und kaum hatten wir einen Augenblick Zeit, die auf dem Münsterhof aufgestellte Züricher Frey Legion zu mustern, so langten schon von der anderen Seite her die Mitglieder des Kriegs Gericht in drey Wagen ebenfalls von Dragonern begleitet auch auf dem Münsterhofe an. Wir empfingen und begrüssten sie auf der Meise, dem Sitzungsorte dieses Gerichts. [...] Des Nachmittags um 2 Uhr war dan die erste Sitzung des Kriegsgerichts. [...] Nachmittags wurden wieder 10 Militär Arrestanten in einem Schiffe unter gehöriger Bedekung [von Stäfa] nach Zürich abgeschikt. Des Commandant Husers Sohn wurde gegen eine Kaution von 50 Louis d'or an Geld und 50 an Briefen des Arests entlassen.

■ 25. April
Hinrichtung der Rebellen Chefs Willj, Schnebelj und Häberling: Es traffen auf diesen Morgen viele von unsern Compagnien zur Execution in Zürich ein. Das Kriegsgericht hielt von 8 Uhr des Morgens bis Abends um 3 Uhr eine feyerliche Sitzung, in welcher der Willj und Schneebelj wurden zum Enthaupten und Häberling zum Todschiessen verurtheilt und allen dreyen das Todes Urtheil auf der Stelle vollzogen.

■ 28. April
Das Kriegsgericht hielt seine lezte öffentliche und feyerliche Sitzung und lösste sich dan auf, nachdeme alle Akten und Arrestanten der Standes Commission übergeben wurden.

■ 30. Mai
Heüte legte die Standes Commission ihre ausserordentlichen Vollmachten in die Hand der Regierung zurük und wurde von derselben wieder entlassen.

■ 3. Juni
Amen! Mit dem heütigen Tag trat ich wieder von meiner Stelle als Oberbefehlshaber der im Kanton Zürich besammelten gmein Eidgenössischen Truppen – mit der Bewilligung seiner Excellenz des Herrn Landamman der Schweiz – ab.

---

1 Tagebuch von Oberst Ziegler 1804. Zentralbibliothek Zürich, Familiendepositum Ziegler.

Hubert Foerster

Ein militärischer Ordnungseinsatz zum Wohle des Vaterlandes

Der Aufstand eines Teils der Zürcher Landbevölkerung 1804, oft auch «Bockenkrieg» genannt, verdient als ein in der Schweiz wenig bekanntes Ereignis eine bessere Beachtung[1]. Man darf nämlich diesen Aufstand mit Fug und Recht als Schlüsselereignis für die Mediation betrachten. Ein Sieg der Aufständischen hätte zweifelsohne die ganze Mediationsordnung gefährdet und weitreichende Folgen gehabt.

Der Aufstand oder sogenannte «Bockenkrieg» [2]

Im Kanton Zürich fand sich zu Beginn der Mediation noch eine starke, helvetisch gesinnte Opposition.[3] Sie konnte sich mit dem Systemwechsel von der einen, unteilbaren, zentralistischen Helvetischen Republik (1798–1803) – trotz deren Bankrott – hin zum föderalistischen Staatenbund der Mediation (1803–1813/14) nicht abfinden. Das Missfallen der helvetischen Zürcher Patrioten richtete sich nicht nur gegen die von Bonaparte protegierte eidgenössische und kantonale Verfassung, sondern auch gegen die neue Organisation des Kantons Zürich. Sie gaben ihrer Meinung, allerdings erfolglos, in Memoranden und Petitionen an die Regierung und durch die Verweigerung ihres Eides auf die neue Verfassung Ausdruck.

Schwerpunkt der Unruhen waren die Gebiete links und rechts am oberen Zürichsee und das Oberland. Aufmüpfig waren aber auch das Furttal, das untere Tösstal, das Glattal aufwärts bis in das Oberland, der Winterthurer Bezirk mit Ausläufern bis weit in das Weinland. Es handelte sich dabei jedoch nicht um isolierte Regionen; die Aufrührer kommunizierten miteinander mit Botschaften und Mannschaften.

Die Zürcher Regierung informierte den eidgenössischen Landammann, den Berner Rudolf von Wattenwyl. Dieser mobilisierte erste Kantonstruppen, um mit einer militärischen Machtdemonstration die Unterstützung der Zürcher Obrigkeit durch die Eidgenossenschaft zu verdeutlichen. Angesichts des politischen Misserfolgs der Opponenten, der zahlenmässig unbedeutenden eidgenössischen Truppen und der fehlenden Zürcher Machtmittel wurde das leerstehende Landvogteischloss in Wädenswil

(23. März 1804) angezündet, was bei Regierung und Opposition als Signal zum bewaffneten Aufstand betrachtet wurde.

Glaubten sich die Aufständischen nach dem ersten Auszug der Ordnungstruppen[4] unter dem Kommando des Zürcher Obersten und eidgenössischen Oberbefehlshabers Ziegler nach Horgen (28. März) noch als Sieger, so war auch ihnen nach dem zweiten Auszug (3. bis 6. April) der auf rund 4000 Mann verstärkten Truppen die Niederlage klar. Das eidgenössische Kriegsgericht und das Zürcher Zivilgericht beendeten den Aufstand.

Die folgenden Ausführungen betreffen den militärischen Aspekt der Wiederherstellung der verfassungsmässigen Ruhe und Ordnung im Kanton Zürich.[5]

Die Erfahrungen aus der jüngsten Vergangenheit

Um den «Bockenkrieg» besser zu verstehen, müssen diese Zürcher Unruhen aus dem politisch-militärischen Vorfeld der Schweiz gesehen werden. Es war 1804 noch nicht vergessen, dass es Teile der revolutionär gesinnten Waadtländer Bevölkerung waren, welche zum Einmarsch der sogenannten französischen Befreiungsarmee wesentlich beigetragen und die militärische Unentschlossenheit des landesväterlich-zurückhaltenden Bern ausgenützt hatten. Es war auch in guter Erinnerung, dass die französischen Besatzungstruppen oppositionelle Bewegungen wie im September 1798 in Nidwalden ohne Rücksicht auf Verluste unterdrückt haben. Auch waren die Lehren von 1802 gegenwärtig, als der Aufstand gegen die unhaltbare helvetische Einheitsregierung gerade deren fehlender militärischer Mittel wegen so erfolgreich gewesen war. Und das Wort des Ersten Konsuls, Napoleon Bonapartes, klang den Verantwortlichen noch laut in den Ohren: dass bei Anständen in der Schweiz mit dem Einmarsch der französischen Ordnungstruppen zu rechnen sei.[6]

Der eidgenössische Landammann Niklaus von Wattenwyl von Bern handelte angesichts der Unruhen in Teilen des Kantons Zürich schnell. Seine Intervention erfolgte aus Sorge ob der Erhaltung von Ruhe und Ordnung im Landesinnern, im Bestreben zur Erhaltung der Einheit der Schweiz und zur Verhütung des Einmarsches der zu erwartenden französischen Ordnungstruppen, um damit dem Wohle und den übergeordneten Interessen des gemeinsamen Vaterlandes zu entsprechen. Diesem höchsten Ziel entsprach auch der maximale Einsatz aller möglichen Mittel. Die eidgenössische Aktion war also durchaus verhältnismässig. Angesichts der erst a posteriori festgestellten Stärke der Aufständischen und des Ausbleibens des erwarteten und möglichen politischen «Flächenbrands» der helvetischen Opposition könnte man sich durchaus die theoretische Frage stellen, ob wirklich alles so und nicht anders hat laufen müssen.

Das schwache Vaterland

Da die Unruhen im Kanton Zürich durch eidgenössisches Militär gemeistert werden sollten, ist ein Blick auf die eidgenössische Militärorganisation und auf die kantonalen Militäranstalten nötig, welche die eidgenössischen Kontingente zu stellen hatten.

Die Schweizerische Eidgenossenschaft hatte zwar, nach der Mediationsakte vom 19. Februar 1803, ein Bundesheer von 15 206 Mann – eine eidgenössische Armee, die aus Kantonskontingenten gebildet werden sollte. Doch es fehlten die eidgenössischen und kantonalen Ausführungsbestimmungen. Weder die Eidgenossenschaft noch die Kantone verfügten über ausreichende militärische Machtmittel, um diese den Bedürfnissen entsprechend direkt einsetzen zu können. Wohl gab es in den Kantonen vereinzelt Landjägerkorps, aus Freiwilligen rekrutierte Standeslegionen und aus Berufssoldaten bestehende Standeskompanien als Stadtgarnisonen, doch verfügbare Miliztruppen fehlten in der Regel. Dies zeigt die folgende Übersicht deutlich:

In *Zürich* bestand seit dem 12. Dezember 1803 eine Standeskompanie von 103 Mann. Die Miliz war nach dem Gesetz vom 23. Dezember 1803 erst noch zu organisieren. Seit dem 4. Februar 1804 gab es die 300 Mann starke Standeslegion. In *Bern* wurden noch vor der Organisation der Miliz zwischen dem Juli 1803 und März 1804 sechs Kompanien Jäger zum Garnisons- und Instruktionsdienst ausgebildet. Das Landjägerkorps war am 26. Oktober 1803 mit 100 Mann organisiert. Seit dem 11. November 1803 tat die Standeskompanie (106 Mann) Dienst. Die am 29. Februar 1804 errichtete Standeslegion zählte rund 480 Mann. In *Luzern* tat seit dem 13. August 1803 das Landjägerkorps Dienst. Das Milizgesetz vom 22. Februar 1804 war noch nicht umgesetzt.

In *Uri* arbeitete eine Kommission am Militärgesetz. In *Schwyz* lebte man unbelastet von militärischen Fragen. In *Unterwalden* fanden Absprachen zwischen den Halbkantonen zum gemeinsamen Aufbau der Milizen statt. In *Glarus* besprach eine Kommission das eidgenössische Militärgesetz, hatte aber noch keine Beschlüsse zum kantonalen Militärwesen gefasst. In *Zug* war ein Kriegsrat mit der Erarbeitung eines kantonalen Milizgesetzes beschäftigt, war aber noch zu keinem Schluss gekommen.

In *Freiburg* bestand seit dem 16. November 1803 eine 107 Grenadiere zählende Standeskompanie. Für die Miliz gab es noch keine Pläne. In *Solothurn* war die Stadtgarnison mit 60 Mann errichtet. Am 7. März 1804 entstand das Freikorps mit rund 230 Mann. In *Basel* stand die Miliz seit dem 9. März 1804 auf dem Papier. In *Schaffhausen* kam eine Militärkommission mit den Arbeiten kaum voran.

Appenzell Ausser- und Innerrhoden waren sich über den Schlüssel zum Mannschaftsbestand noch nicht einig. In *St. Gallen* gab seit dem 28. Juni 1803 ein Landjägerkorps (115 Mann). Seit Ende 1803 bestand ein noch nicht verabschiedetes Projekt zur Milizorganisation. In *Graubünden* wurden noch von keiner Seite – weder privat noch vom Staat – Schritte zur Wiedererrichtung des Militärwesens unternommen.

Im *Aargau* zählte die am 1. Juni 1803 errichtete Standeskompanie 120 Mann. Seit dem 8. Juli 1803 gab es ein Landjägerkorps (59 Mann). Daneben bestand seit dem 26. Oktober 1803 ein 20 Mann starkes freiwilliges Reiterkorps. Für die Miliz gab es Projekte. Im *Thurgau* arbeitete eine Militärkommission am kantonalen Militärgesetz. Das allerdings unreife Projekt vom 18. März 1804 musste aber erst noch vom Volk gebilligt werden. Im *Tessin* wurden Vorarbeiten zum Gesetz für die kantonale Miliz betrieben. In der *Waadt* wirkte das am 4. Juni 1803 gebildete Landjägerkorps (100 Mann). Seit dem 10. Juni 1803 stand zwar die kantonale Militärorganisation für die Miliz. Die Zahl der ausgebildeten Einheiten ist noch nicht bekannt.

In allen Kantonen war der Aufbau der Miliz nicht prioritär. Es galt erst den ganzen Kanton politisch, administrativ und judikativ zu organisieren, um den Staat mit neuen Rechtsgrundlagen funktionsfähig zu machen und um die Bürger darin einzugliedern. Da auch das eidgenössische Militärreglement als Ausführung der Verfassungsbestimmungen zu Beginn des Jahres 1804 erst als Projekt vorlag, übten die meisten Kantone in der Militärgesetzgebung kluge Zurückhaltung, um allenfalls ihre Bestimmungen nicht umarbeiten zu müssen. Dies hätte ja nicht nur Mehraufwand bedeutet, sondern auch zur Rechtsunsicherheit beigetragen.

Die Mobilisation zum Bundeseinsatz

Die Mobilisation der eidgenössischen Truppen erfolgte in drei Stufen. Zürich, Bern, Freiburg und der Aargau lieferten, ihrer Führungsrolle und ihrer Interessen wegen, praktisch als «militärische Feuerwehr» die ersten Einheiten. Um Zeit zu gewinnen, ersparte man den Einheiten einen langen und anstrengenden Fussmarsch nach Zürich und transportierte sie auf Pferdewagen. Die schnelle Truppenverschiebung, um Zeitgewinn und einen Überraschungseffekt zu erzielen, erinnert an Napoleons Militärgrosseinsätze.

Da diese nur eine beschränkte Rolle spielen konnten, mobilisierte der eidgenössische Landammann gemäss der Entwicklung der Lage im Kanton Zürich weitere Kompanien in den nach seinem Urteil loyalen Kantonen. Das zweite Aufgebot erfolgte als Reaktion auf den Schlossbrand in Wädenswil (24. März), das dritte nach dem ersten, abgebrochenen Auszug nach Horgen (28. März).

Die Ausnahmen

Keine Truppen forderte der eidgenössische Landammann von *Luzern*, obwohl dieses zwei Kompanien Infanterie aufstellen wollte. Er vermutete nämlich neben einer illoyalen Haltung der Regierung auch luzernische Waffen- und Munitionslieferungen an die Aufständischen und ihnen gegenüber offene Kantonsgrenzen. Luzerns Proteste und Forderung nach einer ausserordentlichen Tagsatzung zur Klärung der Lage blieben erfolglos.

Zug wollte es mit den nächsten Nachbarn nicht verderben und stellte für kurze Zeit eine schwache Scharfschützenkompanie als Alibi-Grenzwachen und erklärte sein Unvermögen für das Stellen eines eigentlichen Kontingents.

Appenzell hatte zwei Gesichter. *Ausserrhoden* mobilisierte aus Solidarität 300 Mann und hielt eine gleiche Anzahl als Reserve, natürlich alle bewaffnet. *Innerrhoden* hingegen erklärte eine Militärhilfe schlicht als «unmöglich» und gab als Grund dafür einen Waffenmangel an.

St. Gallen war zur Hilfeleistung aufgefordert und wollte 210 Freiwillige mobilisieren. Es fanden sich aber nur 59 Mann. Der eidgenössische Landammann insistierte nicht, da ihm St. Gallen als neuer Kanton und infolge der Vermittlungsversuche von Regierungsrat Messmer verdächtig war.

Im *Thurgau* fanden sich nur 21 Freiwillige zum Grenzschutz und aus den 5500 Wehrpflichtigen ganze 50 Mann zum eidgenössischen Kontingent. Die innere Opposition verunmöglichte nach dem ersten Milizgesetz vom 18. März auch die zweite Fassung vom 4. April mit Aufläufen und Krawall in Romanshorn. Dies verunmöglichte einen eidgenössischen Dienst in Zürich.

Im *Tessin* verfügte die Regierung weder über Ausrüstung und Bewaffnung noch über Mannschaft. Dazu verunmöglichten die zu tief und zu gefährlich verschneiten Wege einen allfälligen Zuzug.

Die *Waadt* war nicht um Hilfe angegangen worden. Der eidgenössische Landammann misstraute seinen ehemaligen Untertanen und ihrer politischen Gesinnung. Er unterstellte den Waadtländer Soldaten eine mögliche Unterstützung der helvetisch gesinnten Aufständischen und wollte dies natürlich verhindern.

Der militärische Verlauf

Der militärische Verlauf des Ordnungsdienstes der eidgenössischen Truppen unter Oberst Ziegler erfolgte unter dem Primat der politischen Instanzen und unter Einsatz aller verfügbaren Kräfte in den klassischen Bewegungsabläufen, wie sie – natürlich ohne Einsatz der Luftwaffe oder moderner Technik und Munition – noch heute

Gültigkeit haben.[7] Dabei zeigten Kader und Soldaten ein weitgehendes Verständnis für den Gegner beziehungsweise für die Zivilbevölkerung und machten von der Erlaubnis des eidgenössischen Landammanns zum ungehindert freien Gebrauch de Schusswaffen gegen «alles» keinen Gebrauch.

Der erste Auszug

Der erste Auszug erfolgte auf das Drängen des eidgenössischen Landammanns bereits am 28. März, da ihm eine erste Machtdemonstration äusserst nötig erschien. Oberst Ziegler hätte gerne über einen eindrucksvolleren Truppenbestand verfügt, da er des militärischen Erfolges sicherer sein wollte. Ziegler beugte sich aber als korrekter Oberbefehlshaber dem politischen Primat.

Der Ausmarsch sah – man könnte die Aktion «Dreizack» nennen – einen Vorstoss auf dem linken Zürichseeufer in drei Kolonnen vor, der von einem Flottendetachement und einer parallelen Handstreichaktion begleitet wurde.

In kurzen Worten beschreibt das amtliche Communiqué[8] des eidgenössischen Kanzlers Mousson am 29. März von Bern aus die parallel geführte nächtliche Befreiungsaktion in Affoltern: «Ein Theil der bewaffneten Aufrührer hatte sich vom linken See-Ufer über den Berg in den ehemaligen Distrikt Mettmenstetten hinübergezogen, aus welcher sonst seit einiger Zeit nicht eigentlich unruhigen Gegend sich alsobald eine Anzahl Gesindel an sie anschloss. Dieser terrorisierende Haufe zog in den untern Theil des Bezirks hinab, zwang die Leute theils sich an ihn anzuschliessen, theils Gewehre herzugeben, und trieb die Frechheit so weit, den zufälligerweise eben zu Betreibung des Aufgebotts in Affoltern befindlichen Herrn Oberst-Lieutenant Füssli, nebst seinem Gefolge zu arretieren, zu entwaffnen und bey Wasser und Brot zu setzen. Um Mitternacht liess das Militär-Commando ein Detachement von 20 Mann des hiesigen Corps der Chevaux-Legers nach Affoltern abrücken, welches ohne weitere Ereignisse bis in die Nähe des Dorfs Affoltern kam, vor Affoltern aber, nachdem es die aufgestellten Schildwachen der Rebellen überworfen hatte, einen vor dem dortigen Wirtshaus versammelten Haufen auseinander sprengte und entwaffnete, in das mit solchen Rottierern ganz angefüllte Haus drang, die arrestierten Militärpersonen befreyte, und bereits wiederum mit diesen letzteren hier [in Zürich] eingetroffen ist. Bey dieser Expedition wurden unsere Chevaux-Legers einen Augenblick mit den Aufrührern handgemein, jedoch ohne wichtige Folgen, zumalen von hiesigen Cavallerie nur ein Mann einen leichten Streifschuss erhalten hat, und ein paar Pferde beschädigt worden sind; von den Rebellen hingegen sollen mehrere verwundet worden seyn.»

Der zweite Auszug

Die nächste Aktion – man würde sie heute wohl «Finis» nennen – hatte nach der Besetzung des linken Seeufers (3. April) mit der Umgruppierung der Kräfte (6. April) die Befriedung des rechten Zürichseeufers zum Ziel. Sie beinhaltete einen amphibischen Teil und eine kombinierte, zeitlich abgestimmte Einkesselungsbewegung.

Die Besetzung des linken Seeufers erfolgte als Wiederholung der Aktion vom 28. März mit drei Kolonnen und unterstützt von der Flotte. Über die Bewegungen auf dem rechten Seeufer gibt das offizielle Bulletin eine korrekte Zusammenfassung:

«Den 7ten April ist das Hauptquartier der Eidgenössischen Truppen nach Stäffa verlegt worden. Vierzehn Compagnien Infanterie, ein Zug Scharfschützen und eine Compagnie Freywilliger von Zürich sind auf einer mit Kanonen versehenen Flotille über den See gefahren und hatten Stäffa, Männedorf, Uettikon und Meilen besetzt. Auf dem linken Seeufer sind acht Compagnien nebst einem Feldstück unter dem Commando des Herrn Obristen Hauser geblieben.

Herr Commandant Schmiel, Hauptmann der Aargauer Staabscompagnie, der mit vier Compagnien und einiger Cavallerie sein Quartier in Winterthur hatte, ist nach Bauma und Beretschwyl vorgerückt.

Herr Obristleutnant Holzhalb ist den 8ten früh mit 5 Compagnien Infanterie und einem Zug Scharfschützen von Stäffa nach Rütti, Dürnten, Wald und Fischenthal abmarschirt, und wird sich mit Herrn Commandant Schmiel in Verbindung setzen.

Bis jetzt hat sich nirgends kein Widerstand mehr gezeigt. Die Gemeinden Horgen, Wädenschwyl, Richterschwyl, Hütten, Schönenberg, Hirzel, Meilen, Uettikon, Männedorf, Stäffa, Rütti, Wald, Fischenthal, Bauma und Beretschwyl sind wirklich entwaffnet.

Gleich nach dem Einrücken der Truppen in Stäffa erhielten einige Offiziers den Auftrag, einige verdächtige Häuser zu visitieren, in welchen der Willi versteckt seyn sollte. Dieser Rebellen-Chef fand sich wirklich bey dem Metzger Riffel in Stäffa versteckt, und sitzt, nebst dem Verhehler, im Hauptquartier in sicherer Verwahrung.[9] Herr Lieutenant Gatschet von der Compagnie Zeerleder (Berner Scharfschützen) entdeckte ihn. Eine Schusswunde, so er den 28ten März am Fuss empfieng, erschwerte seine Flucht.»

Das eidgenössische Kriegsgericht [10]

Die letzte militärische Aktion der eidgenössischen Ordnungsmacht war die Bildung eines Kriegsgerichts zur Aburteilung der führenden Aufständischen. Das Kriegsgericht in der klassischen Zusammensetzung mit Vertretern aller Grade und der elf Kantone, die ein Militärkontingent gestellt hatten, sprach zwischen dem 16. und 25. April in Befolgung der vom international anerkannten und führenden Staats- und Völkerrechtler

Vattel[11] formulierten Grundsätze und der «Carolina» die Urteile. Die Hauptschuldigen – sie hatten ohne Folter gestanden – Willi und Schneebeli wurden enthauptet, Häberling erschossen. Weitere Angeklagte erhielten Landesverweis, Haftstrafen, Hausarrest oder gingen des Aktivbürgerrechts verlustig. Da Frankreich das Kriegsgericht missbilligte, übernahm die Zürcher Justiz die Aburteilung der letzten Angeklagten.

Das eidgenössische Kriegsgericht war legal und legitim und sprach durchaus im gesetzlichen Rahmen Recht.[12] Dass dabei in einigen wenigen Einzelfällen Exempel statuiert wurden, ist in einer gewissen Geschichtsschreibung aus sentimental-politischen Überlegungen übel vermerkt. Doch das schnelle und harte Durchgreifen der Justiz wirkte derart abschreckend und überzeugend, dass in der Folge eidgenössische Ordnungs- und Strafaktionen, wie sie 1804 hatten erfolgen müssen, unnötig wurden.

Dies und das

Ausserhalb der eigentlichen Militäraktion beleuchten verschiedene Nebenaspekte den Verlauf der eidgenössischen Befriedung. Details, die aber ein sprechendes Bild von der Lage geben.

Der eidgenössische Landammann mit der Sitzverpflichtung in der Hauptstadt wollte schnell über die Lage im Kanton informiert werden. Deshalb wurde ein militärischer *Kurierdienst* zu Pferd errichtet. Da aber die dazu detachierten Reiter – Bauern auf ihren eigenen Pferden – ihre Tiere schonen und allfällige Stürze in der Nacht verhindern wollten, griff man auf die Militärläufer zu Fuss zurück. Die auf den Briefumschlägen notierten Zeiten der Wechsel auf den Posten zeigen, dass die Beförderung der Briefschaften zu Fuss schneller erfolgte als zu Pferd. Die Koordination erfolgte durch den Berner von Mutach als eidgenössischem Kommissar.

Die *Truppenmoral* wurde auf Initiative der Einheitskommandanten mit verschiedenen Massnahmen gefördert. Sie wollten verhüten, dass sich – nach dem militärischen Einsatz – Langeweile und dadurch Missmut und Insubordination breitmachen konnten. So wurden zum Beispiel bei den Freiburgern der Volksgesang und das Erzählen von Geschichten und Legenden gefördert. Die Berner organisierten Schwingwettkämpfe. Zur Unterhaltung der Truppen und der Bevölkerung musizierten die Militärmusikkapellen.

Aber auch das Kader fand aussermilitärisches Kurzweil. So wurde die modernste Spinnerei der Schweiz besichtigt, die «Wasser-Garn-Maschine» von Näf und Brändlin in Rapperswil. Und Oberst Ziegler liess sich, in Begleitung seiner Frau Gemahlin, in die Geheimnisse der Zürcher Flotte einweihen, wenn auch ohne Äquatortaufe. In der Garnison in der Stadt Zürich gab es Tanz und Bälle, Empfänge und Gastereien. Die täglichen Ausritte der Offiziere verschafften nicht nur den Pferden die nötige Bewegung, sondern

Zürcher Jäger, 1804–1806; Handzeichnung.

vermittelten dem Kader auch topographische Kenntnisse. Dass dabei der Ausflug nach Luzern ein für Stab und Eidgenossenschaft wenig rühmliches Ende nahm, zeigt hingegen entweder die Unbedarftheit von Oberstleutnant Gatschet oder muss als gesuchte Provokation der wahrscheinlich zu Unrecht verdächtigten Luzerner Obrigkeit gesehen werden und war völlig überflüssig.[13]

Es versteht sich, dass die Truppe bezüglich Verpflegung und Unterkunft in Zürich gutgestellt war. So wurden auch die in der Stadt einquartierten Truppen nicht etwa in den unbeliebten Kasernen untergebracht, sondern nach Möglichkeit in den Zunfthäusern und Wirtschaften. Dies bedeutete eine bessere Verpflegung, einen «komfortableren» Schlafplatz, wenn auch auf einem Strohsack, und einen angenehmeren Aufenthalt.

Und die Opfer?

Auch wenn wir dank Graber heute besser über die aufständische Zivilbevölkerung beziehungsweise die Opfer des «Bockenkriegs» informiert sind, ist hier vorauszuschicken, dass die Aufständischen nicht nur gegen die aktuelle, durch die Napoleonische Mediationsakte geschaffene Lage und deren konkrete Ausformulierung im Kanton opponierten. Durch die Verwendung helvetischer Symbole – Trikolore-Kokarden und Fahne – gaben sie sich auch demonstrativ als patriotische Anhänger der Helvetik zu erkennen, die einen grundlegenden Systemwechsel forderten.

Von der Anzahl an Toten her gesehen, muss die Befriedung des aufständischen Gebiets als «typisch schweizerisch» beurteilt werden. Die wenigen Toten auf beiden Seiten entsprachen den Verlusten früherer und späterer kriegerischer Auseinandersetzungen im Landesinnern wie zum Beispiel 1802 («Stecklikrieg») oder 1847 (Sonderbundskrieg) auf eidgenössischer Ebene oder 1831 (Basler Trennungswirren) auf kantonalem Gebiet. Man ist weit von den Hunderten von Toten und den Kollateralschäden entfernt, welche die franko-helvetischen Befriedungsaktionen während der Helvetik in Graubünden, im Wallis, in Uri und in Unterwalden verursachten.

Man beklagt in der Literatur auch immer wieder Zivilisten, die den Kugeln oder Bajonettstichen der eidgenössischen Truppen zum Opfer fielen. Warum wird aber unterschlagen, dass diese Zivilisten nach den Kampfhandlungen auf die Soldaten schossen oder diese auch mit Heugabeln angriffen? Warum wird die Selbstverteidigung der Soldaten mit eidgenössischem Exzess gleichgesetzt?

Verdächtige und Renitente erhielten zwar zur Förderung und Änderung ihres politischen Gewissens «Arschprügel». Dieses Ausklopfen soll seit Leuthy häufig zum Tode geführt haben, wofür aber keine Quellenbelege zu finden sind, womit dies als offensichtliche Falschinformation und Diffamierung der Regierungsaktion zu gewichten ist.¹⁴ Die gross angeprangerten eidgenössischen Exzesse hätten ja ein Massensterben im Kanton Zürich zur Folge haben müssen, was offensichtlich nicht der Fall war.

Es ist auch festzustellen, dass es zu keinen Fluchtbewegungen der Bevölkerung kam wie zum Beispiel noch 1799 beim Einsatz der Franzosen im Kanton Schwyz.¹⁵ Dies zeigt, dass die eidgenössischen Truppen auch als Gegner nicht ausschliesslich Angst und Schrecken verbreiteten, sondern doch eher nur als unangenehme «Gäste» und störende «Kurzaufenthalter» angesehen wurden.

Wenn Menschenverluste und Übergriffe in kriegerischen Aktionen immer bedauerlich sind, so ist auch im «Bockenkrieg» eine grössere Quellennähe, Sachkenntnis und Eingliederung in die Zeitumstände wünschbar. Und so ist auch der «wagenweise» (?) Umtausch der schlechten Gewehre durch die Schwyzer gegen die requirierten guten Zürcher Waffen vor dem Hintergrund des alles andere als freundnachbarlichen Betragens der helvetischen Zürcher Truppen als «Revancheakt» zu verstehen.¹⁶

Psychologie im Machtkampf

Im Machtkampf zwischen den Stützen der neuen Mediationsordnung und den Anhängern der untergegangenen Helvetik griffen 1804 die eidgenössische und die kantonalen Regierungen tief in die «Trickkiste» der Psychologie, um kurz- und längerfristig Erfolg zu haben. Sie setzten verschiedenste Mittel ein, um die Öffentlichkeit für die eidgenössische Intervention zu gewinnen, die Bevölkerung in ihrem Sinne zu beeinflussen, die Soldaten anzuspornen und die Aufständischen einzuschüchtern.

Die einseitige Presse
So setzte der eidgenössische Landammann von Wattenwyl auf die Presse, um den eidgenössischen Standpunkt überall im Lande bekanntzumachen. Die 1803 vom ersten eidgenössischen Landammann, dem Freiburger Louis d'Affry, den Kantonsregierungen empfohlene Pressevorzensur hatte die politische Meinungspresse zugunsten der reinen Informationspraxis unterdrückt. Damit wurde die Parteienbildung – mit Gezänk, Hader und Verhetzung als Begleiterscheinungen – verhindert, was die friedliche Meinungsbildung fördern sollte. Diesen Zustand benutzte nun Landammann von Wattenwyl, um zahlreiche *offizielle Bulletins* in deutscher und französischer Sprache zur Lage im Kanton Zürich herauszugeben und in der ganzen Schweiz breit streuen zu lassen. Mit der korrekten, doch einseitigen Berichterstattung erreichte er breiteste Bevölkerungskreise und beeinflusste sie, mangels anderer, oppositioneller Stellungnahmen, im Sinne der «kriegführenden» Obrigkeit.¹⁷ Den Aufständischen fehlte dieses Instrument, und die ihnen nahestehenden Blätter unterliessen aus Furcht vor der Zensur weitgehend

Weidmesser der Zürcher Schiffleute, Ordonnanz 1803, Eisen.

eine obrigkeitskritische Berichterstattung. Damit verloren die Aufständischen den Kampf um die Information und um die öffentliche Meinungsbildung, welche nach dem Vorbild der Revolutionspresse in Frankreich die Regierungen hätte beeinflussen können.

Einschüchterung und Abschreckung

Ein weiteres Mittel der Beeinflussung – diesmal der Zürcher Bevölkerung – war die *offene Machtdemonstration* der eidgenössischen Truppen. Die Zürcher Regierung rief nämlich keinen Belagerungszustand aus und verbarrikadierte sich nicht hinter Mauern und Bastionen. Die Stadttore blieben geöffnet und signalisierten den Aufständischen damit deutlich, dass man sich sicher fühlte und keinen Überfall und Einmarsch in die Stadt befürchtete. Auch konnten die Landleute wie eh und je in die Stadt kommen und die fast täglich wachsende Zahl der eidgenössischen Truppen selbst feststellen. Es ist doch für jeden Aufständischen und Gegner frustrierend, nicht anerkannt und ernst genommen zu werden und mit eigenen Augen die zunehmende Stärke der Ordnungstruppen zu realisieren!

Wie in Kriegszeiten üblich, verhängten die «Sieger» beachtliche Kontributionen über die aufrührerischen Gemeinden. Sie waren ein materieller Denkzettel, doch ohne längerfristige finanzielle Folgen zum Nachteil der Bevölkerung. Hand in Hand mit

Schildhalter eines Zürcher Kriegsschiffes; Holz vergoldet, um 1700–1750. – Der Löwe hielt ursprünglich das auf dem Bild nicht ersichtliche Zürcher Wappenschild. Ihm kam als Galionsfigur eine wichtige symbolische Bedeutung zu.

den Kontributionen wurde die Bevölkerung der Unruhegebiete entwaffnet, um mögliche bewaffnete Ausschreitungen zu erschweren. Die Massnahme hatte kurzfristig materiell einen gewissen Erfolg, blieb jedoch beim freien Waffenhandel ohne Folgen. Hingegen gingen die Emotionen der Betroffenen über den Verlust ihrer vertrauten persönlichen und liebgewordenen Waffen hoch und wogen als persönliche Beleidigung schwer.

Daneben musste die Justiz für eine längerfristige Abschreckung sorgen. Die Zürcher Regierung hatte im Stäfner Handel noch Milde walten lassen. Die Aufrührer wurden höchstens «in effigie» hingerichtet. Dies untergrub natürlich die Autorität der Regierung und unterband die weiterführende revolutionäre Agitation bis zum erfolgreichen Umsturz von 1798 keineswegs. Das eidgenössische Kriegsgericht und die Zürcher Ziviljustiz sorgten mit ihren schnellen Urteilen, die Exempel statuieren wollten, für eine dauerhafte Nachwirkung, auch wenn damit «politische Märtyrer» und «Volkshelden» geschaffen wurden.

Aber auch die loyalen Kantonsregierungen konnten sich an der Einschüchterung der Bevölkerung beteiligen. So bestrafte etwa Freiburg das Verbreiten von böswilligen Gerüchten. Markantes Opfer wurde ein Schulmeister der Stadt, der seines Amtes enthoben wurde. Er hatte nämlich gegen die Militäraktion gehetzt und die Obrigkeit schlechtgemacht.

Unbeabsichtigt dürfte der Effekt der eingesetzten Freiburger sein. Die mehrheitlich französischsprechenden Soldaten wurden zwar auf dem Transport nach Zürich ihrer Sprache wegen nur beschimpft. Im Kanton Zürich aber glaubte man, es handle sich um Franzosen, die zum Rechten schauen wollten. Dieser Eindruck wurde noch durch das Trommeln nach der französischen Ordonnanz verstärkt.

Die Unterstützung
Die Obrigkeit suchte auch das Wohlwollen der Angehörigen der mobilisierten Soldaten zu erringen. So erhielten beispielsweise deren Familien in Freiburg ebenfalls Brot- und Fleischrationen, um die Abwesenheit eines Sohnes oder Vaters zu überbrücken. Verwundeten Soldaten wurden noch Jahre nach 1804 Arzneien und Badekuren bis zur vollständigen Wiederherstellung der Gesundheit bezahlt. Damit entlastete die Obrigkeit nicht nur die Betroffenen, sondern blieb auch als dankbare und fürsorgliche Landesväter im Gespräch und in Erinnerung.

Die Dankbarkeit
Die Zürcher Regierung und Oberst Ziegler dankten den Kantonsregierungen für die geleistete Militärhilfe in anerkennenden Worten. Dieses Schreiben wurde sehr gut aufgenommen und, wie in Freiburg, zur allgemeinen Kenntnisnahme publiziert und ausgehängt.

Zwei-Gulden-Medaille für die regierungstreuen Soldaten im Bockenkrieg mit der Inschrift: «Kennt Brüder eure Macht / Sie liegt in unserer Treu / Der Canton Zürich den Beschützern des Vaterlandes».

Die Zürcher Regierung, glücklich über den ihr günstigen Ausgang des Aufstandes, wollte aber auch ein dauerhaftes Zeichen ihrer Dankbarkeit den eingesetzten Truppen gegenüber setzen. Sie liess deshalb, mit einem schön formulierten Dankesschreiben, über 4000 goldene und silberne Medaillen in verschiedenen Werten verteilen.[18] Es handelte sich dabei um Werke der Siegelstecher Mörikofer mit der Zürcher «Bene-Merenti-Medaille» von 1779 und Aberli für die Neuschöpfung «Den Beschützern des Vaterlandes». Die Kosten für die Medaillenprägung beliefen sich auf 18 677,66 Gulden.

Die Reaktion der beschenkten Militärs dürfte mit derjenigen von Kriegsgerichtspräsident von Mutach oder von Oberst Ziegler identisch gewesen sein. Sie zeigten sich hochgeehrt und erfreut. Wenn auch das Echo über den Eindruck dieser Dankesgeste innerhalb der Bevölkerung nicht erhalten ist, so dürfte man auch angesichts der Feierlichkeiten bei der Medaillenabgabe doch beeindruckt gewesen sein. Zürich hat sich – und der Eidgenossenschaft – damit sicher viel «Goodwill» geschaffen, ein Kapital, das spätestens anlässlich der kommenden Grenzbesetzungen zum Tragen kam.

«Zum Wohle des Vaterlandes»

Die militärische Intervention der Eidgenossenschaft zeigte Volk und Ständen der Schweiz wie auch Frankreich, dass wenigstens die 1804 herrschende Führung willens und fähig war, die Gemeininteressen des Staates und der Mehrheit seiner Bevölkerung auch gegen abweichende politische Meinungen mit einer eidgenössischen Ordnungsmacht zu wahren. Zur Beibehaltung von Ruhe und Frieden im Lande waren selbst Opfer, wie sie das Kriegsgericht und die Ziviljustiz forderten, aus der Staatsoptik heraus nötig, vertretbar und verständlich. Nur die feste Hand der Obrigkeit konnte die politische und bewaffnete Opposition in einer Art und Weise meistern, dass der Aufstand von 1804 der erste und letzte Versuch während der Mediation werden sollte, der die herrschende Ordnung des Mediationssystems in Frage stellen oder gar umstürzen wollte.

Auch die Schutzmacht Frankreich konnte befriedigt zur Kenntnis nehmen, dass die neue Schweiz ihre inneren Probleme selbst lösen konnte. Dies auch, wenn die getroffenen Massnahmen nicht unbedingt auf Gegenliebe stiessen. Frankreich wollte eine «beruhigte» Schweiz, um die Mediationsakte wirken zu lassen. Es hatte seine Haltung angetönt, als es die helvetisch gesinnten Patrioten weder schützte noch unterstützte. Napoleon Bonaparte sollte auch weiterhin nur wesentlichen Druck auf die Schweiz ausüben, wenn seine nationalfranzösischen Interessen wie etwa beim Stellen der Schweizer Regimenter oder bei der Durchführung der Kontinentalsperre[19] betroffen waren.

Vom militärischen Blickpunkt her ist hervorzuheben, dass die Unruhen und der Aufstand im Kanton Zürich mit dem Einsatz einer eidgenössischen Militärintervention die

Verantwortlichen in allen Kantonen von der Notwendigkeit der kantonalen und eidgenössischen Militärorganisation überzeugten oder doch wenigstens hätten überzeugen sollen. Vielfach handelten die Kantone noch 1804, wenn sie auch erst durch die Unzulänglichkeiten der Grenzbesetzung von 1805 zu einem seriöseren Angehen des Militärwesens gebracht werden konnten.

Ein unbeabsichtigter Nebeneffekt der Mobilisation von 1804, wie dann ebenfalls der Grenzbesetzungen von 1805, 1809 und 1813, war die Bildung eines schweizerischen Nationalgefühls.[20] Da die zivile Gesellschaft dazu noch nicht bereit war, kam der eidgenössischen Armee die tragende Rolle der Schule der Nation zu – eine Aufgabe, die das Militär in der Folge verstärkt, mit und neben den zivilen Vereinigungen, bis heute erfolgreich erfüllt hat.

Rudolph von Mutach hatte in gewissem Sinne nicht unrecht, als er in seinen Revolutionserinnerungen festhielt, dass der Zürcher Aufstand der Schweiz «gut» getan habe. 1804 trug ja wesentlich zur innen- und aussenpolitischen Festigung und Stellung der Schweiz bei und förderte den Aufbau des eidgenössischen und kantonalen Militärwesens.

Anmerkungen

1   Da nach der Erarbeitung der militärischen Reaktion namentlich in Zürich und Bern eine schweizerische Gesamtschau geplant ist, werden hier die Quellen nicht eigens angegeben.
    Zu den Verhältnissen in den Kantonen bzw. zu Sachgebieten ist auf das Literaturverzeichnis verwiesen.

2   Die Zürcher Unruhen vom Frühjahr 1804 werden seit Leuthys «Bockenkrieg» 1838 nach dem Gefecht um das Bockenwirtshaus mit dem pompös-ironischen Namen «Bockenkrieg» bezeichnet. Es lag in der Tendenz der liberalen Geschichtsschreibung, missliebige Ereignisse mit verzerrten Begriffen zu verzeichnen, wie es auch mit dem «Stecklikrieg» von 1802 oder 1830 mit der «Journée des bâtons» in Freiburg der Fall war. In den zeitgenössischen Quellen findet sich zu 1804 die prosaisch-pragmatische Bezeichnung «Zürcher Unruhen» oder ähnlich bzw. «Evénements de Zurich», weshalb hier der Ausdruck Bockenkrieg in Anführungszeichen gesetzt wird.

3   Graber, Zeit, geht der Opposition näher nach und gibt auch die Namen der aktenmässig erfassten, der Unruhe und des Aufstandes Beschuldigten, besonders 365ff.

4   Erstmals findet sich im Anhang (S. 93ff.) die Kommandostruktur der eidgenössischen und kantonalzürcherischen Truppen publiziert.

5   Es ist darauf hinzuweisen, dass sich Parallelen zum «Bockenkrieg» im Stäfner Handel 1794/95 finden. Dazu Graber, Zeit, passim, und unter anderen namentlich Hans Rudolf Fuhrer, Die Zürcher Miliz im Ordnungsdienst – Der bewaffnete Auszug von 1795 gegen die Stäfner Aufständischen, oder René Zeller, Im Bannstrahl der Zensur – Zeitgenössische Publikationen zum Stäfner Handel, in: Christoph Mörgeli (Hg.), Memorial und Stäfner Handel 1794/95, Stäfa 1995, S. 173–190, 247–260.

6   Hubert Foerster, L'opposition populaire à la République helvétique (1798–1803) – De la résistance civile par les soulèvements armés à la victoire politique, in: La Révolution française:

Idéaux, singularités, influences. Journées d'études en hommage à Albert Soboul, Jacques Godechot et Jean-René Suratteau. Actes du colloque de Vizille. PUG, Grenoble 2002, S. 151–176. – Die Wahrscheinlichkeit einer französischen Intervention war nicht auszuschliessen, betrachtet man das vielfältige Eingreifen Napoleons selbst in Frankreich gegen Unordnung aller Art, bei wirklichem oder nur vermutetem Widerstand gegen die Staatsführung. Jean-Jacques Clerc / Jean-Louis Halpérin, Ordre et désordre dans le système napoléonien, Paris 2003.

7   Es erstaunt doch, wenn ein Infanterieoberst und Regimentskommandant der Schweizer Armee Ordonnanz 61 die 1804 erfolgten militärischen Aktionen als «dilettantisch» bezeichnet. Sigmund Widmer, Zürich – eine Kulturgeschichte. Bd. 8: Revolution und Biedermeier, Zürich/München 1980, S. 21. Ihm waren wohl der Kampf der verbundenen Waffen, der Angriff auf drei Achsen zur Lokalisierung und Bindung des Gegners oder die Einkesselung der feindlichen Kräfte nicht so geläufig, wie dies 1804 Oberst Ziegler war.

8   Diese Bulletins sind recht objektiv gehalten. Sie wurden der Bevölkerung vorgelesen und an den üblichen Orten angeschlagen. In Freiburg erfolgte eine französische Übersetzung. – Die Befreiungsaktion in Affoltern schildert mit interessanten Details David Nüscheler, Geschichte der Zürcherischen Artillerie 1798–1804, in: 57. Neujahrsblatt der Feuerwerkergesellschaft. 1862, S. 531–534. Die beste Verbindung der historischen Ereignisse mit den Gedenkmedaillen gibt Divo, «Affoltern».

9   Der psychologische Erfolg der Verhaftung von Willi, einem der wichtigsten gegnerischen Anführer, ist damals so bedeutend einzuschätzen wie heute, mutatis mutandis, die des irakischen Diktators Saddam Hussein.

10 Die namentliche Auflistung der Mitglieder des eidgenössischen Kriegsgerichts im Anhang (S. 97) bringt hoffentlich künftige Autoren von der Wiederholung der falschen Behauptung ab, es habe sich um ein nur aus Aristokraten zusammengesetztes Gericht gehandelt. Dass Aristokraten bzw. Patrizier stärker vertreten waren, liegt auch daran, dass Vertreter dieser Kreise als Fachleute die Mehrheit des Offizierskaders stellten, was bei der Bildung eines Militärgerichts zu berücksichtigen war.

11 E. de Vattel, Le droit des gens ou principes de la loi naturelle, Appliqués à la conduite et aux affaires des nations et des souverains. Nouvelle édition, Lyon 1802.

12 Es spricht nicht gerade für die Quellenkenntnis zur Mediation und das Sachverständnis für das Militärwesen, wenn Vorschriften zum eidgenössischen Kriegsgericht von 1804 in der Mediationsverfassung oder in den Tagsatzungsprotokollen von 1803 gesucht werden. Oechsli, Schweiz, S. 496; Brunner, Zürich, S. 92.

13 Zentralbibliothek Zürich, Tagebuch Ziegler. Der Vorfall wurde zwar diplomatisch beigelegt. Er führte zur Bildung des Luzerner Freikorps, um Regierung und Kanton Luzern schnell und mit Militärmitteln besser schützen zu können.

14 Warum bei dem immer wieder zitierten Fall in Stäfa nur die Prügel als Todesursache vermerkt werden, sein belegter, wohl eingeklemmter Bruch jedoch nicht, entzieht sich unserer Kenntnis. So etwa Dändliker, Geschichte Zürichs, Bd. 3, S. 182; Hans Frey, Stäfa im Wellengang der grossen Geschichte, Bd. 2, Stäfa 1969, S. 22; Graber, Zeit, S. 349.

15 Hubert Foerster, Schwyz 1799: Für Gott und Vaterland. Ein Beitrag zum militärischen Widerstand, zur Flucht und Emigration 1799–1801, in: Mitteilungen des Historischen Vereins des Kantons Schwyz 91 (1999), S. 133–218.

16 Dieses Einbetten in die Ereignisse fehlt zum Beispiel bei Oechsli, Schweiz, S. 495; Brunner, Mediation, S. 89; Graber, Zeit, S. 348.

17 Die Waadt traute diesen offiziellen Bekanntmachungen nicht und schickte zwei Informanten nach Zürich. Sie hatten ihre Lageberichte an eine Waadtländer Deckadresse zu schicken.

18 Anhang (S. 98). Daneben gab es privat geschaffene «Souvenire» wie zum Beispiel zur Befreiungsaktion in Affoltern a. A. Vgl. Anmerkung 8.

19 B. de Cérenville, Le système continental et la Suisse (1803–1813), Lausanne 1903.

20 Hubert Foerster, L'armée suisse, école de la Nation? La formation de l'esprit national pendant la Médiation (1803–1813/14), in: Pariser Kolloquiumsakten 2003 (im Druck).

Anhang

Quellen

Die Quellen finden sich namentlich in den Staatsarchiven und im Bundesarchiv. Unter den konsultierten Familienarchiven sind besonders die Bestände in der Burgerbibliothek Bern und in der Zentralbibliothek Zürich zu nennen. Das Tagebuch von Oberst Ziegler wird zur Edition vorbereitet.

Allen Mitarbeitern dieser Institutionen gilt mein herzlicher Dank für den immer freundlichen Empfang und die verständnisvolle, zuvorkommende Betreuung.

Literaturverzeichnis

Auswahl zu Bockenkrieg[1], Militär und Horgen

Brunner Heinrich, Der Bockenkrieg 1804, Horgen 1954.

Divo J. P., Die Medaille auf die Expedition nach Affoltern vom 27. März 1804, in: Neuer Zürcher Münzbote, Nr. 15, November 1983.

Flüe Niklaus von, Die Obwaldner Wehrordnung in der ersten Hälfte des 19. Jahrhunderts, in: Obwaldner Geschichtsblätter 12 (1974), S. 5–86.

Foerster Hubert, Luzerns militärische Freiwilligeneinheiten 1804–1818, in: Der Geschichtsfreund 28 (1979), S. 39–64.

Foerster Hubert, Solothurns militärische Sondereinheiten 1803–1819, in: Jahrbuch für solothurnische Geschichte 52 (1979), S. 291–315.

Foerster Hubert, Schwyz und der Bockenkrieg 1804, in: Mitteilungen des Historischen Vereins des Kantons Schwyz 72 (1980), S. 69–82.

Foerster Hubert, St. Gallens freiwillige Legion 1803–1818, in: Rorschacher Neujahrsblätter 1981, S. 51–62.

Foerster Hubert, Zürichs Standeskompanie (1803–1832) und Standeslegion (1804–1816), in: Zürcher Taschenbuch 1982, S. 120–162.

Foerster Hubert, Friedrich Hünerwadels Vorschlag zur Aargauer Milizorganisation 1803, in: Figurina Helvetica 41 (1982), S. 48–53.

Foerster Hubert, Graubünden und der Bockenkrieg 1804. Ein Beitrag zu den Anfängen der Graubündner Militärorganisation 1803–1805, in: Bündner Monatsblatt 1982 (Nr. 1/2), S. 7–39.

Foerster Hubert, Schaffhausen und der Bockenkrieg 1804. Der Beitrag eines kleinen Stadtkantons zur Erhaltung der Ordnung im Kanton Zürich, in: Schaffhauser Beiträge zur Geschichte 61 (1984), S. 241–263.

Foerster Hubert, Die Anfänge der Glarner Militärorganisation 1803–1806, in: Jahrbuch des Historischen Vereins des Kantons Glarus 70 (1985), S. 35–75.

Foerster Hubert, Freiburg und der Bockenkrieg 1804, die Erfüllung der Bundespflicht in einer Krisenlage, in: Freiburger Geschichtsblätter 64 (1985/86), S. 147–184.

Foerster Hubert, Das Ende des Stabbrechens im Schweizer Militärstrafrecht. Das eidgenössische Kriegsgericht 1804, in: Forschungen zur Rechtsarchäologie und Rechtlichen Volkskunde 9 (1987), S. 55–78.

Foerster Hubert, Der Bockenkrieg 1804: Offene Fragen zum Ordnungseinsatz des Militärs, als Heft 6 der GMS (Gesellschaft für Militärhistorische Studienreisen), Zürich 1987.

Foerster Hubert, Solothurn und der Bockenkrieg 1804. Ein Beitrag zu den Anfängen des kantonalen Militärwesens zu Beginn des 19. Jahrhunderts,

---

1   Die Unterlagen zum Verhalten der hier noch aufgeführten Kantone sind gesammelt und werden in den kommenden Jahren, primär gestützt auf die Quellen und nicht auf Literatur, publiziert.

in: Jahrbuch für solothurnische Geschichte 61 (1988), S. 126–168.

Foerster Hubert, Der Aargau und die Zürcher Unruhen («Bockenkrieg»), in Argovia 103 (1991), S. 5–106.

Foerster Hubert, Der Dank des Vaterlandes: Die Verdienst- und Gedenkmedaillen zum «Bockenkrieg» 1804, in: Zürcher Taschenbuch 2004 (im Druck).

Foerster Hubert, Die eidgenössische Militärorganisation – Aspekte zur Bildung und Bedeutung des Schweizer Bundesheeres (1803–1813/14), in: Krieg und Frieden in Europa oder die militärische Konsequenz der Mediationsakte, Kolloquium der Schweizer Vereinigung für Militärgeschichte und Militärwissenschaft 2003 in Freiburg, Bern 2004 (im Druck).

Foerster Hubert, L'armée suisse, école de la Nation? L'apport de l'armée à la formation de l'esprit national 1803–1813, in den Akten zum Kolloquium 2003 in Paris, Paris 2004 (im Druck).

Graber Rolf, Zeit des Teilens. Volksbewegungen und Volksunruhen auf der Zürcher Landschaft 1794–1804, Zürich 2003.

Hauser Albert, Der Bockenkrieg, ein Aufstand des Zürcher Landvolkes im Jahre 1804, Zürich 1938.

Leuthy J. J., Vollständige Geschichte von dem Bokkenkrieg Anno 1804. Nach authentischen Quellen bearbeitet und versehen mit biographischen Notizen der Häupter dieses Aufstandes, Willi, Häberling, Schneebeli, Kleinert, Schoch, Grob, Hanhart, Syz und Hauser, Zürich 1838.

Nüscheler David, Geschichte der Zürcherischen Artillerie 1798–1804, in: 57. Neujahrsblatt der Feuerwerkergesellschaft 1862, S. 529–548.

Nussbaumer Alex, Das Zuger Militärwesen in der Mediation 1803–1813, Cham 1982.

N. N. (ein verstorbener Gelehrter), Beiträge zur Geschichte der Unruhen im Kanton Zürich im Jahre 1804, in: Balthasar Meisters Helvetia, Bd. 7, Aarau 1832, S. 141–168.

Auswahl zu Horgen

Jung Joseph / Renfer Christian, Der Landsitz Bocken am Zürichsee, Bern 1994 (= Schweizer Kunstführer GSK, Serie 57, Nrn. 563–565).

Kläui Paul, Geschichte der Gemeinde Horgen, Horgen 1982.

Specker-Schwarzenbach Maria, Landgut Bocken, in: Horgener Jahrheft 1984, S. 20–30.

Suter Hans, Der Gutsbetrieb auf Bocken, in: Horgener Jahrheft 1984, S. 31–37.

Auswahl zur Geschichte von Zürich und der Schweiz

Brunner Emil, Der Kanton Zürich in der Mediationszeit 1803–1813, in: Schweizer Studien zur Geschichtswissenschaft, Bd. 1, Heft 1 (1908), S. 41–102.

Kläui Paul / Imhof Eduard, Atlas zur Geschichte des Kantons Zürich, Zürich 1951.

Leuthy J. J., Geschichte des Cantons Zürich von 1794–1830, Bd. 1, Zürich 1843.

Oechsli Wilhelm, Geschichte der Schweiz im neunzehnten Jahrhundert, Bd. 1, Leipzig 1903, S. 480–503.

Tillier Anton von, Geschichte der Eidgenossenschaft während der Herrschaft der Vermittlungsakte 1803–1813, Bd. 1, Zürich 1845, S. 97–147.

Auswahl an Biographien

Andrey Georges / Czouz-Tornare Alain-Jacques, Louis d'Affry, 1743–1810, premier Landamman de la Suisse. La Confédération suisse à l'heure napoléonienne, Genf 2003.

Fischer Emanuel von, Erinnerungen an Niklaus Rudolf von Wattenwyl, weiland Schultheiss der Stadt und Republik Bern, gewesener Landammann der Schweiz und General über die eidgenössischen Aufgebote von 1805, 1809 und 1813, Bern 1867.

Muralt Konrad von, Hans Reinhard, Bürgermeister des eidgenössischen Standes Zürich und Landammann der Schweiz, Zürich 1838.

Mutach Abraham von, Revolutions-Geschichte der Republik Bern 1798–1815, hrsg. von Hans G. Wirz, Bern/Leipzig 1934.

Nüscheler David, Erinnerungen aus dem Leben des General-Majors Jakob Christoph Ziegler, in: 79. und 80. Neujahrsblatt der Feuerwerkergesellschaft Zürich, 1884, S. 3–47, und 1885, S. 3–42.

Die Bildung der kantonalen Truppen 1803–1813[1]

Kanton	Miliz	Freikorps	Standeskompanie	Landjäger
Zürich[2]	23.2.1803	4.2.1804	12.12.1803	14./27.6.1804
Bern[3]	26.5.1804	29.2.1804	11.11.1803	26.10.1803
Luzern[4]	22.2.1804	11.5.1804	–	13.8.1803
Uri[5]	6.5.1804	–	–	19.9.1804
Schwyz	9.11.1805	–	–	29.11.1803
Nidwalden[6]	29.4.1804	–	–	17.6.1811
Obwalden[7]	22.6.1804 11.12.1813	–	–	30.8.1804
Glarus[8]	1804/05	–	–	5.10.1804
Zug[9]	9.11.1805 1.5.1808	xx.5.1804	– –	8.11.1804
Freiburg[10]	1.10.1804	16.4.1804	16.11.1803	16.5.1804
Solothurn[11]	16.5.1804 5.5.1807 24.12.1812	7.3.1804	31.12.1803	4.1./1.3. 1804
Basel[12]	9.3.1804	–	11.11.1804	1806
Schaffhausen[13]	5.5.1804 1810	1808	–	18.2.1805
Appenzell AR	7.5.1805	xx.10.1804	–	8.6.1803
Appenzell IR	11.12.1804	–	–	1803
St. Gallen[14]	18.5.1804	6.7.1807	–	28.6.1803
Graubünden[15]	16.5.1809	–	–	30.5.1804
Aargau[16]	4.6.1804 2.12.1808	26.10.1803	1.6.1803	8.7.1803
Thurgau[17]	18.5.1804 8.5.1811	11.5.1804	–	28.5.1803/1807
Tessin[18]	29.5.1804	–	–	2.6.1804
Waadt[19]	10.6.1803 7.6.1813	– –	– –	4.6.1803

1. Einen guten Überblick besonders über die Uniformen geben Roland Petitmermet / Lucien Rousselot, Schweizer Uniformen – Uniformes Suisses – 1700–1850. Die Uniformen der Truppen der eidgenössischen und zugewandten Orte von 1700 bis 1798 und der kantonalen Milizen von 1803 bis 1850, Bern 1976.
2. C. Max Willfratt, Die allgemeine Wehrpflicht im Kanton Zürich 1798–1848, Typoskript, Zürich 1982; Hubert Foerster, Zürichs Standeskompanie (1803–1832) und Standeslegion (1804–1816), in: Zürcher Taschenbuch 1981, S. 120–162.
3. Berns Militärorganisation zur Mediationszeit fand noch keine Darstellung.
4. Einen Rückgriff auf die Mediationszeit macht verschiedentlich Franz Zelger, Der Anteil des «Luzerner-Kontingents» am Feldzug der alliierten Mächte gegen Napoleon I. 1815, in: Der Geschichtsfreund 56 (1901), S. 279–362. Dazu auch Hubert Foerster, Luzerns militärische Freiwilligeneinheiten 1804–1818, in: Der Geschichtsfreund 28 (1979), S. 39–64. Heidi Bossard-Borner, Im Bann der Revolution. Der Kanton Luzern 1798–1831/50, Luzern 1998 (= Luzerner Historische Veröffentlichungen 34), ist das Beispiel einer Kantonsgeschichte, in der das kantonale Militär nicht vorkommt, obwohl die Staatsausgaben dafür bis zu 30% ausmachten.
5. Mangels Unterlagen ist nicht geklärt, ob das in den Staatsrechnungen 1808 und 1809 angeführte Freikorps wirklich ein derartiges war oder ob es sich nur um freiwillige Milizsoldaten handelte, die sich nur zur Parade an der Landsgemeinde formiert hatten.
6. Für den Halbkanton Nidwalden fehlt noch eine fachspezifische Publikation zur Mediation. Verschiedene Aspekte finden sich bei Ferdinand Niederberger, Nidwaldner Wehrbereitschaft 1515–1968. Zum 100jährigen Bestehen der Unteroffizierssektion Nidwalden, Stans 1967, und bei von Flüe, Obwaldner Wehrverordnung; vgl. folgende Anmerkung.
7. Niklaus von Flüe, Die Obwaldner Wehrverordnung in der ersten Hälfte des 19. Jahrhunderts, in: Obwaldner Geschichtsblätter 12 (1974), S. 5–68.
8. Hubert Foerster, Die Anfänge der Glarner Militärorganisation 1803–1806, in: Jahrbuch des Historischen Vereins des Kantons Glarus 70 (1985), S. 35–85; idem, Die Glarner Militärmusik 1811–1812, in: Figurina Helvetica 1985, S. 27–32.
9. Alex Nussbaumer, Das Zuger Milizwesen in der Mediation (1803–1813), Typoskript, Cham 1981; idem, Die Uniform der Zuger Miliz in der Mediationszeit, in: Figurina Helvetica 1986/87, S. 6–13; Renato Morosoli, Zur Miliz des Kantons Zug in der ersten Hälfte des 19. Jahrhunderts, in: Marco Jorio (Ltg.), «Eilet dann, o Söhne». Beiträge zur zugerischen Militärgeschichte, Zug 1994, S. 96–129.
10. Hubert Foerster, Freiburgs Militärorganisation während der Mediation, in: Actes du colloque 1803–2003 à Fribourg (im Druck).
11. Hubert Foerster, Solothurns militärische Sondereinheiten 1803–1819, in: Jahrbuch für solothurnische Geschichte 52 (1979), S. 291–315.
12. Paul Kölner, Die Basler Standestruppen, 1804–1856, in: Basler Zeitschrift für Geschichte und Altertumskunde 8 (1909).
13. Hubert Foerster, Schaffhausens Milizorganisation (1810–1818), das Freikorps (1808–1813) und die Feldmusik (1809–1820), in: Schaffhauser Beiträge zur Geschichte 57 (1980), S. 34–82; Jürg Zimmermann, Beiträge zur Militärgeschichte bis zum Beginn des 19. Jahrhunderts, Schaffhausen 1961, S. 150–154.
14. Hubert Foerster, Die Uniformen und Fahnen der St. Galler Miliz 1804 bis 1812, in: Figurina Helvetica 1980, S. 44–50; idem, St. Gallens freiwillige Legion 1803–1818, in: Rorschacher Neujahrsblatt 1981, S. 51–62.
15. Rudolf Jenny, Beiträge zur Bündner Militärgeschichte von 1803 bis 1848, Chur 1972 (= Jahresbericht der Historisch-Antiquarischen Gesellschaft von Graubünden 102), ist nach Sachgebieten chronologisch geordnet, was das Lesen nicht unbedingt vereinfacht. Zudem muss Pieth, Bündner Milizwesen, Anm. 37, beigezogen werden, da Jenny die Ausführungen von Pieth nicht wiederholt hat.
16. Walter Allemann, Beiträge zur aargauischen Militärgeschichte 1803–1847, Aarau 1970 (= Argovia 82), S. 15–82.
17. Albert W. Schoop, Geschichte der Thurgauer Miliz, Frauenfeld 1948, S. 32–76, und Hubert Foerster, Thurgaus Freikorps und Spiele 1804–1818, in: Thurgauische Beiträge zur vaterländischen Geschichte 116/117 (1979/80), S. 219–248; André Salathé, Geschichte des thurgauischen Polizeiwesens vom Ancien Régime bis zur Regenerationsbewegung 1830/31, Typoskript, Zürich/Sulgen 1987.
18. Trotz der verschiedensten Publikationen zum Tessiner 200-Jahr-Jubiläum fand sich kein Historiker zum kantonalen Militärwesen.
19. Olivier Meuwly, L'organisation militaire et milices vaudoises, in: Corinne Chuard u. a. m. (Hg.), Vaud sous l'Acte de Médiation – La naissance d'un canton confédéré, Lausanne 2002 (= Bibliothèque historique vaudoise, 122), S. 165–170; idem, L'armée vaudoise sous l'Acte de Médiation: le bouclier d'un jeune canton, in: Bicentenaire du canton de Vaud. Actes du colloque 2003, Pully 2003, S. 139–175.

Die Mobilisation der Kantonskontingente (ohne Zürich) (nach dem Tagebuch von Oberst Ziegler)

Kanton	1. Aufgebot			2. Aufgebot			3. Aufgebot			Rückkehr		Bestand
	1	2	3	1	2	3	1	2	3	4	5	6
BE	18.3.	21.3.	23.3.								1.6.	3 Kp[1]
			24.3.								3.5.	
			26.3.								3.5.	
				26.3.	28.3.	31.3.					3.5.	2 Kp
							30.3.		5.4.a		14.5.	2 Kp
UR							4.4.[2]					1 Kp
SZ				26.3.	31.3.b				4.4.a		2.5.	2 Kp
							29.3.	31.3.b	4.4.a		24.5.	1 Kp
UW							29.3.	7.4.	9.4.			1 Kp
GL												2 Kp
ZG							29.3.		6.4.d			1 Kp
FR	18.3.	22.3.	26.3.							30.4.	5.5.	1 Kp
							30.3.					1 Kp[3]
SO				26.3.	29.3.	31.3.				3.5.	5.5.	1 Kp
							30.3.	4.4.	6.4.	18.5.	20.5.	1 Kp
BS				26.3.	29.3.	31.3.						1 Kp
							31.3.		7.4.	6.5.	8.5.	1 Kp
SH				26.3.	31.3.	31.3.c				8.5.	10.5.	1 Kp
							29.3.	30.3.c		6.4.	7.4.	
AR				28.3.	10.4.	10.4.c				14.5.	16.4.	1½ Kp[4]
GR							30.3.	9.4.	12.4.e	17.5.	24.5.	1 Kp[5]
AG[6]	18.3.	22.3.	23.3.							3.6.	4.6.	1 Kp[7]
			3.4.							27.4.	28.4.	½ Kp
				26.3.	30.3.	31.3.				3.5.	5.5.	1 Kp
							30.3.	31.3.	1.4.	3.5.	5.5.	2 Kp[8]

Legende
1. Aufgebot
2. Aufgebot nach dem Brand des Schlosses von Wädenswil am 24.3.
3. Aufgebot als Reaktion auf den abgebrochenen Auszug vom 28.3.

Kolonnen
1 Aufgebot
2 Abmarsch in Zürich bzw. *a* in Richterswil, *b* in Schindellegi, *c* in Winterthur
3 Ankunft in Zürich bzw. *a* in Richterswil, *b* in Schindellegi, *c* in Winterthur, *d* an der Kantonsgrenze, *e* in Uetikon
4 Rückmarsch
5 Entlassung
6 Anzahl Einheiten

1 Gewünscht waren 4 Kompanien.
2 Die Kompanie ist nicht abmarschiert, da sie nicht mehr benötigt wurde.
3 Aus Waffenmangel konnte die Kompanie nicht gestellt werden.
4 Gewünscht waren 3 Kompanien.
5 Gewünscht waren 5 Kompanien.
6 Nicht in der Liste aufgeführt ist die Aargauer Feldmusik. Sie traf am 13. April in Zürich ein und wurde am 6. Mai in Aarau entlassen.
7 Gewünscht waren 1½ Kompanien.
8 Gewünscht waren 5 Kompanien.

Etat der eidgenössischen Truppen vom 9. April 1804 [1]

Generalstab

General [2]	Oberst J. Christoph Ziegler, Zürich
Generalstabschef	Oberst Kaspar von Müller, SZ/GL
Stabsoberst	Oberst Fridolin Hauser, GL
Flügeladjutant	Oberst Lt Gottlieb Hünerwadel, AG
Aide-de-camp	Oberst Lt Heinrich Rahn, Zürich
	Hartmann Reinhard, Zürich
Adj des Kommandanten	Hptm Salomon Bleuler, Zürich
Stabssekretäre	Heinrich Hottinger, Zürich
	Johann Konrad Escher, Zürich
	Uof Jakob Salomon Hottinger, Zürich
	Uof Daniel Locher, Zürich
	Uof Jakob Frey, Weisslingen
Auditor	Johann Jakob Wirz, Zürich
Capitaine des guides	Beat Zureich, Rüschlikon

1. eidgenössisches Bataillon Kirchberger (BE)

Stab

Bat Kdt	Oberst Lt Ludwig Kirchberger, Bern
Aide-Major	Ludwig Wurstenberger, Bern
Adj	Samuel Zehnder, Bern
Qm	Franz von Lerber, Bern
Bat Az	Friedrich Lutz, Bern
Fähnrich	N. N. Jordan, Bern
1. Unter Az	Jakob Studer, Bern
2. Unter Az	N.N. Kies
Bat Spiel (15)	Madliswil und Melchnau, BE
Tambourmajor	Jean Meunier, Coppet

1. Kompanie Standeskompanie Bern

Hptm	von Goumoëns, Bern
Oblt	von Werth, Bern
1. Ult	von Büren, Bern
2. Ult	von May, Bern
93 Uof & Sdt	

2. Kompanie (BE)

Hptm	Ludwig von Gingins d'Ecublens, Bern
Oblt	Karl Leemann, Bern
1. Ult	Friedrich Steiger, Bern
2. Ult	Bernhard Zeerleder, Bern
89 Uof & Sdt	

3. Kompanie (BE)

Hptm	Gabriel von Luternau, Bern
Oblt	Samuel Ris, Bern
1. Ult	Ludwig Tscharner, Bern
2. Ult	Gabriel Gerwer, Bern
92 Uof & Sdt	

4. Kompanie (BE)

Hptm	Friedrich Sterchi, Bern
Oblt	Karl Sinner, Bern
1. Ult	Rudolph Sterchi, Bern
2. Ult	Samuel Gerber, Röthenbach
95 Uof & Sdt	

5. Kompanie (BE)

Hptm	Franz von Graffenried-Gerzensee, Bern
Oblt	Albrecht von Wattenwyl-Diesbach, Bern
1. Ult	Friedrich Fischer, Bern
2. Ult	Viktor Hopf, Erlach
97 Uof & Sdt	

2. eidgenössisches Bataillon Holzhalb (ZH)

Stab

Bat Kdt	Oberst Lt Johann Holzhalb, Zürich
Aide-Major	Diethelm Ganz, Rorbass
	Salomon Arter, Zürich
QM	Johannes Oeri, Zürich
Adj	Jakob Michel, Zürich
	Johann Waibel, LU
Bat Az	Johannes Grimm, Weiningen
Fähnrich	Johannes Gross, Bütten
Unter Az	David Zundel, Zürich
	Hans Konrad Hirzel, Zürich
	Heinrich Scheuchzer, Zürich
Tambourmajor	Felix Brunner, Regensberg
Stabs Four	Heinrich Bosshard, Wiedikon
	Kaspar Schmied, Wangen

---

1   STAZH, Akten Bockenkrieg (M 1.7), Etat vom 9. April 1804, und Medaillenverzeichnis vom 6. Oktober 1804, auch in QQ I 1.3, S. 218–226, vom 26. September 1804.
2   Oberst Ziegler war vom eidgenössischen Landammann zum General und Oberkommandierenden der eidgenössischen Truppen ernannt worden. Ziegler, Rang und Titel «General» werden in der Geschichtsschreibung übergangen.

1. Kompanie Standeskompanie Zürich
Hptm	Salomon Hirzel, Zürich
Oblt	Heinrich Escher, Zürich
1. Ult	Konrad Hürlimann, Hombrechtikon
2. Ult	Ulrich Huber, Wipkingen
94 Uof & Sdt	

2. Kompanie
Hptm	Franz Hausheer, Wipkingen
Oblt	Heinrich Bryner, Fehraltdorf
1. Ult	Heinrich Bikel, Affoltern
2. Ult	Rudolf Aeberli, Erlenbach
98 Uof & Sdt	

3. Kompanie (ZH)
Hptm	Heinrich Bleuler, Zürich
Oblt	Paulus Meis, Zürich
1. Ult	Georg Weber, Mönchaltdorf
2. Ult	Jakob Bodmer, Zürich
110 Uof & Sdt	

4. Kompanie (ZH)
Hptm	Ludwig von Orell, Zürich
Oblt	Kaspar Ott, Zürich
1. Ult	Gottfried Meis, Teufen
2. Ult	Bernhard Schweizer, Rheinau
107 Uof & Sdt	

5. Kompanie (ZH)
Hptm	Heinrich Hirzel, Zürich
Oblt	David Engelhard, Zürich
1. Ult	Heinrich Isler, Gutenschwil
2. Ult	Heinrich Grossweiler, Dübendorf
111 Uof & Sdt	

6. Kompanie (ZH)
Hptm	Hans Landolt, ZH
Oblt	Heinrich Mülli, Schöllistorf
1. Ult	Jakob Scheuchzer, ZH
2. Ult	Ulrich Spalinger, ZH
114 Uof & Sdt	

3. eidgenössisches Bataillon May (FR, AG)

Stab
Bat Kdt	Oberst Lt Karl Gott. v. May, Schöftland
Aide-Major	Johann Rudolf Imhoff, Aarau
Kath Fpr	Seraphim Marchand, OFM, Freiburg
	Furer, Baden

1. Kompanie (Standeskompanie Freiburg)
Hptm	Peter von Raemy, Freiburg
Oblt	Philipp von Buman, Freiburg
1. Ult	Hans Haller, Freiburg
2. Ult	Philipp von Maillardoz, Freiburg
108 Uof & Sdt	

2. Kompanie (Standeskompanie Aargau)
Hptm	Johann Nepomuk v. Schmiel, Leibstadt
Oblt	Joseph Frey (†), Guntenswil
	Karl Brentano, Laufenburg
1. Ult	Rudolf Peter, Guntenswil
2. Ult	Karl Senn, Baden
112 Uof & Sdt	

3. Kompanie (AG)
Hptm	Jakob Plüss, Zofingen
Oblt	Jakob Helkhard, Zofingen
1. Ult	Jakob Murer, Attelwil
2. Ult	Heinrich Sommerhalder, Brugg
101 Uof & Sdt	

4. Kompanie (AG)
Hptm	Franz Schazmann, Windisch
Oblt	Jakob Rauber, Windisch
1. Ult	Gottlieb Schäfer, Aarau
2. Ult	Jakob Gyssi, Aarau
104 Uof & Sdt	

5. Kompanie (AG)
Hptm	Joseph Brentano, Laufenburg
Oblt	Xaver Umber, Laufenburg
1. Ult	Xaver Schaufelbühl, Zurzach
2. Ult	Heinrich Attenhofer, Zurzach
112 Uof & Sdt	

4. eidgenössisches Bataillon Gibelin (SO, BS, AR)

Stab
Bat Kdt	Oberst Lt Viktor von Gibelin, Solothurn
Aide-Major	Balthasar Neff, Solothurn
Adj	Franz Sury, Solothurn
Qm	Johann E. L. Lichtenhahn, Basel
Bat Az	Niklaus Loffing, Freiburg
Fähnrich	Amanz Glutz, Solothurn
Unter Az	Christian F. Fels, St. Gallen
Tambourmajor	Franz Joseph Ditzler, Solothurn
Wagenmeister	Johannes Schmiedli, Solothurn

1. Kompanie (Standeskompanie Solothurn)
Hptm	Joseph Brunner, Solothurn
Oblt	Johann Thomann, Solothurn
1. Ult	Johann Meyer, Solothurn
2. Ult	Joseph Guldimann, Solothurn
98 Uof & Sdt	

2. Kompanie
Hptm	Emanuel Hübscher, Basel
Hptm	Christoph Debary, Basel
Oblt	Samuel Schwob, Basel
1. Ult	Johannes Fischer, Basel
1. Ult	Johannes Faesch, Basel
2. Ult	Johannes Günther, Basel
98 Uof & Sdt	

3. Kompanie
Hptm	Ludwig Lüchem, Dorneck
Oblt	Ludwig Tugginer, Solothurn
1. Ult	Lorenz Aregger, Solothurn
2. Ult	Ludwig Bys, Solothurn
97 Uof & Sdt	

4. Kompanie (BS)
Hptm	Ludwig Frey, Basel
Oblt	Wilhelm Brateler, Liestal
1. Ult	Johannes Buxtorf, Basel
2. Ult	Daniel Straumann, Bretzwil
90 Uof & Sdt	

5. Kompanie (AR)
Hptm	Johann Xaver Honnerlag, AR
1. Oblt	Johann Georg Merz, AR
2. Oblt	Hans Ulrich Sturzenegger, AR
1. Ult	Sebastian Mock, AR
2. Ult	Sebastian Rechsteiner, AR
148 Uof & Sdt	

5. eidgenössisches Bataillon Abyberg (SZ, GL, NW)

Stab
Bat Kdt	Oberst Lt Felix Abyberg, Schwyz
Fpr	Pater Luzius, OFMCap, Rickenbach
Qm	Joseph Anton Moser, Rothenthurm
Bat Az	Josef Lienhard Blaser, Steinen
Fähnrich	Balthasar Burkhard, Brunnen
Adj	Melchior Abegg, Steinen
Zugeteilter Art Hptm	Karl Daniel Städelin, Schwyz

1. Kompanie (SZ)
Hptm	J. Balthasar von Hospenthal, Arth
Oblt	Josef Anton Ganginer, Lachen
1. Ult	Johann Franz Hediger, Muotathal
2. Ult	Franz J. Steinegger, Lachen
102 Uof & Sdt	

2. Kompanie (SZ)
Hptm	XX Büeler, Steinen
Oblt	Melchior Abegg, Steinen (= Stab)
1. Ult	Ludwig Blaser, Schwyz
2. Ult	XX Juetz
94 Uof & Sdt	

3. Kompanie (SZ)
Hptm	Josef P. Bammert, Tuggen
Oblt	Niklaus Kälin, Einsiedeln
1. Ult	Josef F. Steinegger, Lachen
2. Ult	Josef Ulrich, Küssnacht
3. Ult	Josef Wihler, Wollerau
120 Uof & Sdt	

4. Kompanie (GL)

Hptm	Konrad Schindler, Mollis
Oblt	Kaspar Langer, Mollis
1. Ult	Melchior Luchsinger, Nidfurn
2. Ult	Christoph Iselin, Glarus
Fähnrich	Andreas Grob, Kerenzen
118 Uof & Sdt	

5. Kompanie (GL)

Hptm	Franz Freuler, Näfels
Oblt	Kaspar Steger, Mitlödi
1. Ult	Melchior Blumer, Schwanden
2. Ult	Pascal Tschudi, Glarus
107 Uof & Sdt	

6. Kompanie (NW)

Hptm	Franz Joseph Schmitter, Stans
Oblt	Joseph Anton Huber, Kerns
41 Uof & Sdt	

6. eidgenössisches Bataillon Gatschet (BE, SH, GR)

Stab

Bat Kdt	Oberst Lt Ludwig Gatschet, Bern
Aide-Major	Rudolf von Graffenried, Bern
Bat Az	Christen Blatter, Ringgenberg

1. Kompanie (BE)

Hptm	Rudolf von Wattenwyl, Bern
Oblt	Rudolf Stürler, Bern
1. Ult	Kaspar Brogg, Hausen
2. Ult	Gottlieb May, Bern
104 Uof & Sdt	

2. Kompanie (BE)

Hptm	Albert Zeerleder, Bern
Oblt	Friedrich Lustorf, Bern
1. Ult	Friedrich Gatschet, Bern
2. Ult	Christen Balmer, Wildenwil
3. Ult	Karl Ludwig von Haller, Bern
Kadett	Karl von Graffenried, Bern
108 Uof & Sdt	

3. Kompanie (SH)

Hptm	Johann Imthurn, Schaffhausen
Oblt	Johann Konrad Imthurn, Schaffhausen
1. Ult	Georg Büel, Stein
2. Ult	Michael Maag, Neunkirch
100 Uof & Sdt	

4. Kompanie (GR)

Hptm	Rudolf von Gugelberg, Maienfeld
Oblt	Jakob Leonhard Stephan, Valendas
1. Ult	Rudolf Amstein, Zizers
2. Ult	Johann Peter Riedi, Obersaxen
96 Uof & Sdt	

Etat des Stadtkommandos

Zürcher Stadtkommando

Stadt Kdt, Oberst	Hans Jakob Meyer, Zürich
Platz Adj, Oblt	Hans Jakob Brunner, Zürich
Sekretär, Oblt	Christoph Reutlinger, Zürich
Stadtquartierhauptmann	Hans Konrad Zimmermann, Zürich
Adj, Hptm	Kaspar Däniker, Zürich
1. Sektionsmajor	Hans Jakob Gessner, Zürich
2. Sektionsmajor	Hans Jakob Zundel, Zürich
3. Sektionsmajor	Gerold Rahn, Zürich
Zeugherr, Art Oberst Wm	David Breitinger, Zürich
Standeslegion Art Kdt	Heinrich Hirzel, Zürich
Stadt Art Kdt	Salomon Wyss, Zürich
Kantonskommissar	Heinrich Nägeli, Zürich
Kriegskommissar	Peter Huber, Zürich
Aufseher der Fussboten	Ochslin, Dietikon
Wagenmeister	Hans Jakob Bosshart, Zürich
Wagenmeister	Heinrich Freudweiler, Zürich

Aufseher des Militärspitals

Dr. med. David Rahn
Stadtschnittarzt Konrad Meyer

Etat der Sondereinheiten, die nicht in eidgenössische Bataillone eingegliedert wurden

1. Freiwillige Infanterie von Zürich
Hptm   Johann Rudolf Römer, Zürich
Oblt   Melchior Nüscheler, Zürich
54 Uof & Sdt

2. Freiwillige Scharfschützen von Zürich
Oblt   Georg Kramer, Zürich
27 Uof & Sdt

3. Artilleriekompanie von Zürich
Hptm   Jakob Christoph Reinacher, Zürich
Ult   Kaspar Vögili, Zürich
90 Uof & Sdt

4. Jägerkompanie von Zürich
Capitain Lt   Jakob Zeller, Hirschlanden
53 Uof & Sdt

5. Flotte
Keine Angaben

10. Platzkommando Winterthur
Platz Kdt   Gottlieb Melchior Steiner, Winterthur
Platz Major   Kaspar Hess, Wülflingen
Platz Adj   Antonius Künzli, Winterthur

Zusammensetzung des eidgenössischen Kriegsgerichts

Präsident und Oberrichter   Abraham Friedrich von Mutach, Bern
Stabsauditor   Hans Konrad von Meiss, ZH
1. Stabsoffizier   Oberst F. Hauser, GL
2. Stabsoffizier   Oberst Lt L. Kirchberger, BE
1. Hauptmann   Johannes Schmiel, AG
2. Hauptmann   Peter von Raemy, FR
1. Subalternoffizier   Joseph von Sury, SO
2. Subalternoffizier   Melchior Abegg, SZ
1. Unteroffizier   Franz von Salis, GR
2. Unteroffizier   Alexander Sarasin, BS
1. Gemeiner   Felix Gnehm, SH
2. Gemeiner   Sebastian Klaarer, AR
1. Sekretär   Konrad Schindler, ZH
2. Sekretär   Heinrich Hottinger, ZH

Die Verteilung der Medaillen nach Kantonen[1]

Verteilt durch	G 40	G 20	G 10	S 6	S 3	S 2	S 1
Militärkommission Zürich	1	1	–	6	73	505	745
Staatskanzlei Zürich	–	3	–	2	–	10	2
Staatskanzlei Bern	–	1	–	1	37	301	401
Staatskanzlei Schwyz	–	1	–	2	16	–	320
Staatskanzlei Unterwalden	–	–	–	–	–	–	41
Staatskanzlei Glarus	–	–	–	–	–	–	225
Staatskanzlei Basel	–	–	–	–	12	–	191
Staatskanzlei Freiburg	–	–	–	1	5	94	41
Staatskanzlei Solothurn	–	–	–	2	11	–	203
Staatskanzlei Schaffhausen	–	–	–	–	5	–	100
Staatskanzlei Appenzell AR	–	–	–	–	6	–	151
Staatskanzlei Graubünden	–	–	–	–	6	–	98
Staatskanzlei Aargau	–	–	2	1	20	100	350
Total	1	6	2	15	202	1 010	2 841

G = Goldmedaille im Wert von 40, 20 oder 10 Gulden
S = Silbermedaille im Wert von 6, 3, 2 oder 1 Neutalern

---

1 STAZH, Akten Bockenkrieg (N 1.7) vom 27. Oktober 1804. – Es ist festzuhalten, dass die Anzahl der durch die Kantone verteilten Medaillen nicht identisch mit dem Truppenetat sein muss. So wurde zum Beispiel den Mitgliedern des eidgenössischen Kriegsgerichts das Gedenkstück direkt von Zürich verehrt.

Hans Rudolf Fuhrer

Ein asymmetrischer Krieg?

«Als ‹Bockenkrieg› figuriert der kurzlebige Aufstand einiger Zürcher Landschäftler im Geschichtsbuch – ein allzu gewichtiges Etikett für die Strafexpedition vom Frühling 1804, die eine drückend überlegene Streitmacht von Stadtzürchern und Hilfstruppen im Kampf gegen einige hundert Aufrührer sah» (Hans Peter Treichler, Der Bockenkrieg – Revolutiönchen als Nagelprobe).

Problemstellung

Der Bockenkrieg von 1804, der bewaffnete Aufstand eines Teiles der zürcherischen Landbevölkerung, gehört zum militärhistorischen Phänomen der «Volksaufstände», also zu den inner- oder intrastaatlichen Kriegen. Die Ursachen dieser Volkserhebung sind bekannt: Ende des ersten Mediationsjahres 1803 wurde sich die Zürcher Regierung bewusst, dass einige ihrer gesetzlichen Neuerungen in der Zürcher Landschaft auf Widerstand stiessen. Die Organisation des Gerichtswesens weitgehend nach früherem Muster, die Gesetze zu den Landschulen, zur Pfarrerwahl und insbesondere zum Loskauf der Zinsen und Zehnten entsprachen nicht den Interessen weiter Kreise der Landbevölkerung.[1] In Zürich trafen Klageschriften mit «helvetischen» Forderungen nach Gleichheit, Freiheit und Brüderlichkeit ein, wie fast zehn Jahre zuvor das «Stäfner Memorial» in höflichem Ton abgefasst.

Um allfälligen Unruhen vorzubeugen und die Ansprüche der neuen Regierung sichtbar zu machen, beschloss der Grosse Rat am 14. Dezember 1803, im kommenden März eine Vereidigung der ganzen Bevölkerung durchzuführen. Das war nicht problemlos. Es schien, als ob der Abzug der letzten französischen Truppen den Widerspenstigen Mut verliehen hätte. Was sollte diese neue Machtdemonstration der Stadt? Auf die Verfassung konnte man schwören, nicht aber auf diese diskriminierenden Gesetze.

Während die Vereidigung in den beiden grossen Städten Zürich und Winterthur relativ problemlos über die Bühne ging, wurde sie in einigen Gemeinden am Zürichsee sabotiert. Es kam am 16. und 17. März vor allem in Wädenswil, Richterswil, Horgen, Hütten und Schönenberg am linken Seeufer und in Zollikon und Meilen am rechten

Seeufer, aber auch in weiteren rund 40 Gemeinden im Kanton zu Tumulten, Verhöhnungen der Regierungsvertreter und zur Besudelung der traditionellen blau-weissen Standesfarben sowie zu Gewaltandrohungen gegen die Obrigkeit.

Die Zürcher Regierung bangte um Ruhe und Ordnung im Kanton, und der Landammann der Schweiz, in jenem Jahr der Berner Schultheiss Niklaus Rudolf von Wattenwyl (1760–1832), befürchtete ein Übergreifen der Unruhe auf andere Kantone. Eine abermalige französische Intervention wollte er um jeden Preis verhindern. Die zürcherischen Truppen waren nicht in der Lage, erfolgversprechend einzugreifen. Die Regierung forderte subsidiär Bundeshilfe an, die aufgrund der Mediationsakte (§ 1 und § 20) legal gewährt werden konnte.

Der erste gemeinsame Einsatz von kantonalen Bundeskontingenten zur Wiederherstellung von Ruhe und Ordnung in einem Kanton in der Zeit der Mediation konnte angeblich, wie das einleitende Zitat Treichlers aussagt, mit grosser Übermacht geführt werden. Der Kampf Ende März / Anfang April war somit in jeder Beziehung sehr ungleich – eine kleine Schar Aufständischer gegen die vereinigte Bundesmacht.

War also, im modernen Sinne gesprochen, der «Bockenkrieg» ein «asymmetrischer» Krieg?

Um zu beurteilen, ob das heute inflationär verwendete Phänomen des asymmetrischen Krieges – man spricht gar schon von «asymmetrischen Gefahren»[2] – gegeben sei, müssen wir uns zuerst begriffliche Klarheit verschaffen.

Zum Begriff des asymmetrischen Krieges

Zuerst drängt sich der Begriff «Krieg» auf. Diesen müssen wir in unserem Fall gleich relativieren. Die Schiesserei bei der Hanegg auf dem Wädenswilerberg, in Oberrieden und Horgen sowie aus und um das Landgut «Bocken» ob Horgen ging zwar als «Bockenkrieg» in die Geschichte ein, doch in den zeitgenössischen Quellen spricht man meistens nur von «Zürcher Unruhen». Auch die Analyse der Ereignisse ergibt, dass es gar kein «Krieg» im engeren Sinne war, sondern nur ein «bewaffneter Konflikt» oder eben eine Bundesexekution gegen Unruhestifter. Im modernen Sinne müsste man von einem eidgenössischen Ordnungsdienst oder einem subsidiären Truppeneinsatz zugunsten der Zürcher Regierung sprechen. Die Treichlersche Diskriminierung «Revolutiönchen» verwerfen wir, da sie dem Ernst der Sache nicht gerecht wird.

Den in einem gewaltsamen Konflikt zwischen Staaten verwendeten Begriff «Krieg» können wir somit ausklammern.[3] In einem solch zwischenstaatlichen Krieg stehen Regierungen gegen Regierungen, Heere kämpfen gegen Heere, Soldaten kämpfen gegen

«Vorstellung der Beschiessung von Horgen, den 28ten Merz 1804.» Stich von J. J. Aschmann (1747–1809). – Die Beschiessung erfolgt von Oberrieden her.

Soldaten, vergleichbare Waffen werden gegeneinander eingesetzt, ähnliche Strategien und Taktiken werden von beiden Seiten angewandt, und beide Kontrahenten streben die Entscheidung in einer Schlacht an. Der interstaatliche Krieg folgt somit weitgehend den Formen der Symmetrie.

Wir sind uns dabei bewusst, dass die Asymmetrie im Krieg so alt ist wie die Kriegs- und Menschheitsgeschichte. Das klassischste aller Beispiele der Asymmetrie in einer Schlacht ist der zu einem Mythos übersteigerte Kampf zwischen David und Goliath: Ein Schwächerer nützt mit List seine schwachen Mittel, um einen Stärkeren zu besiegen. Es gehört zur Natur des Krieges, dass er asymmetrische Elemente enthält.

Trotzdem nützen wir den symmetrischen zwischenstaatlichen Krieg als doppelte Antithese zu einem asymmetrischen Krieg im Innern eines Landes.

Die zu beweisende These lautet demnach: Waren die «Zürcher Unruhen» ein asymmetrischer intrastaatlicher Krieg?

Der «Bockenkrieg» war zweifellos ein intrastaatlicher, ein «innerer Krieg», auch wenn die Eidgenossenschaft der Mediationszeit als lockerer Staatenbund nur wenigen Kriterien eines modernen Nationalstaates entsprach. Die Auseinandersetzungen am Zürichsee waren aber anscheinend kein «Bürgerkrieg»; zumindest wird der Begriff dafür kaum ernsthaft verwendet. Zu gering war der militärische und politische Organisierungsgrad der bewaffneten Gruppen der Zürcher Landschaft und ihrer Sympathisanten in anderen Kantonen.[4] Die Begriffe des «bewaffneten Aufstandes», der «Rebellion» oder im zeitgenössischen Sinne der «Unruhen» sind zweifellos treffender.

Die historische Erfahrung zeigt, dass die Kriege im Innern eines Landes (Regierung gegen Aufständische/Terroristen/Freiheitskämpfer im Sinne des Ordnungsdienstes, eine Volksgruppe gegen eine andere im Sinne ethnischer oder politisch-wirtschaftlich-religiös motivierter Kämpfe usw.) meist nicht den Gesetzen der Symmetrie entsprechen. Beide Gruppen handeln anders, denken anders, sind anders organisiert, haben andere strategische Ziele, stützen sich auf eine unterschiedliche Zahl von Kämpfern, verwenden andere Waffensysteme und Kampfformen. Die Kontrahenten verfügen qualitativ und quantitativ über ungleiche Ressourcen.

Wir wollen den Begriff des «asymmetrischen Krieges» im Sinne der lexikalischen Bedeutung der «Ungleichheit» als Arbeitshypothese so definieren: Der «asymmetrische Krieg» beschreibt die Kriegführung einer unterlegenen Kampfpartei gegen eine qualitativ und quantitativ besser ausgerüstete. Sie nützt vor allem die Schwächen des übermächtigen Gegners schonungslos aus.[5]

Aktuelle Diskussion

Gleich regt sich in uns der Widerspruch. Was soll dieser moderne Begriff für die Analyse eines historischen Konfliktes taugen?

Zweifellos ist der «asymmetrische Krieg» ein vielgebrauchtes Wort unserer heutigen Krisenlage. Er tauchte 1999 im Zusammenhang mit der Nato-Intervention «Allied Force» im früheren Jugoslawien erstmals in der internationalen Diskussion verbreitet auf. Die Nato-Planer mussten erstaunt feststellen, dass ihre technologisch überlegenen Waffensysteme gegen die jugoslawische Volksarmee weitgehend wirkungslos waren. Die JVA verfolgte eine Verteidigungskonzeption, die der schweizerischen Doktrin der «Abwehr» nicht unähnlich war: Ausnützen des Geländes, Dezentralisation der Mittel, Tarnung und Täuschung sowie Deckung zum Überleben des feindlichen Feuers. Dank all diesen taktischen Massnahmen sollen noch genügend eigene Mittel für den Kampf aus den vorbereiteten Stellungen gegen den terrestrischen Feind vorhanden sein. Nach Abschluss des Krieges um das Kosovo fand eine Arbeitsgruppe, die durch General Wesley K. Clark mit der Analyse der Wirkung der Luftschläge beauftragt worden war, lediglich 17 Panzerwracks.[6] Offensichtlich hatten die Kampfpiloten mit ihren hochpräzisen Waffen nicht getroffen oder lediglich auf Attrappen geschossen. Auf jeden Fall stimmten Abschussmeldungen und das feststellbare Resultat am Boden nicht überein.

Andere moderne Formen der Asymmetrie beherrschen die Medienberichte über den Konflikt im Nahen Osten: Palästinensische Knaben werfen Steine gegen israelische Panzer; Attentate aus dem Hinterhalt werden gegen US-Soldaten und ihre Verbündeten im Irak verübt. Selbstmordattentate gegen Kultlokale des Feindes oder gegen dessen Verwaltungseinrichtungen töten in Istanbul unschuldige Passanten usw. Die Kette des asymmetrischen Schreckens kennt bisher kein Ende.

Vor allem sind es terroristische Akte in der ganzen Welt, die angeblich mit dem 11. September 2001 begonnen haben und vorwiegend der Terrororganisation Al-Kaida zugeschrieben werden, welche die asymmetrische Kriegführung massgeblich repräsentieren.[7]

Was ist diesen Akten der Gewalt gemeinsam? Asymmetrische Angriffe überraschen immer durch Zeitpunkt, Einsatz der Waffen und Wahl des Zieles. Der Stärkere versucht im Gegenzug, seinen Technologievorsprung zu vergrössern oder die grössere Zahl an Kämpfern und Mitteln zu seinen Gunsten einzusetzen. Damit verstärkt er seinerseits die Asymmetrie. Die Grossmacht führt nun einen «dissymmetrischen Krieg».[8]

Wir haben uns mit der Frage beschäftigt, ob wir eine gewaltsame Auseinandersetzung vor 200 Jahren mit den Kriterien eines modernen Krieges bewerten können. Auf den ersten Blick haben sich unübersteigbare Hindernisse vor uns aufgebaut; doch auch in dieser Fragestellung müssen wir feststellen, dass die historischen Wurzeln der asymmetrischen Kriegführung weit in die Vergangenheit zurückreichen. Die Theorien des revolutionären Kampfes, des Kampfes eines anfänglich Schwächeren gegen einen Übermächtigen, beispielsweise eines Mao Zedong aus der ersten Hälfte des 20. Jahrhunderts, basieren vorwiegend auf den Erkenntnissen von Sun Tzu, der sie bereits 510 v. Chr. aufgeschrieben hat. Auch die Protagonisten des «indirekten Krieges», der Vermeidung der direkten Konfrontation zugunsten von Schädigungen des Feindes aller Art, beispielsweise André Beaufre oder Basil Henry Liddell Hart, stützen sich ausschliesslich auf historische Beispiele. Zweifellos haben diese theoretischen Ansätze nun mit dem aktuellen «asymmetrischen Krieg» eine Erweiterung und Aktualisierung erfahren.

Die meisten amerikanischen Strategen sind heute der Meinung, dass Asymmetrie nicht nur zur strategischen Ebene gehöre, sondern alle Aspekte der kriegerischen Auseinandersetzung betreffe.[9] Jacques Baud legt das Gewicht ebenfalls auf die verschiedenen unterschiedlichen Ebenen der Konfliktaustragung. Er postuliert in seinem erst kürzlich herausgegebenen Buch «La guerre asymétrique», dass die bisherige vorwiegend quantitative Definition eines asymmetrischen Krieges durch Einbeziehung anderer Aspekte, zum Beispiel psychologischer Art, ergänzt werden müsse.[10] Es gehe einem materiell unterlegenen Kämpfer darum, den Gegner durch begrenzte Aktionen in all seinen Lebensbereichen maximal zu schädigen und durch kämpferische Entschlossenheit die stärkere Streitmacht in ihren psychologischen Grundfesten zu schwächen sowie die Schwächen einer technisierten, vernetzten, satten und egoistischen Wohlstandsgesellschaft schonungslos auszunutzen. Ein asymmetrischer Krieg habe keine Fronten mehr, betont Baud, und deshalb komme es nur mehr selten zu Gefechten oder zu grossen Schlachten. Der «asymmetrische Krieg» könne unverhofft und überraschend überall ausbrechen.[11]

Das scheint uns für unsere Analyse ein brauchbarer Ansatz zu sein. Konkretisieren wir unsere Arbeitsthese. Suchen wir nach objektivierbaren Ungleichheiten. Wir unterscheiden dabei die folgenden Untersuchungsgegenstände:

– Asymmetrie der verfügbaren Kämpfer (quantitative personale Ressourcen)
– Asymmetrie des Organisationsgrades und der Ausbildung (qualitative personale Ressourcen)
– Asymmetrie der Kampfmittel und der verwendeten Kampfverfahren (quantitative und qualitative materielle Ressourcen)
– Asymmetrie des Kampfwillens und der strategischen Ziele (psychologische und ideologische Ressourcen)

Die Elemente asymmetrischer Kriegführung im Bockenkrieg – ein Versuch

Asymmetrie der verfügbaren Kämpfer (quantitative personale Ressourcen)

Die zwei Gegner, die sich in dieser gewaltsamen Auseinandersetzung gegenüberstanden, waren zum einen Teile der Landbevölkerung am Zürichsee, schwergewichtig aus dem Bezirk Horgen, und zum andern die von der Regierung in Zürich um Hilfe angegangene Tagsatzung mit ihren kantonalen Kontingenten.

Der Schlossbrand von Wädenswil (24./25. März 1804, in der Nacht auf den Palmsonntag) kann als weithin sichtbarer Ausbruch des bewaffneten Konflikts bezeichnet werden. Auf dem Wädenswilerberg sammelten sich in der Folge einige bewaffnete Haufen. Bei der «Tanne» in Schönenberg trafen am Abend des 26. März etwas über 50 Horgner ein. Darunter waren auch die späteren Anführer des Aufstandes, der Chirurg Josua Trüb (als Feldscherer angeworben), der Bäcker Heinrich Suter (Verfasser verschiedener Aufrufe «an die teuren Mitbürger» und später als Unterführer bestimmt), der Scharfschützenleutnant Johannes Höhn und der spätere «Chef der gerechtigkeitsbegehrenden Truppen», wie er sich selber nannte, der Schuhmacher Johann Jakob Willi (1772–1804).[12]

Willi hatte seine Gesinnungsgenossen nach der von ihm missbilligten Einäscherung des Wädenswiler Schlosses bei der Ehre genommen und sie aufgefordert, wenn es ihnen ernst sei, Widerstand zu leisten, sich zu bewaffnen und zu organisieren. Als Treffpunkt bestimmte er das Restaurant «Tanne» und als Besammlungszeit abends um 10 Uhr. Den Horgenern befahl er, sich auf der Horgener Allmend zu versammeln, um auf der «Tanne» zu den übrigen zu stossen, schildert Hauser den nächtlichen Auszug.[13] Jakob Kleinert, Tischmacher von Schönenberg und einstiger französischer «Chasseur», wurde aus dem Bett geholt, zum Mitmachen gezwungen und zum Hauptmann ernannt. Die verschiedenen Gruppen versammelten sich schliesslich auf der Burghalden ob Richterswil. Es mögen etwas über 200 Mann gewesen sein.

Dem Versuche, weitere Kämpfer zu werben, war unterschiedlicher Erfolg beschieden. Willi schickte vier ehemalige helvetische Offiziere los, die alle Bauern auf den umliegenden Höfen aus dem Bett zu holen hatten und diese zum Mitmarschieren zwingen sollten.[14] Einzelne Männer konnten für die Sache gewonnen werden, wenn auch in ungenügender Anzahl. Hauptmann Jakob Kleinert versuchte am 27. März im früher aufständischen Stäfa auf dem rechten Zürichseeufer die Bevölkerung zum Mittun zu überreden, doch er konnte keinen einzigen Mann ausheben.[15] Eine Gruppe von 50 Mann unter Höhn marschierte ebenfalls am 27. März nach Affoltern, um die Freunde im Knonauer Amt gegen mögliche Aushebungen von Milizen zu unterstützen. Zu einer echten Kooperation und zu einer Koordination der Aktionen kam es auch hier nicht.

Die Hauptmacht von rund 250 Männern unter Willi zog nach Richterswil, um den Gemeinderat zur Teilnahme zu zwingen. Ohne dass dieser ein Volksaufgebot erlassen hatte, schlossen sich einige Bürger dem Auszug an. Anschliessend versuchte Willi in Horgen die Bürger zum Aufstand zu überreden. Der Horgener Gemeinderat widersetzte sich dem Begehren der Aufständischen ebenfalls, konnte jedoch nicht verhindern, dass einzelne in die Kirche eindrangen, Sturm läuteten und so die Leute zusammenriefen.

Wir können davon ausgehen, dass Willis Kämpfer am Abend des 27. März etwa 450 bis 650 Mann zählten.[16] Dazu müssten wir die Sympathisanten im Oberland und im Knonauer Amt zählen, die aber nicht ins Kampfgeschehen vom nächsten Tag einbezogen wurden und deshalb hier vernachlässigt werden können. Die genaue Zahl der Rebellen ist sehr schwer eruierbar. Auf jeden Fall wurden im April 120 als Anführer und Aufrührer verurteilt; gegen rund 1000 verdächtige Mitläufer wurde polizeilich ermittelt.

Die Gegner der Aufständischen waren neben den sich feindlich oder mindestens neutral verhaltenden Mitbürgern das eidgenössische Truppenaufgebot. Dieses war nach einem Hilferuf der Zürcher Regierung vom Landammann der Schweiz, Niklaus Rudolf von Wattenwyl[17], bewilligt worden. Schon im Januar hatte der Berner Schultheiss die Zürcher Regierung angefragt, ob die öffentliche Ruhe und Ordnung mit eigenen Mitteln garantiert werden könne. Er wolle der französischen Regierung unter keinen Umständen einen weiteren Interventionsgrund liefern und den französischen Truppenabzug nicht verzögern. Als Bonaparte abmachungsgemäss die letzten Okkupationsverbände zurückgezogen hatte, verstärkte sich Wattenwyls Befürchtung, durch unkontrollierte Unruhen in der Eidgenossenschaft die abermalige Rückkehr der Franzosen zu provozieren. Er bezeichnete den Ungehorsam in der Zürcher Landschaft als «ewigen Schandfleck» und eine erneute französische Intervention als «unabsehbares Unglück» für die Eidgenossenschaft.[18]

Am 11. März, also noch vor der Eidesleistung der Bevölkerung auf die neue Verfassung, sicherte er der Zürcher Regierung alle erdenkliche Hilfe zu und drohte eine Woche später den sich immer noch störrisch zeigenden Gemeinden mit «unerbittlicher Strenge» und mit «schrecklichen Strafen». Bis auf den «letzten Heller» seien die Kosten eines eidgenössischen Aufgebots durch die schuldigen Gemeinden zu bezahlen.

Am 18. März liess Wattenwyl eine Proklamation in den Aufruhrgebieten anschlagen, die folgenden Wortlaut hatte:

«Wozu führt euch die Verkehrtheit einiger Aufwiegler? Glaubet ihr Abänderung von weislich erdachten Gesetzen ertrotzen zu können? Gott und das Vaterland seien Zeugen meines festen Entschlusses, nicht zu ruhen, bis eure aufrichtigste Reue gewährleistet ist. Gegen zusammengerottetes Volk gebietet selbst die Menschlichkeit Strenge. Unterwerfung muss der Untersuchung vorangehen. Der erste Wink eurer Regierung findet mich bereit, eidgenössische Truppen gegen euch ziehen zu lassen. Dann aber wird die Strafe für euch eine schreckliche sein.»[19]

Inzwischen hatte er Vorkehrungen für eine militärische Intervention getroffen. Die Zürcher Regierung forderte vorerst den Zuzug von 600 Mann. Ein Bataillon wollte man selber stellen. Wattenwyl bot zwei Berner sowie je eine Freiburger und eine Aargauer Standeskompanie auf. Als Krisenstab wurde am 20. März eine «Ausserordentliche Standeskommission» eingesetzt, an deren Spitze Bürgermeister Junker Hans von Reinhard (1755–1835) stand. Dieser betrachtete Verhandlungen mit den Unzufriedenen als Schwäche und war deshalb ein zweifelhafter Wert für eine friedliche Konfliktregelung.

Im Protokoll der Standeskommission vom 21. März lesen wir seine Tonart:

«Wir sehen vor, dass das durch fünf Revolutionsjahre verwilderte Volk nicht anders als durch militärisches Vorgehen zum unbedingten Gehorsam gegen seine gesetzliche Obrigkeit gebracht und von dem unglückseligen Wahne geheilt werden kann, es dürfe Gesetze vorschreiben.»[20]

Er hatte zudem keine Kriegserfahrung und war wahrscheinlich froh, dass Wattenwyl die Initiative und das militärische Handeln übernahm. Diese strategische Schwäche sollte sich während seines zweiten Amtsjahres als Landammann der Schweiz im Dezember 1813 beim Durchzug eines österreichischen Heeres durch die Schweiz unter Missachtung der Neutralität wiederholen.[21] Dieser bestimmte Jakob Christoph Ziegler zum Pelikan (1768–1859), einen erfahrenen Offizier aus französischen und österreichischen Diensten und Brigadekommandant der helvetischen Kontingenttruppen, am 23. März zum Oberkommandierenden der eidgenössischen Interventionstruppen. An diesem Tage trafen bereits je eine Aargauer und Berner Kompanie ein. Die Aufstellung der freiwilligen Zürcher Miliz ging nur zögerlich vor sich. Seit dem 12. Dezember 1803 verfügte der Kanton über eine Standeskompanie von 103 Mann. Zur Organisation der kantonalen Miliz war am 23. Dezember 1803 ein Militärgesetz beschlossen worden, doch ausser der Besetzung einiger Kaderstellen war noch nichts geschehen. Seit dem 4. Februar 1804 existierten die gesetzlichen Grundlagen für eine Standeslegion. Sie umfasste – vorerst auf dem Papier – einen Stab, eine Kompanie leichter Reiter (Chevauxlégers, 58 Mann), eine Kompanie Artillerie (80 Mann) sowie je eine Scharfschützen-, Füsilier- und Jägerkompanie.

Wattenwyl riet, ohne genügende Übermacht vorerst noch nichts zu unternehmen, drückte jedoch ständig auf einen möglichst schnellen Entscheid.

«Vorstellung der Flucht der Eidgenössischen vor Cheff Willis Truppen und Erbeutung einer Canone von Ersteren bey Hanegg, den 29. Marti 1804.» Stich von J. J. Aschmann (1747–1809).

«Vorstellung des Brands bey Bocken bey Beendigung des Gefechts zwischen den Eidgenössischen und Cheff Willis Truppen und Rückzug der Ersteren von dort.» Stich von J. J. Aschmann (1747–1809).

Unzählige Gerüchte waren im Umlauf. Die regierungstreuen Behörden meldeten von überall her besondere Vorkommnisse, und vor allem am oberen Zürichsee wussten insbesondere die geflüchteten Vertreter von einer Drohung der Aufrührer, eine Annäherung von Truppen werde als Provokation empfunden und nicht ohne Gewaltanwendung geduldet. Noch war jedoch alles ruhig in den Gemeinden, bis der Brand des Wädenswiler Schlosses den berühmten Funken ins Pulverfass schleuderte.

Am 28. März, noch vor Tagesanbruch, führte Ziegler seine kleine Streitmacht dem Feind entgegen. Ihm standen anfänglich insgesamt 3 Stabsoffiziere, 39 Hauptleute und Lieutenants, 746 Unteroffiziere und Soldaten sowie 40 Zürcher Freiwillige zur Verfügung.[22] Auf vier Schiffen wurden vier Zweipfünderkanonen und etwas Begleitinfanterie nach Horgen transportiert.[23] Eine mit Artillerie verstärkte Abteilung, von Ziegler selber befehligt, nahm von Wollishofen aus den Weg über die Höhe des Zimmerberges, eine zweite, mit einer Kanone und einer Haubitze verstärkt, zog dem See entlang. Eine dritte Kolonne marschierte in der Mitte.

In Oberrieden kam es zum ersten Zusammenstoss mit einer Abteilung der Aufständischen. Das Dorf wurde von den Eidgenössischen im Sturm erobert, die sich an der Bevölkerung für die Beschiessung rächten.

Willi hatte in Horgen nur noch wenige Truppen, da einerseits das Sturmläuten nichts gefruchtet hatte, ja unter den Kanonenschüssen der Eidgenössischen zum Schweigen gebracht worden war. Andererseits hatte die Annäherung der Schiffe unter seinen Leuten Angst und Schrecken verbreitet. Der Kommandant der Flottille, Artillerie-Stabshauptmann Paulus Schulthess-von Schneeberger (1773–1844)[24], zwang den Horgener Gemeinderat, zu schwören, dass sie mit den Aufständischen nie in Verbindung gestanden hätten. Damit war die Loyalität von Horgen gesichert.

Willi zog sich mit seiner Schar auf den Berg zurück. Dort war es bereits zu verschiedenen Gefechten mit anderen Gruppen gekommen, die alle zugunsten der Ordnungstruppen ausgingen. Die mittlere eidgenössische Kolonne begann sich aber zusehends aufzulösen. Teile eilten dem Kampflärm am Seeufer entgegen, um ihren Kameraden zu helfen. Die restlichen verfolgten die fliehenden Aufständischen bis zur Hanegg. Ziegler geriet mit seinen Leuten in sumpfiges und waldiges Gelände. Im Morast ging eine mitgeführte Kanone verloren und konnte von den Aufständischen erobert werden. Die Munitionskarren hatten zudem den vorstürmenden Truppen nicht zu folgen vermocht.

Willi hatte ebenso seine letzten Getreuen gesammelt und wagte den Vormarsch gegen das Bockengut. Dort entspann sich ein heftiges Gefecht. Die Scheune ging dabei in Flammen auf. Ziegler entschloss sich, seine Truppen zuerst in Kilchberg zu versammeln und dann nach Zürich zurückzuführen.

Die eidgenössischen Kompanien hatten 12 Tote zu beklagen und 14 Verwundete ärztlich zu versorgen. Der freiburgische Korporal Gobert wurde gemäss Totenbuch von St. Peter zu Zürich auf dem Friedhof bei St. Anna «mit militärischen Ehren, nach katholischem ritum» begraben. Es war dies die erste offizielle katholische Bestattung auf Zürcher Stadtgebiet nach der Reformation.[25] Die Aufständischen betrauerten vier Tote und hatten vier Verwundete in ihren Reihen.

Diese knappe Schilderung der verschiedenen Treffen am 28. März zeigt, dass keine der Parteien jeweils zahlenmässig eine klare Übermacht hatte. Beide Seiten verfügten total über etwa 800 Kämpfer, die jedoch nirgends geschlossen auftraten, so dass sich lokale Ungleichheiten vermuten lassen. Von einer quantitativen Asymmetrie kann jedoch nicht gesprochen werden. Ganz anders sah es in der Folge aus.

Der auf der Bocken leicht verwundete Willi versuchte zunächst den allgemeinen Aufstand zu organisieren. Am 1. April setzte er mit wenigen Getreuen über den See, um die Sympathisanten im Oberland zu mobilisieren. Auch hier fand er nur verbale Zustimmung, ohne dass sich ihm Mitkämpfer anschlossen. Die Gemeindebehörden und grosse Teile der Bevölkerung – selbst im Zentrum des Widerstandes – hatten sich längst von ihm losgesagt und taten nun alles, um mit Wohlverhalten und Zeichen des Gehorsams dem drohenden Strafgericht zu entgehen. Willi musste flüchten, und seine Schar zerstreute sich. Als er gefangen wurde, war er allein.

Das wenig überzeugend verlaufene Gefecht vom 28. März veranlasste Wattenwyl, weitere Truppen aufzubieten und die säumigen Kantone zu mahnen. Rund 3500 Mann, sechs Bataillone mit Kompanien aus den Kantonen Zürich, Bern, Aargau, Freiburg, Solothurn, Basel, Appenzell, Schwyz, Unterwalden, Glarus, Schaffhausen und Graubünden sowie über 800 Freiwillige, vorwiegend aus dem Kanton Zürich, rückten schliesslich ins Feld.[26] Am 3. April gegen Mittag unternahm Ziegler einen zweiten Auszug mit der nun versammelten ganzen Macht. Eine Kolonne zog durch das Amt und erreichte über die Sihlbrücke bei Hirzel am folgenden Morgen den Raum Schönenberg. Eine zweite Kolonne nahm wiederum den Weg über die Höhe des Zimmerbergs und eine dritte den Seeweg. Erneut landete eine Zürcher Flottille mit Kanonen in Horgen. Über Schindellegi rückte eine Schwyzer Scharfschützenkompanie bis Hütten vor. Ihnen folgten Berner Oberländer Scharfschützen. Die Zuger Miliz vervollständigte die Abschliessung des Raumes. Nirgends zeigte sich eine Spur von Widerstand. Vorsichtshalber zwang man die Bevölkerung, ihre Waffen abzugeben. Viele zogen es vor, ihre Gewehre selber zu zerstören oder zu verstecken, als diese Schmach auf sich zu nehmen, wie sie die Stäfner fast zehn Jahre zuvor hatten erleiden müssen.[27] Am 7. April setzte Ziegler mit der Hauptmacht ans rechte Seeufer über. Unter Oberst Hauser liess er eine Besatzungstruppe von acht Kompanien im Hauptwiderstandsgebiet stehen. In einer Scheune in Oberhausen bei Stäfa wurde der sich dort nach abenteuerlicher Flucht versteckt haltende Willi gefangengenommen. Damit war der Krieg beendet, und die Rachejustiz konnte walten.

Zusammenfassend kann man sagen, dass rein quantitativ betreffend personellen Ressourcen in der ersten Phase der Auseinandersetzungen keine Seite die klare Übermacht hatte. Beide Parteien verfügten über rund 800 Mann. Erst in der zweiten Phase waren die Verhältnisse völlig anders. Jetzt standen fast 4000 Mann gegen keinen einzigen sich offen zeigenden Feind. Die Asymmetrie gilt also nur für den Auszug vom 3. bis 7. April 1804, während dessen es aber zu keinem Gefecht mehr gekommen ist.

Asymmetrie der Organisation und Ausbildung (qualitative personale Ressourcen)

Der Grad der Organisiertheit und der Ausbildung der beiden Parteien ist unvergleichlich. Statthalter Wild von Richterswil, welcher sich vor der Revolte nach Bäch (SZ) in Sicherheit gebracht hatte, schildert am 27. März den Zustand der Aufständischen in grellen Farben. Die Absicht der Aufständischen unter Willi bestehe darin, «die junge Mannschaft mit sich in den Tod zu schleppen und inzwischen mit Fressen und Saufen und Stehlen einiges an sich zu ziehen». Die meisten seien wahre Halunken. Wegen der Jugendlichkeit der Mannschaft und ihrer ungenügenden Bewaffnung meinte er, die Fahrt sei bis jetzt eher eine Art friedlichen Bummelzuges nach Richterswil und Wädenswil.[28]

Auch der Gemeindeammann Hüni von Horgen liess keinen guten Faden an der Kriegstauglichkeit der Aufständischen. Er meldete ebenfalls am 27. März, eine Schar Böswilliger ziehe oben am linken Ufer des Sees von Ort zu Ort, um die Gutwilligen zu massregeln und einzuschüchtern. Da der wilde Pöbel sich an Personen und am Eigentum vergreifen könnte, habe sich ein Teil der Bedrohten auf Schwyzer Boden geflüchtet. Gewalttaten seien jedoch bis jetzt unterblieben. Es seien alles Menschen, «die zur verworfensten Klasse» gehörten.[29]

Quellenkritisch müssen diese beiden Äusserungen mit Vorsicht gewertet werden, gehörten doch die beiden Berichterstatter der Gruppe an, die ganz in ihrem Standesdenken eingeschlossen war und im Falle des Sieges der Aufständischen nichts Gutes zu erwarten hatte. Trotz ihrer feindlichen Haltung müssen beide zugeben, dass es bisher zu keinen nennenswerten Übergriffen gekommen sei. Die basisdemokratisch gewählten Führer vermochten offensichtlich in ihren zusammengewürfelten Haufen eine gewisse Ordnung aufrechtzuerhalten. Sie liessen keine schlimme Disziplinlosigkeit zu. Das fordert Achtung ab. Diese soldatische Qualität zeigten die eidgenössischen Truppen nicht an allen Orten. Es sind böse Übergriffe bekannt. Die Aufständischen schreiben deswegen am Abend des 28. März an den Gemeinderat von Uetikon: «In Horgen haben die Feinde erbärmlich gehaust und Leute getötet, die keine Waffen trugen, auch fürchterlich gestohlen.»[30] Schneebeli bestätigt, das Totenbuch von Horgen nenne drei Männer und eine Frau, die gewaltsam umgekommen seien, und auch in Oberrieden sei gemäss den erhalten gebliebenen Zeugnissen gemordet und gestohlen worden.

Einige der Anführer der Aufständischen, allen voran Johann Jakob Willi, hatten Kriegserfahrungen gesammelt und konnten sie nun anwenden. Willi hatte auf Sardinien und Korsika vier Jahre in spanischen und französischen Diensten gedient. Als französischer Soldat geriet er in Portoferraio auf Elba in englische Kriegsgefangenschaft, konnte aber fliehen.[31] Trotzdem ist zu beachten, dass er wohl Kriegs-, nicht aber Führungserfahrung hatte und nur über seinen persönlichen Mut verfügte. Konrad Hauser hatte als Trompeter 1799 in einer helvetischen Scharfschützenkompanie gegen die Österreicher in Frauenfeld und Winterthur im Feld gestanden. Johannes Höhn war Leutnant in der Scharfschützenkompanie vom oberen linken Seeufer. Ihm gelang ein aufsehenerregender Handstreich, indem er mit seinen Leuten am 27. März, am Vorabend des Kampftages, in Affoltern am Albis drei zürcherische Offiziere gefangennahm. Zwar wurden ihm die Gefangenen von Dragonern bald wieder abgejagt, doch zeigte er damit ein gewisses taktisches Können. Der bestausgebildete Anführer der Aufständischen war zweifellos Johann Jakob Gugolz, der als Hauptmann der «Seebuben» eine Scharfschützenkompanie führte.

Die Anführer im Knonauer Amt, beispielsweise Jakob Schneebeli[32], oder im Zürcher Oberland, vor allem Hans Jakob Hanhart, waren Willi militärisch weit überlegen, doch spielten sie für den Ausgang des einzigen Kampftages keine Rolle.

Besonders im Gefecht zeigte sich die soldatische Begrenztheit der Truppen Willis. Die einfachen Leute aus den Dörfern, die aus den verschiedensten Bereichen und sozialen Schichten kamen, verfügten nicht über Kenntnisse, die für einen Erfolg in der Auseinandersetzung mit den Truppen der Obrigkeit sprachen. Der Umgang mit Gewehren und ähnlichem war vielen freilich geläufig. Bei der Ankunft der Regierungsschiffe in Horgen liefen Willi «200 Mann in jäher Angst davon».[33] Beim Zug nach Oberrieden geschah ähnliches. Der «blosse Anblick von eidgenössischen Truppen» brachte Willis Marsch ins Stocken, und selbst sein Zureden oder seine fürchterlichen Drohungen verhallten bei der bestehenden Angst der Leute.[34] Es ist anzunehmen, dass ein Grossteil der Männer, als sie sich für den Kampf freiwillig stellten oder dazu gezwungen wurden, nicht genau wussten, was sie erwartete. Die Angst vor Verletzungen oder besonders vor dem Tod wurde bei jedem Schritt in die Richtung der Gegner grösser. Niemand von ihnen wollte sein Leben verlieren und damit seine Familie im Stich lassen.

Eindrücklich ist ein Beispiel von morgens 8 Uhr des ersten Kampftages. Willi stand nach seinem Rückzug von Oberrieden an der Zugerstrasse ob Wädenswil. Bei ihm waren noch etwa 100 Mann. Alle anderen hatten sich bereits abgesetzt und waren heimgekehrt. Als die eidgenössischen Truppen erschienen, schossen die Zurückgebliebenen wenigstens ein paar Mal. Als aber eine Kanone sichtbar wurde, gab es wiederum kein Halten mehr. Es wundert deshalb nicht, dass viele Berichte immer das gleiche bestätigen: Willi hatte alle Mühe, «Ordnung in den Haufen zu bringen».[35]

Mit nur noch etwa 15 Mann zog sich Willi schliesslich gegen Spitzen bei Hirzel zurück. Da erreichte ihn die Kunde, dass eine andere Schar beim Strasshaus auf dem Wädenswilerberg eidgenössische Truppen zurückgetrieben und eine Kanone erbeutet habe. Er kehrte auf das Kampfgelände zurück. So kam es schliesslich zum Treffen bei der Bocken, das dem ganzen Geschehen seinen Namen gab. Doch auch hier war es ihm nicht möglich, einen Sturm gegen das von den Eidgenössischen besetzte Haus auf die Beine zu bringen. Selbst nach dem Brand der Bockenscheune, welcher den geordneten Rückzug der eidgenössischen Truppen bewirkte, erfolgte keine Verfolgung des abziehenden Feindes. Willi hatte im Kampf eine Schenkelwunde erlitten und musste sich absetzen. In Arn erhielt er die erste Wundversorgung. Er fehlte deshalb in dieser letzten Phase des Gefechtes.

Keine der Hoffnungen Willis hatte sich an diesem Tage erfüllt. Seine zusammengewürfelte Schar hatte militärisch nichts erreicht; man hatte wohl das Gefechtsfeld behauptet, aber die Schlacht verloren. Selbst die grundsätzlichen Befürworter seiner politischen Kritik hatten ihm in ihrer grossen Mehrheit die Gefolgschaft verweigert. Auch wenn Ziegler am 28. März nicht ausgezogen wäre, um wenigstens Präsenz zu markieren, hätte Willi mit seiner Schar die Stadt wohl kaum beunruhigen können.

Wie sah nun die andere Seite aus? Viele Offiziere, Unteroffiziere und auch die Freiwilligen der Regierungstruppen brachten aus den vormaligen kantonalen oder fremden Diensten eine gewisse Kriegserfahrung mit. Ihre Standfestigkeit im Feuer erwies sich im Gefecht als sehr wertvoll für die ganze Truppe und wirkte wie Korsettstangen. Die innere Zerrissenheit Zürichs haben wir bereits erwähnt. Erst am 16. April, als alles längst vorbei und die Niederlage der Aufständischen offensichtlich war, konnten 1520 Mann der Miliz militärisch organisiert werden. Solothurn hatte wohl zwei Kompanien auf die Beine gebracht; doch der Schein trügt. Die eine war die durch Freiwillige aufgefüllte Standeskompanie und die andere durch Losentscheid zwangsmässig aufgestellt. Bern stellte mit sieben Kompanien das grösste Kontingent. Dabei waren auch zwei Scharfschützenkompanien aus dem Oberland, einer nur bedingt regierungstreuen Region. Freiburg besass – bestimmt ein Verdienst ihres Kommandanten de Gady – wohl die best ausgerüstete und ausgebildete Stadtgarnison. Die Freiburger waren die einzigen, die nebst einem Feldgeistlichen auch einen Truppenarzt mitgenommen hatten. Beide kamen auf der Bocken zum Einsatz, als tiraillierende Aufständische mehrere der Ihren verwundet und zwei getötet hatten. Dass auch in diesem Kanton nicht alles zum besten gestellt war, zeigt der Umstand, dass die später angeforderte Milizkompanie mangels Freiwilliger nicht gestellt werden konnte. Als Grund des Ausbleibens gab man Waffenmangel an und verschleierte damit die innenpolitischen Schwierigkeiten und die Furcht der Regierung, sich militärisch ganz zu entblössen und gegen eigene Unruhen machtlos zu sein. Die Freiburger Standeskompanie wurde Ende April mit den Berner Kompanien, die auch zum ersten Kontingent gehört hatten, als erste ehrenvoll nach Hause entlassen. Alle Offiziere, Unteroffiziere und Soldaten erhielten aus den Händen ihrer Kommandanten die vom Kanton Zürich gestiftete silberne oder goldene Gedenkmedaille, und zwar eine solche von doppeltem Gewicht, da sie im Gefecht gestanden hatten.[36] Die Berner, welche im Kampf eine annehmbare Disziplin gezeigt

Zürcher Soldaten: Füsilier, Scharfschütze, Kanonier und ein Angehöriger der Standeskompanie. Handzeichnung; Aquarell 1804.

115

hatten, liessen sich auf dem Heimweg durch den Kanton Aargau zu Missfallenskundgebungen gegen die abtrünnigen früheren Untertanen hinreissen, was symbolisch für den fehlenden eidgenössischen Zusammenhalt und für die brüchige Disziplin der eidgenössischen Truppen stehen kann.

Hinsichtlich der militärischen Ausbildung und Organisation waren die Regierungstruppen den Aufständischen zweifellos weit überlegen, auch wenn grosse kantonale Unterschiede bestanden und offensichtliche Mängel nicht zu übersehen sind. Weshalb dann ihr Misserfolg?

Der Hauptgrund lag wahrscheinlich im übereilten Auszug. Der Entschluss Zieglers, mit seinen zahlenmässig nur ebenbürtigen Truppen ins Kerngebiet der Aufständischen vorzurücken, um wenigstens die Entschlossenheit der Regierung zu demonstrieren, einen Aufruhr nicht zu gestatten, war mutig, aber riskant. Dahinter stand bestimmt das Drängen Wattenwyls und der Falken in der Zürcher Regierung und in der Ausserordentlichen Standeskommission. Trotz des fehlenden taktischen Erfolges wurde der erste Auszug zur Grundlage der Niederschlagung des Aufstandes.

Die Analyse der offensichtlichen Mängel in der Organisation des schweizerischen Wehrwesens im Bockenkrieg führte schon bald zum eidgenössischen Militärreglement vom 22. Juni 1804.[37] Selbst die eingefleischtesten Anhänger der kantonalen Souveränität hatten erkennen müssen, dass eine minimale Zentralisierung unumgänglich war. Oberst Ziegler hatte gleich nach der Niederlegung des Kommandos den Auftrag erhalten, eine entsprechende Vorlage auszuarbeiten. Er strebte darin eine gewisse Vereinheitlichung der Organisation, der Ausbildung, der Bewaffnung, Besoldung und Verpflegung der kantonalen Kontingente an und schuf eine Zentral-Militärbehörde mit einem eidgenössischen Generalstab. Am Widerstand Napoleons scheiterte die sofortige Verwirklichung dieser Pläne. Trotzdem kann die Wahl der ersten Generalstabsoffiziere, vor allem des Zürchers Konrad Finsler zum Oberstquartiermeister, des Berners von Luternau zum Inspektor der Artillerie, des Schwyzers Alois von Reding zum Generalinspekteur und des Glarners Hauser zum Flügeladjutanten des Landammanns sowie weiterer Obersten am 28. Juni 1804, als Geburtsstunde des schweizerischen Generalstabes bezeichnet werden. Das Jahr 2004 gibt somit Anlass, sowohl des Bockenkrieges als der Schaffung des Generalstabes zu gedenken. Auch wenn Oechsli den Ordnungsdienst von 1805 zur Geburtsstunde der modernen eidgenössischen Armee[38] heraufstilisiert, so wäre es wohl vorsichtiger, erst das Eidgenössische Militärreglement von 1817 zu nennen. Nehmen wir eine vertiefte Vereinheitlichung in der Ausbildung zur Richtschnur, so müssen wir wohl bis 1874 warten.

Zusammenfassend kann gesagt werden, dass sowohl in der Organisation und in der Führung der Truppen als auch in deren Ausbildungsgrad eine signifikante Asymmetrie

116

festgestellt werden kann. Da anscheinend diese qualitativen Vorteile nicht genügten, Erfolg im Gefecht zu haben, müssen wir weiter suchen. Am nächstliegenden ist es, die Unterschiede in der Ausrüstung und Bewaffnung zu suchen.

Asymmetrie der Kampfmittel und der verwendeten Kampfverfahren (quantitative und qualitative materielle Ressourcen)

Die Aufständischen waren anscheinend mit Gewehren kaum ausreichend ausgestattet. Sie besassen teilweise gängige Ordonnanz-, aber auch Privatwaffen. Verschiedene Flinten, Revolver und Pistolen sowie eine bemerkenswerte Anzahl von relativ genau schiessenden Stutzern waren im Einsatz. Es fehlten aber Kanonen und jegliche Art schwerer Mittel. Daneben trugen einzelne angeblich auch Halbarten[39], andere waren mit Spiessen, Dolchen, aber auch Dreschflegeln und Mistgabeln ausgerüstet; einzelne besassen mit grosser Wahrscheinlichkeit gar keine Waffe.[40] Die Quellen enthalten wichtige Details über die zu erwartende Schiessfertigkeit der Kämpfer Willis: «Vielen wurden Waffen aufgenötigt, ohne dass sie begriffen, was das bedeutete.»[41] So wie weitere Männer aus der Bevölkerung zum Kampf rekrutiert wurden, so beschafften sich die Aufständischen auch fehlende Waffen oder Munition rechtmässig oder illegal. Einerseits verkaufte in Richterswil der Büchsenmacher seinen ganzen Vorrat, bestehend aus 28 Pfund Pulver.[42] Andererseits entwendeten die Rebellen aus dem Haus des geflohenen Statthalters von Richterswil 30 Gewehre. Alles, was heute unter dem Begriff «Logistik» zusammengefasst wird, war nicht vorhanden und musste mühsam beschafft werden. Auch die Unterkünfte mussten immer wieder den Dorfbehörden abgetrotzt werden. Der grösste Teil der Aufständischen hatte keine Uniform; sie trugen mehrheitlich ihre zivile Kleidung. Willi selber trat in einer Schützenuniform der alten Zürcher Ordonnanz auf. Er trug eine dunkelgrüne Weste, lange Beinkleider, einen Militärhut mit Federbusch, ein schwarzes Halstuch, darunter ein weisses Hemd und hatte einen Husarensäbel umgeschnallt.[43]

Von einem geordneten Kampfverfahren kann keine Rede sein. Es fehlten aber auch überraschende und innovative Aktionen. In diesem Bereich können wir von einer gewissen Symmetrie sprechen – von einer Symmetrie der Schwäche und Ideenlosigkeit. Die Aufständischen kämpften mit unzureichenden Mitteln in der gleichen Art wie ihre Gegner; vielleicht dass ihre aufgelösteren Reihen das Tiraillieren mehr der einzelnen Initiative überliessen.

Die Soldaten der Regierungstruppen waren das Spiegelbild des Wehrwesens der verschiedenen Kantone. Meist waren erst die Standeskompanien und die Standeslegion mit einer einheitlichen Uniform versehen. Die Milizionäre traten entweder in ihrer

Zivilkleidung oder mit Uniformteilen alter Ordonnanz beziehungsweise mit Ausrüstungsgegenständen aus den fremden Diensten an. Als gemeinsames Erkennungszeichen ist ab dem 3. April eine weisse Binde am Oberarm quellenmässig belegt.[44] Die Fahnen der eidgenössischen Kontingente stammten noch aus dem Ancien Régime. An den Kopfbedeckungen wurden bei den Uniformierten die Kantonskokarden getragen.

Es darf angenommen werden, dass alle Soldaten mit einem Ordonnanzgewehr ausgerüstet waren. Dies wird jedenfalls durch eine zeitgenössische Farbzeichnung im Schweizerischen Landesmuseum bestätigt. Auch bei den eidgenössischen Kontingenten fehlte es oft an Munition und an Ersatzwaffen. Während der Helvetik waren die meisten Bestände durch die französischen Truppen konfisziert worden. Durch private Waffenbesitzer konnten jedoch in den entwaffneten Kantonen die schlimmsten Lücken gefüllt werden.

Im Gegensatz zu den Aufständischen konnten die Ordnungstruppen auch verschiedene kleine Kanonen mitführen, die durch ihre Existenz mehr Wirkung erzielten als durch ihr Feuer, zumal es auch hier immer wieder an Munition fehlte.

Das Kampfverfahren entsprach der zu dieser Zeit üblichen Lineartaktik. Es kann angenommen werden, dass die meist in fremden Diensten geschulten Kader und Mannschaften diese Gefechtsart einigermassen kannten, wobei jedoch nicht von einer gedrillten Truppe ausgegangen werden kann. Die Ausbildungszeit in den neuen Standeskompanien war viel zu kurz, um auch eine nur einigermassen geschulte Taktik erwarten zu können. Das meiste war dem Zufall oder der Standfestigkeit des Einzelnen überlassen.

Die Regierungstruppen besassen noch eine – ebenso wie die Artillerie – psychologisch wirkende «Waffe», die Zürichseeflottille. Auf dem Hauptschiff, auf der maroden «Stadt Zürich», konnten wenigstens einige Soldaten nach Horgen gebracht werden, ohne dass sie den beschwerlichen Landweg gehen mussten. Die drei überbrückten Barken waren mit vier Zweipfünderkanonen ausgestattet.[45] Der Hauptzweck der Schiffe war jedoch nicht die Unterstützung der Landtruppen durch Schiffsartillerie, sondern vor allem die Deckung der linken Flanke der Vorrückenden und die Sicherung des Sees. Es sollte verhindert werden, dass die Aufständischen mit den Sympathisanten auf der anderen Seeseite Verbindung aufnahmen, um Mitkämpfer zu rekrutieren. Ebenso sollte verhindert werden, dass Aufständische dorthin entkommen konnten.

Dieser Flottille und der Artillerie hatten Willi und seine Leute nichts entgegenzusetzen. Bei Oberrieden beschossen sie zwar die Schiffe, konnten aber keinen ernsthaften Schaden anrichten. Die entmutigende Wirkung der Schiffe und der Kanonen auf die Moral der Aufständischen haben wir bereits erwähnt.

Zürcher Truppen, Militärszene 1804; Handzeichnung, Aquarell auf Papier. – Gut ersichtlich sind Details an Uniformen und Bewaffnung.

Zusammenfassend und wertend können wir sagen, dass bezüglich der Waffen und Munition offensichtlich nur eine geringe Asymmetrie vorliegt. Beide Parteien hatten mit dem Mangel an Waffen und Munition zu kämpfen, wobei die Lücken bei den Aufständischen in allen Teilen gravierender waren.[46] So bleibt, so komisch es klingen mag, der materielle Hauptunterschied in den Uniformen. Konnten diese für den Kampf jedoch entscheidend sein? Wohl kaum. Dennoch darf nicht übersehen werden, dass die Standeskompanien und -legionen mit ihren einheitlichen Uniformen eine geschlossenere und eindrucksvollere Masse darstellten als die ungeordneten Haufen der Aufständischen. Es darf auch angenommen werden, dass die Formationen mit ihrem geleiteten Feuer bei den Aufständischen mindestens Angst bewirkten. Dies zeigte sich besonders in den ersten Begegnungen. Als sich die Gefechte in Schusswechseln aufgelöster Formationen oder in Einzelgefechten im waldigen Gelände abspielten, waren die taktischen Erfolge wohl wieder verteilter. Die geringen Verlustzahlen beider Seiten zeigen, dass es an keiner Stelle zu einem Nahkampf gekommen ist.

Der Kampf um das Bockengut ist ein taktischer Sonderfall. Mit den Mitteln und dem Ausbildungsstand der Aufständischen war die Aufgabe eines Sturmes eigentlich unlösbar. Ziegler hat das Gefecht schliesslich abgebrochen, um der unübersichtlich gewordenen Situation ein Ende zu setzen. Er hat der Standeskommission am nächsten Tag gemeldet, er habe sich aus dieser waldigen Gegend nach Zürich zurückgezogen, «um von einer nahen Zukunft einen glücklicheren Erfolg ihrer Waffen zu erwarten».[47] Wenn auch die Aktion vom Vortag keinen sichtbaren Vorteil gebracht habe, schrieb der Oberkommandierende, so sei er doch überzeugt, den Hauptplan der Aufrührer – vom See und Albis her nach der Stadt vorzurücken – vereitelt zu haben. Das gibt einen gewissen Sinn, überschätzt jedoch die Möglichkeiten des Gegners gewaltig.

Es bleibt damit noch die strategische und psychologische Seite der Auseinandersetzung.

Asymmetrie des Kampfwillens und der strategischen Ziele (psychologische und ideologische Ressourcen)

Unschwer können wir auch ideologische und rechtliche Ungleichheiten erkennen. Beide Kontrahenten nahmen sich unterschiedlich wahr. Von spiegelbildlicher Gleichmässigkeit – wie das Wörterbuch für «Symmetrie» definiert – keine Spur.

In der Lesart der herrschenden Führungsschicht waren die sozialen Wirren längs des Zürichsees und im Zürcher Oberland eine schändliche «Revolte», und Willi sowie Konsorten waren in den Augen der Regierung verbrecherische Unruhestifter. Heute würden sie vielleicht gar als Terroristen bezeichnet.

Modell des Kriegsschiffes «Stadt Zürich», 1790. – Im Bockenkrieg kamen auf dem Zürichsee letztmals Kriegsschiffe zum Einsatz.

Nach ihren Memorialen und Petitionen zu beurteilen, sahen sich die Aufständischen voll und ganz auf dem Boden des verfassungsmässigen Rechts. Sie unterstützten uneingeschränkt die Mediationsakte als Garant für eine relative Autonomie nach der Besatzungszeit, anerkannten die Kantonsverfassung und die Regierung und widersetzten sich nur den neuen asozialen Gesetzen, der Wiederherstellung früherer Diskriminierungen der Landschaft, und einige fürchteten um die abermalige persönliche Zurücksetzung in ihrer gesellschaftlichen Stellung.[48] Sie betrachteten sich nicht als illegale, sondern als demokratische Kämpfer für Freiheit und Gleichheit, als Verfechter legitimer sozialer und wirtschaftlicher Anliegen der Landbevölkerung. Johann Jakob Willi und seine Anhänger traten gegen die wirtschaftliche und politische Benachteiligung des Landes gegenüber der Stadt an, «in erster Linie bezüglich des hohen Ablösungspreises der Zehntpflichten und Grundzinsen», was den sozialen Aufschwung der Landschaft massiv gebremst hatte.[49]

Die Mediationsverfassung von 1803 hatte zwar die helvetischen Freiheitsrechte nicht explizit abgeschafft, doch waren viele der neuen Machthaber bestrebt, die Verhältnisse vor 1798 wiederherzustellen. Besonders die abermalige Einschränkung der wirtschaftlichen Selbständigkeit und die Minderung der Chancen für einen gewissen Wohlstand auch in der Landschaft erregten den Zorn der Meistbetroffenen. Insbesondere war dies die frühere mittlere Kaderschicht der Helvetik in Politik und Militär. Über ein Fünftel der aus den Akten erfassbaren Aufständischen gehörten zum Gewerbestand. Eine grosse Gruppe, besonders im Zürcher Oberland, stellten die Kleinunternehmer der textilen Heimindustrie.[50] Auffällig ist der relativ grosse Anteil an Handwerkern, die in ihrer Berufsausübung etwas herumkamen. Grosse Teile der Bevölkerung und die Gemeindebehörden befanden sich in einer schwierigen Position. Zum einen waren die Grundforderungen auch in ihrem Interesse, und zum andern missbilligten sie den revolutionär-gewaltsamen Weg. So verhielten sich viele bedeckt und zurückhaltend oder widersetzten sich Forderungen, die in ihren Augen unziemlich waren.

Mit Johann Jakob Willi stand ein Anführer an der Spitze, der den Marsch auf Zürich als durchführbar und als erfolgversprechend beurteilte. «Weder Familie noch Beruf liess ihn abhalten, in jeder politischen Versammlung als feuriger Redner für Volksfreiheit und Rechtsgleichheit aufzutreten»[51], urteilt Albert Hauser in seiner immer noch grundlegenden Monographie von 1938. Die Einäscherung des Schlosses Wädenswil sah Willi jedoch als unnötig und kontraproduktiv an. Statt dessen forderte er alle auf, «Widerstand zu leisten, sich zu bewaffnen und zu organisieren».[52] Sein operativer Plan war, entlang des Sees nach Zürich zu ziehen und «auf dem Wege Gemeinde um Gemeinde zum Anschluss zu bewegen, um die bewaffnete Erhebung nach allen Seiten auszubreiten».[53]

Wie stand es um den Kampfwillen derer, die bereit waren, mit Willi ins Feld zu ziehen? An diesem Punkt geben die Quellen nur ungenügend Auskunft. Wir haben bereits verschiedene Kampfsituationen kennengelernt, die darauf hindeuten, dass es um die psychische Standfestigkeit der Aufständischen nicht zum besten stand. Überall wichen sie. Von einer selbstaufopfernden Aggressivität ist nirgends etwas zu spüren. Mindestens die Anführer waren aber überzeugt von der Rechtmässigkeit ihres Protestes. Vor Gericht warf Willi der Regierung vor, sie habe einen Vertrauensbruch begangen, als erste mit ihren diskriminierenden Gesetzen die rechtlichen Schranken durchbrochen. Zudem hätten er und seine Freunde ja nicht geschworen und damit auch den Eid nicht gebrochen. Er bestritt deshalb auch das Recht der Regierung, über ihn zu urteilen, und verlangte die Mediation Bonapartes. Der Leutpriester Kramer, der ihm von der Standeskommission als geistlicher Beistand zur Seite gestellt worden war, berichtete, Willi habe das Todesurteil starr vor sich hinblickend angehört. Den Todesgang zur Enthauptung habe er festen Schrittes und betend angetreten. «In zärtlichen Worten» habe er der Seinigen gedacht.[54]

Die Zürcher Regierung bot ihre kantonalen Truppen zur Wiederherstellung von Ruhe und Ordnung auf. Mit Schnelligkeit, Entschlossenheit und grosser Übermacht wollte man die Aufständischen in ihre Schranken weisen. Dies waren jedoch leere Absichtserklärungen, denn die Machtmittel fehlten oder waren noch nicht bereit. Als Ausweg in dieser Not bot sich ein Hilfsbegehren an die Tagsatzung an. Der Landammann der Schweiz und die Kantone wurden um «getreues Aufsehen» gebeten. Heute würde man das einen «subsidiären Einsatz» nennen. Die meisten zögerten nicht, dem Hilfsbegehren nachzukommen.

Wichtig ist die Rolle Wattenwyls in diesem Konflikt. Es wird ihm vorgeworfen, dass er in der Haltung und in den Begehren der Aufständischen nur einen neuen Versuch der Unitarier zum Umsturz habe sehen wollen. In einem Brief an Hans Reinhard vom 24. März schreibt er denn auch, «er möchte den Seeherren für die aufgesteckten helvetischen Cocarden danken».[55] Annemarie Hunziker anerkennt in ihrer feinen Analyse diesen Willen, mit den sichtbar gewordenen Anhängern der Helvetik in der Zürcher Landschaft ein für alle Mal abrechnen und ein Exempel statuieren zu wollen. Sie legt aber zu Recht ein anderes Schwergewicht. Wattenwyl fürchtete nach ihrer Meinung eine abermalige Intervention Frankreichs, falls es ihm nicht gelingen sollte, in kürzester Zeit die innere Ordnung wiederherzustellen. In einem mahnenden Brief an den Zürcher Bürgermeister fordert er ihn auf, «den Ruhestörern mir Schnelligkeit und Festigkeit zu begegnen». Sie fährt fort: «[...] und ebenso verständlich ist sein Wunsch, die französische Gesandtschaft nach Möglichkeit aus dem Spiele zu lassen und durch eigene Kräfte der Unruhen Herr zu werden.»[56]

Diese doppelte Absicht und die historische Erfahrung, dass ein Volksaufstand bereits im Keim mit grosser Macht niedergeschlagen werden muss, wenn eine Erfolgschance bestehen soll, erklärt das grosse Truppenaufgebot, die rasche Bereitstellung der Gesamtmittel des Bundes und das überaus grosse Engagement Berns. Am deutlichsten offenbart sich die Doppelstrategie des Landammanns in einem Brief vom 11. März. Wattenwyl schreibt:

«Ich habe mit nicht geringem Verdruss die Anzeige von Ihnen, Hochgeachter Herr, erhalten, dass in ihrem Kanton die heillosen Unruhstifter den Vorsatz haben, die Regierung zu beunruhigen und die Hebel des Eigennutzes zu ergreifen, um die Ausübung der weisen Gesetze zu verhindern, die ihr Grosser Rath über den Loskauf der Zehnten gemacht. Ich habe aber das gegründete Zutrauen, dass ihre Regierung mit Schnelligkeit und Festigkeit jedes Unternehmen, die öffentliche Ruhe zu stören und das Ansehen der Regierung zu schmälern, bestrafen wird. Was mich anbetrifft: so können Sie, vielgeschätzter Freund, versichert seyn, dass alle Mittel, so ich in Händen habe, zu ihren Diensten stehen. Ich würde mir Mühe machen, die fränkische Gesandtschaft ohne die dringendste Noth in unsere innern Angelegenheiten zu mischen. Denn ich glaube, wir müssen uns fähig und entschlossen zeigen, uns durch eigene Kräfte aufrecht zu halten […]. Neben diesem kann ich ihnen die Absendung von 400 Mann ziemlich wohlgebildeter leichter Infanterie aus hiesigem Kanton bürgen.»[57]

Wie über hundert Jahre später General Ulrich Wille im Generalstreik vom November 1918 entschloss sich Wattenwyl, mit übergrosser Stärke das gefährliche Blutvergiessen zu vermeiden und den Aufständischen die Chancenlosigkeit ihres Unternehmens drastisch vor Augen zu führen. Prävention war sein Ziel. Als die Regierung des Kantons Zürich immer noch zögerte, schrieb er ihr am 28. März einen geharnischten Brief und stellte sie vor die Alternative, entweder entschlossen zu handeln oder dann auf jede Bundeshilfe zu verzichten.[58] Der negative Ausgang des Auszuges von eben diesem Tag hat ihn dann zutiefst erschreckt, und er hat die Bundeshilfe massiv verstärkt und der Bedächtigkeit der Kantone ein Ende gesetzt. Dieses mehrmalige Drängen des Landammanns war mit Bestimmtheit ein wichtiger Faktor, warum Ziegler bereits mit seiner geringen Macht ausziehen musste, um handelnde Präsenz zu markieren.

Auch bei den Regierungstruppen schweigen die bekannten Quellen über die psychologische Befindlichkeit der Soldaten im Kampf. Es ist jedoch nicht auszuschliessen, dass sich noch einzelne Hinweise dieser Art finden liessen. Wir müssen vor allem indirekt

«Einzug der eidgenössischen
Truppen in Horgen.»
Stich von J. J. Aschmann
(1747–1809).

schliessen. Es sind keine Meutereien, nur einzelne Überläufer und keine krassen Fälle der Feigheit vor dem Feind bekannt. Die im Ergebnis nur vordergründig negativ verlaufenen Gefechte sind weitgehend die Frucht von Führungsfehlern, mangelnder Aufklärung, fehlender Munition und unzureichender Ausbildung. Die verschiedenen Vorkommnisse bei der Rekrutierung der Truppen deuten auf ein überaus labiles Gleichgewicht der Moral hin. Selbst das Vertrauen in die Loyalität der Verbände war in verschiedenen Kantonen nur bedingt vorhanden. Dennoch muss auch damit gerechnet werden, dass besonders die Standeskompanien neben den soldatischen Tugenden noch einen gewissen Korpsgeist hatten. Doch damit betreten wir das weite Gebiet der Spekulation.

Zusammenfassend kann gesagt werden, dass beide Seiten bereit waren, zur Durchsetzung ihrer Interessen die ihnen zur Verfügung stehenden Gewaltmittel einzusetzen. Die Aufständischen glaubten an einen revolutionären Flächenbrand, den ihr patriotisches Feuer auslösen würde. Die Zürcher Regierung vertraute auf ihre durch den Zuzug der anderen Kantone ermöglichte Übermacht sowie auf die Loyalität und kriegerische Kompetenz der aufgebotenen Truppen.

Wertung

Damit kommen wir zur Beantwortung der eingangs gestellten Frage: War der Bockenkrieg ein asymmetrischer Krieg?

Die Antwort scheint uns klar. Die einleitend zitierte Wertung Treichlers ist in ihrem Kerngehalt falsch, mindestens für den entscheidenden Kampftag. Aus den politisch-strategischen Zielsetzungen beider Parteien, den militärischen Vorbereitungen und der schliesslich durchgeführten Realisierung im Gefecht wird deutlich, dass beide Kontrahenten einen klassischen symmetrischen Krieg anstrebten, mit den jedem Kriege inhärenten Asymmetrien. Die Entscheidung sollte im klassischen Sinne in der Schlacht fallen.

Von der in unserer theoretischen Einleitung zu dieser Studie geforderten Andersartigkeit des Kampfverfahrens des quantitativ und qualitativ Unterlegenen ist nichts zu spüren. Dazu waren die Aufständischen nicht fähig. Willi war ein mutiger Mann, aber kein Feldherr und kein Guerillaführer. Noch am ehesten erfüllt die Verhaftung der drei hohen zürcherischen Offiziere in Affoltern die Forderung nach Überraschung und Originalität. Aber auch hier war alles unkoordiniert, und man liess sich die Beute wieder abjagen. Auch die eidgenössischen Truppen waren nicht imstande, die theoretische Überlegenheit in allen Bereichen am richtigen Ort zur richtigen Zeit zur Wirkung zu bringen.

Mit Armando Geller bin ich der Meinung, dass es sich beim Begriff des «asymmetrischen Krieges» um eine moderne Leerformel, um einen vielseitig verwendbaren

Passepartoutbegriff handelt.[59] Genauso wie mittlerweile jeder terroristische Anschlag mit «Al-Kaida» in Zusammenhang gebracht wird, so ist jede Form der gegenwärtigen gewaltsamen Auseinandersetzungen zwischen der Grossmacht USA und ihren Gegnern sogleich asymmetrischer Natur. Wir meinen jedoch, dass das Phänomen der Asymmetrie keine Besonderheit der modernen Kriegführung sei, sondern – seit es Kriege gibt – der Kriegführung innewohnend. Seit jeher nützt der Schwächere die Möglichkeit, die asymmetrische Situation mit unkonventionellen Mitteln zu seinen Gunsten zu re-asymmetrieren.[60]

Epilog

Asymmetrische Machtverhältnisse und die Auseinandersetzungen ungleicher Gruppen im Innern eines Staates sind immer durch grosse Emotionalität gekennzeichnet. Dies zeigte sich anlässlich des Gerichtsverfahrens im Anschluss an den «Bockenkrieg». Nicht weniger als 18 Personen starben wegen der erhaltenen Stockschläge. Vielen Arrestanten wurden die Hände so eng in Eisen geschlossen, dass das Blut hervorspritzte.

Zur Aburteilung der «Hochverräther» bestellte der Landammann ein ausserordentliches Kriegsgericht unter dem Berner Ratsherrn Abraham Friedrich von Mutach, dem Verfasser der bernischen Revolutionsgeschichte. Eine Bitte Napoleon Bonapartes zur Milde wurde nicht beachtet. Am 25. April um 14 Uhr standen die drei ersten Todesurteile fest, und weitere härteste Strafen wurden ausgesprochen. Weitere sollten in den nächsten Tagen folgen. Die 42 ungehorsamen Gemeinden hatten eine hohe Busse zu bezahlen.

Schon in der Zeit hat man diese Rachejustiz der Regierung kritisiert. Willi war tot, aber seinen Worten und seiner Haltung vor dem Gericht konnte der Scharfrichter nichts antun. Willi antwortete beispielsweise am 21. April im Wellenberg dem von der Regierung gesandten Kaplan auf den Vorwurf, der Soldat sei verpflichtet, den Befehlen seines Offiziers zu gehorchen; dies gelte auch für das Volk, das seiner Obrigkeit untertänig zu sein habe:

«Wir sind ja freie Schweizer, durchwegs gleichberechtigte Bürger. Wenn bei uns eine Regierung die Stimme des Volkes nicht hören will, so ist sie tyrannisch.»[61] Am 1. Oktober 1876 wurde den zum Tode verurteilten Aufständischen, den vier Patrioten für «Freiheit und Recht», in Affoltern am Albis ein Denkmal errichtet, nachdem ein Jahr zuvor ihre sterblichen Überreste aus der Armsünderecke nach St. Jakob in Aussersihl überführt worden waren.

1904, anlässlich einer Grossratssitzung in Zürich am 26. Mai, wurden Willis Worte unweit seiner Hinrichtungsstätte wieder lebendig. Ein Ratsherr rief mahnend aus: Eine

Regierung, die ihre Macht statt auf Liebe und Vertrauen nur auf Furcht und Schrecken gründen will, wird, so stark sie momentan sein mag, doch erfahren, dass Macht, auf Gewalttätigkeit gegründet, stets von kurzer Dauer ist.[62]

Nur ein Jahr zuvor hatte Wilhelm Oechsli geschrieben: «Man mag über den Aufstand von 1804 denken wie man will: Der Mut, mit dem Willi sein Leben für eine Sache, die er für eine gerechte hielt, eingesetzt hat, und der auch in der Gefangenschaft und auf dem Todesgange nie verleugnet worden ist, beweist uns, dass Willi ein tapferer Mann war. Ein Zeugnis seines Mutes sind auch seine Aussagen in den Verhören. Ohne Anwendung von Zwang abgelegt, verraten die Antworten schlichte Wahrhaftigkeit. Willi macht nicht einen einzigen Versuch, sich herauszuwinden oder Andere vorzuschieben, seine eigene Verantwortlichkeit zu mildern oder zu mindern. Ebenso wenig indes entspringt sein rundes Geständnis einer Reue oder der Absicht, die Richter durch Anflehen von Mitleid weich zu stimmen.»[63]

Historische Umwertungen brauchen ihre Zeit. Heute, wiederum hundert Jahre später, sind die Ereignisse von 1804 weitgehend vergessen. Die Lehren des «Bockenkrieges» haben ihre Wirksamkeit verloren, sonst würden in unserem Land nicht wieder neue Polaritäten mit ideologischer Überhöhung aufgebaut, welche zum Tod der vermittelnden Mitte zu führen drohen. Diese Missachtung historischer Erfahrungen haben wir dereinst zu verantworten.

Anmerkungen

1 Vgl. u.a. Hubert Foerster, Der Aargau und die Zürcher Unruhen 1804 («Bockenkrieg»), in: Argovia 103 (1991), S. 7–65; derselbe, Der Bockenkrieg 1804. Offene Fragen zum Ordnungseinsatz des Militärs, GMS-Schriftenreihe, Nr. 6, Zürich 1987; Albert Hauser, Der Bockenkrieg, ein Aufstand des Zürcher Landvolkes im Jahre 1804, Diss. Zürich 1938; Wilhelm Oechsli, Geschichte der Schweiz im Neunzehnten Jahrhundert, Leipzig 1903, S. 483ff.; Johann Jakob Schneebeli, Der Bockenkrieg. Schweizerische Volkszeitschrift, Stäfa 1904; Johannes Strickler, Der Bockenkrieg, in: Geschichte der Gemeinde Horgen, Horgen 1882, S. 329ff.
2 Vgl. Andreas Wenger, Realistischere europäische Sicherheitspolitik. Ansätze im Strategieentwurf Javier Solanas, NZZ, 26.11.2003, S. 11.
3 Der Krieg zwischen 1793 und 1815 nahm eine neue Gestalt an. Die Regierungen führten ihn mit immer steigendem Aufwand. Die «levée en masse» ermöglichte neue quantitative und qualitative Dimensionen der Kriegführung. Immer waren es aber Staaten, die Kriege führten. Völker waren wohl in «revolutionärer Inbrunst» zu Aufständen und Guerillaaktionen fähig, doch nicht zu einen Krieg. Vgl. Klassiker des 19. Jahrhunderts (u.a. Clausewitz, Jomini, Moltke). Martin Van Creveld, Die Zukunft des Krieges, München 1998, S. 66ff.
4 Vgl. Hans Rudolf Fuhrer, Wie kann es zu Bürgerkriegen kommen? In: Akten des CHPM-Symposiums 1998 in Pully.
5 Vgl. Albert A. Stahel, Dissymmetrischer Krieg versus asymmetrischer Krieg. In: ASMZ, Sonderbeitrag zur Nr. 12/2002, S. 2ff. – Metz und Johnson verwenden eine griffige Definition wenigstens für die strategische Stufe und postulieren: «Strategic asymmetry is the use of some sort

of difference to gain an advantage over an adversary.» Steven Metz / Il Johnson, V. Douglas, Asymmetry and U.S. Military Strategy: Definition, background and strategic concepts. Strategic Studies Institute (SSI), Carlisle, January 2001, S. 1.
6   Stahel, Dissymmetrischer Krieg, S. 2.
7   Jacques Baud hat aufgezeigt, dass dieser terroristische Krieg, der seiner Natur gemäss asymmetrisch ist, längst früher begonnen hat. Jacques Baud, La guerre asymétrique ou la défaite du vainqueur, Monaco 2003.
8   Der «dissymmetrische Krieg» ist die Kriegführung einer überlegenen Macht gegen einen unterlegenen Gegner unter Ausnützung seiner machtpolitischen, insbesondere seiner militärischen Stärke. Albert Stahel schreibt: «Das amerikanische Projekt ‹Revolution in Military Affairs› hat genau diesen Zweck; weil Asymmetrie der herkömmlichen Art, also gemeinhin Truppenstärke, durch Guerillakriegführung wettgemacht werden kann, versucht die überlegene Macht, Feuerkraft, Kommunikation und Mobilität zunehmend zu fördern und miteinander systematisch zu verbinden, was sich in der amerikanischen Konzeption ‹Network Centric Warfare› niederschlägt. Moderne Kriege nehmen deshalb vermehrt bizarre Züge an, wenn Kalaschnikow und Cyberwaffen auf dem vermeintlich virtuellen Gefechtsfeld aufeinandertreffen.» Ebenda. Die modernen Kriege sind nach Münkler durch zwei Entwicklungen gekennzeichnet: «Zum einen durch Privatisierung und Kommerzialisierung, also das Eindringen privater, eher von wirtschaftlichen als von politischen Motiven geleiteter Akteure in das Kriegsgeschehen, und zum anderen durch Asymmetrisierung, das heisst durch das Aufeinanderprallen prinzipiell ungleichartiger Militärstrategien und Politikrationalitäten [...].» Herfried Münkler, Die neuen Kriege, Hamburg 2003, S. 53.
9   Die Joint Strategy Review 1999 schreibt: «Asymmetric approaches generally seek a major psychological impact, such as shock or confusion that affects an opponent's initiative, freedom of action, or will. Asymmetric methods require an appreciation of an opponent's vulnerabilities. Asymmetric approaches often employ innovative, nontraditional tactics, weapons, or technologies, and can be applied at all levels of warfare – strategic, operational, and tactical – and across the spectrum of military operations» (zit. nach Metz/Johnson, Asymmetry, S. 5).
10 «La guerre asymétrique consiste à tirer parti de la faiblesse de l'adversaire en recourant à des armes et à des tactiques innovatrices et bon marché à la fois, conçues pour affaiblir la détermination de la puissance la plus forte et sa capacité à utiliser de manière efficace sa supériorité en termes de moyens conventionnels.» Baud, Guerre asymétrique, S. 90.
11 Herfried Münkler, Die neuen Kriege, Hamburg 2003, S. 11.
12 Strickler, Horgen, S. 333.
13 Hauser, Bockenkrieg, S. 52.
14 Ebenda, S. 52.
15 Ebenda, S. 54.
16 Statthalter Wild von Richterswil meldete am 27. März nach Zürich, Willis Mannschaft zähle 448 Mann. Schneebeli, Bockenkrieg, S. 16. Im Protokoll der Standeskommission findet sich die Aufzeichnung: «Die rebellischen Truppen zählen 500 bis 600 Mann, von denen der grössere Theil gut bewaffnet ist. Beinahe ein Drittel besteht aus Scharfschützen, welche am meisten geschadet haben.» Schneebeli, Bockenkrieg, S. 20. Willi selber spricht in den Verhören für den 27. März von rund 500 Mann unter seinem Kommando in Horgen und ungefähr 180 Mann mit Hauptmann Kleinert in Oberrieden (ebenda, S. 21). Da aber beim Anblick der Kanonen bereits 200 davonliefen, zählten die Aufständischen bei Kampfbeginn kaum 500 Mann.
17 Wattenwyl war Landammann von 1804 bis 1810. Vgl. Annemarie Hunziker, Der Landammann der Schweiz in der Mediation 1803–1813, Zürich 1942, S. 60ff.
18 Strickler, Bockenkrieg, S. 331.
19 Schneebeli, Bockenkrieg, S. 7.
20 Schneebeli, Bockenkrieg, S. 8.
21 Hans Rudolf Fuhrer, Die strategische Lage der Schweiz 1801–1814. In: Akten des Symposiums der SVMM in Freiburg 2003.
22 Vgl. Hauser, Bockenkrieg, S. 57.
23 Das sich im schlechten Zustand befindende Transportschiff «Stadt Zürich» wurde von zwei oder drei grossen, überbrückten Barken mit an-

geblich acht Zweipfündergeschützen begleitet. Vgl. Jürg Meister, Kriege auf Schweizer Seen, Stuttgart 1986, S. 204. Andere Quellen sprechen von vier Geschützen, was wahrscheinlicher ist.
24 Stadtrat und Bauherr Paulus Schulthess-von Schneeberger, in: Buch der Schulthess'schen Familienstiftung, Zürich 1958, S. 159. Schulthess war Stabshauptmann der Artillerie. Er erhielt von der Zürcher Regierung die grosse silberne Medaille «Bene merenti». Er war ab 1813 über zwanzig Jahre Zürcher Stadtrat und Leiter des Bauamtes.
25 NZZ 3156 vom 3.11.1957.
26 Ziegler an Reinhard: Verzeichnis der Truppen, 27. April: 11 Stabsoffiziere, 169 Hauptleute und Lieutenants, 3279 Unteroffiziere und Soldaten.
27 Vgl. Hans Rudolf Fuhrer, Die Zürcher Miliz im Ordnungsdienst. Der bewaffnete Auszug von 1795 gegen die Stäfner Aufständischen, in: Memorial und Stäfner Handel 1794/95, Stäfa 1995, S. 173–190.
28 Zitate aus Schneebeli, Bockenkrieg, S. 16f.
29 Ebenda.
30 Schneebeli, Bockenkrieg, S. 19.
31 Hauser, Bockenkrieg, S. 51.
32 Jakob Schneebeli (1755–1804) von Affoltern am Albis übernahm das Kommando der bewaffneten Leute aus dem Knonauer Amt. Er konnte gewisse militärische Erfahrungen vorweisen; doch auch er kommandierte nur auf mittlerer Stufe der militärischen Hierarchie. 1782 ernannte ihn der damalige Kriegsrat zum Adjutanten des Knonauer Quartiers, 1799 zum Kommandanten der helvetischen Truppen in Aegeri, und 1802 wurde er Präsident des Distriktgerichts. Vgl. Ernst Albert Lincke, Die Schnewli von Affoltern, S. 55ff.
33 Hauser, Bockenkrieg, S. 56.
34 Ebenda, S. 57.
35 Ebenda, S. 53.
36 NZZ 3156 vom 3.11.1957.
37 Vgl. Hans Nabholz, Die Schweiz unter Fremdherrschaft 1798–1813, in: Schweizer Kriegsgeschichte, Bd. 3, S. 131ff.
38 Wilhelm Oechsli, Geschichte der Schweiz im neunzehnten Jahrhundert, Bd. 1, S. 517.
39 Von der zweiten Hälfte des 13. Jahrhunderts an beidseits der Alpen nachgewiesene, vor allem bei den Eidgenossen beliebte Stangenwaffe. Im 18. und 19. Jahrhundert war die Halbarte als Rangzeichen für Unteroffiziere, als Gardewaffe auch im Ausland beliebt. Noch heute ist sie die Paradewaffe der päpstlichen Schweizergarde.
40 Hauser, Bockenkrieg, S. 53. Schneebeli erzählt, dass der Statthalter von Richterswil am 27. März nach Zürich gemeldet habe: «Die Bewaffnung der Truppe bestehe aus wenigen Stutzern und Flinten, zum grössern Theil aus Mistgabeln, Halbarten und Schlagkolben.» Vgl. Schneebeli, Bockenkrieg, S. 16.
41 Ebenda, S. 52.
42 Ebenda, S. 54.
43 Beschreibung nach einer zeitgenössischen Farbzeichnung, einzusehen in der Zentralbibliothek Zürich.
44 Foerster, Bockenkrieg, S. 16.
45 Ebenda, S. 160.
46 Ebenda, S. 17.
47 Schneebeli, Bockenkrieg, S. 20.
48 Vgl. Foerster, Bockenkrieg.
49 Ebenda, S. 5.
50 Ebenda, S. 8.
51 Hauser, Bockenkrieg, S. 51.
52 Ebenda, S. 52.
53 Ebenda, S. 53.
54 Schneebeli, Bockenkrieg, S. 77.
55 Wattenwyl an Reinhard, 24.3.1804, zit. nach Annemarie Hunziker, Der Landammann der Schweiz in der Mediation, Zürich 1942, S. 67.
56 Hunziker, Landammann, S. 61.
57 Wattenwyl an Reinhard, 11.3.1804, zit. nach Hunziker, Landammann, S. 60.
58 Wattenwyl an Rat des Kantons Zürich, 28.3.1804, zit. nach Hunziker, Landammann, S. 63.
59 Referat zum «Asymmetrischen Krieg» vom 21.11.2003 an der Universität Zürich, unveröffentlichtes Manuskript.
60 Vgl. Albert A. Stahel / Armando Geller, Was Zeitgenossen wissen müssen. Waffentechnologie, in: DU. Die Zeitschrift der Kultur, Nr. 739/2003, S. 96.
61 Schneebeli, Bockenkrieg, S. 79.
62 Werner Appenzeller, Der Bockenkrieg. Geburtstagsschrift, Bocken/Horgen 1999, S. 23.
63 Wilhelm Oechsli, Die Verhöre Willis, des Anführers im Bockenkrieg, in: Zürcher Taschenbuch 1903.

René Bieri

Die Landjägerkorps

Der Begriff «Polizey»

Der Begriff der Polizei (Policey) bezeichnete bis zum ausgehenden Mittelalter die gesamte Staatsverwaltung im Sinne der «guten Ordnung». Im Verlaufe des 16. und 17. Jahrhunderts wurden von dieser unter dem Begriff «Policey» einheitlich zusammengefassten Staatsverwaltung einzelne Hoheitsrechte ausgeschieden. Sie fielen nicht mehr unter den Polizeibegriff. Es waren die auswärtigen Angelegenheiten, das Kriegs- und Finanzwesen sowie die Justiz.

Zu Beginn des 18. Jahrhunderts umfasste der Begriff der «Polizey» die Staatstätigkeiten der Wohlfahrtspflege und der Gefahrenabwehr auf dem Gebiet der inneren Verwaltung; am Ende des 18. Jahrhunderts bezeichnete er noch die Gefahrenabwehr auf dem Gebiet der inneren Verwaltung.[1]

Bettel und Landstreicherei

Seit dem Dreissigjährigen Krieg wurden der Bettel und die Landstreicherei ein Problem aller Volksgruppierungen. Hinzu kamen das fahrende Volk, falsche Steuereintreiber, Deserteure sowie Kriminelle und Personen, die aus ihrer Heimat behördlich vertrieben wurden. Auf den Landstrassen tummelten sich nicht nur Krämer, Quacksalber und Falschmünzer, sondern auch Tierbändiger, unschickliche Weibspersonen samt ihrem Anhang und Deserteure. Die Französische Revolution und die darauffolgenden Kriege führten zu einer Zunahme dieser meist schriftenlosen Menschen und der Deserteure jeglicher Nationalität.[2]

Über die Polizeiverhältnisse im 17. Jahrhundert sind nur sehr spärliche historische Unterlagen vorhanden. In den Stadtkantonen Zürich, Bern, Basel, Solothurn, Luzern und Genf stand die Polizeigewalt im ganzen Kanton unter der Oberaufsicht der Bürgermeister oder Schultheissen. Basel gründete als erste Stadt 1621 eine Stadtgarnison, deren Hauptaufgabe der Wachdienst in der Stadt war. Erst später wurde die Garnison mit der Vertreibung des «Strolchengesindels» auf dem Land beauftragt.[3] Die Stadtregierungen versuchten der Plage beizukommen, indem sie Stadt-, Hilfs-, Bürger- und

Dorfwächter anstellten, die unter dem Befehl des Stadthauptmanns standen (Zürich, Luzern, Solothurn). Später wurden spezielle «Harschiere» mit dieser Aufgabe und der Kontrolle der Wächter betreut. Die Kantone Genf, Bern und Freiburg schufen nach französischem Vorbild spezielle Maréchaussées, da man mit den bisherigen Profossen nicht mehr zufrieden war. Sie hatten die Strassen und Wege zu sichern und waren zumeist militärisch organisiert.[4]

In den Urkantonen sowie den beiden Appenzell[5] war die Landsgemeinde oberstes Organ. Die elementaren polizeilichen Funktionen wie Verfolgung, Einbringung und Verhaftung von Verbrechern und deren Vorführung vor den Rat als das zuständige Gericht wurden von den Amtsdienern, den Weibeln und Läufern wahrgenommen. Die Aufspürung und Ausschaffung fremder Bettler und Vaganten und anderer im Land herumziehender Gauner besorgte ein eigens bestimmter Bettelvogt.[6] In den grösseren Dörfern Unterwaldens gab es das Amt eines Wächters. Das Amt des Harschiers blieb trotz einem Landjägerkorps noch bis ins 19. Jahrhundert bestehen.[7] In Glarus scheinen in gewöhnlichen Zeiten drei Standesläufer mit dem Landweibel zur Handhabung polizeilicher Aufgaben genügt zu haben. Mit dem Anstieg des Bettelunwesens im 17. Jahrhundert wurden Profossen und Bettelvögte eingesetzt. Sie wichen später den Harschierern, die «mit einem geladenen Schiessgewehr und einem guten sabel samt stock» ausgerüstet waren, um sich wehren zu können.[8]

Auch Zug hatte Harschiere und in der Stadt sogenannte «Heimlicher»[9], während in Solothurn zur Verstärkung der bestehenden Dorfwachen, der Aufseher oder Inspektoren spezielle Landharschiere zur Verstärkung ernannt wurden.[10] Diese «polizeilichen» Aufgaben versahen in Schaffhausen die Hatschiere[11], im Thurgau die Harschiere[12] und im Sanktgallischen Amtsdiener, auch Harschierer genannt.[13]

Alle diese erwähnten Ordnungshüter hatten den Auftrag, Bettler, Strolche und dergleichen einzufangen und über die Grenzen zu schieben. Die Wegweisung an die Gemeinde- oder Kantonsgrenze war Usus; für spezielle Betteljagden wurden «Landjägi» veranstaltet (im Kanton Bern letztmals 1804) und das kantonsweit gesammelte «Gesindel» dem Nachbarkanton zugeschoben. Auch innerhalb der einzelnen Kantone wurden die Weggewiesenen einfach über die Gemeindegrenze gestellt.[14]

In Luzern hatte man sich schon 1644 mit dem Gedanken getragen, nach dem Vorbild der Berner, Zürcher, Solothurner und Freiburger eine «algemeine Landjeg» zu veranstalten und zu diesem Zweck Profossen anzustellen. Erst mit Mandat vom 7. August 1682 entschloss sich Luzern, den Dorfwachen mit einer kleinen bewaffneten Landjägertruppe von sieben Mann beizustehen. Sie hatten die Landschaft vierzehntäglich zu durchstreifen und die Jahrmärkte und «Kilbenen» zu überwachen. Dies war der Versuch zur Bildung eines Luzerner Landjägerkorps.[15]

Über die Polizeiverhältnisse im ausgehenden 18. Jahrhundert berichtet Franz Züsli[16] beispielhaft über den Kanton Zürich. Mitte des 18. Jahrhunderts wurden von der Patrouillenkammer sogenannte Patrouillenwächter angestellt. Sie bestanden aus den in der Stadt und auf der Landschaft eingesetzten Stadt-, Hilfs-, Bürger- und Dorfwächtern, die unter dem Befehl des Stadthauptmanns standen. Von 1770 bis 1775 wurden die Harschiere je nach dem örtlichen Einsatz als «Stadt- oder Land-Harschiere» bezeichnet. Zusammen mit den ordentlichen Polizeiorganen (Profossen/Dorfwächter) führten sie sogenannte «Bätteljäginen» durch. Die Kirchgemeinden wurden mit Mandat von 1787 zur Bezeichnung von je sechs Männern verpflichtet, die bei einem Verbrechen vom ersten «Unterbeamten» einberufen wurden, um nach der Täterschaft zu fahnden und Bericht zu erstatten. Im gleichen Jahr erschien eine Instruktion für neu angestellte Patrouillenwächter, und die Patrouillenkammer bezeichnete sogenannte «Harschiers», welche – uniformiert, mit Säbel und Gewehr bewaffnet – die sogenannten «Dorfwachen» zu kontrollieren hatten. 1798 gab es 13 Harschiere; davon waren 5 Land- und 8 Stadt-Harschiere.

Es gibt keine Angaben über die persönlichen Anforderungen an die erwähnten «Beamten»; die Aufgabengebiete wurden in speziellen Verordnungen umschrieben. Trotzdem wurde die Stelle vielfach schlecht und recht im Nebenamt geführt. Davon sprechen die allerorts ausgesprochenen Ermahnungen und durchgeführten Kontrollen. Es gibt keine Angaben über ihre Uniformierung; sie waren mit Säbel und Gewehr bewaffnet. Viele aus den fremden Diensten Zurückgekehrte konnten lesen und schreiben und hatten als einziges Eigentum ihre Uniform und den Säbel zurückgebracht. Im Kanton Luzern bestimmte im Juli 1728 der Kleine Rat, dass den Landprofossen «bei disen misslichen zeiten» Karabiner aus dem Zeughaus ausgehändigt würden».[17]

Die Polizeistrukturen während der Helvetik

Mit dem Einmarsch der Franzosen 1798 wurden nicht alle bisherigen polizeilichen Einrichtungen der Kantone hinweggefegt. In den Städten wurden die Stadtwachen und bestehenden Garnisonen aufgelöst und der Sicherheitsdienst vorerst von den französischen Truppen übernommen. Mit Ausnahme von Freiburg wurden die Maréchaussées aufgelöst.[18]

Die neue helvetische Verfassung machte der Selbständigkeit der Kantone ein Ende. Diese gingen im Einheitsstaat auf, wurden zu blossen Verwaltungsbezirken. Die helvetische Einheitsregierung versuchte die öffentliche Verwaltung nach zentralistischen und wohlfahrtsstaatlichen Prinzipien neu zu schaffen. Bis die neuen Strukturen griffen, behielt man die alten, bewährten bei. In der relativ kurzen Zeit der Helvetik vermochte diese Staatspolitik nicht zu greifen. Der Gesetzgeber versäumte es, das in Aussicht gestellte Polizeigesetz zu erlassen. Also galten die alten «Polizeygesetze» weiter. In der Praxis wurde jedoch dauernd geprüft, ob sich ihr Zweck auf den Schutz der Sicherheit beschränke oder ob sie die Freiheit der Bürger aus einem andern und damit unzulässigen Grund einschränkten.[19]

Die neue Verfassung liess weitgehend offen, wer für die Polizei zuständig war. Es sind nur die Aufgaben des Regierungsstatthalters, des Unterstatthalters und der Agenten in bezug auf die Polizei festgehalten.[20] Die früher den Harschieren und den Gemeindeorganen obliegenden Arbeiten – beziehungsweise die Aufsicht – wurden im Kanton Waldstätten durch die Agenten in den Gemeinden und den Unterstatthalter besorgt.[21] Dem höchsten Beamten von Basel, dem Regierungsstatthalter, stand alleine das Recht der Gefangennahme und der Wahl der höheren Kantonsbeamten zu. Trennung von Justiz und Verwaltung war der Helvetik noch fremd.[22] Das Vollziehungsdirektorium erliess zusammen mit dem Obergeneral der fränkischen Armee am 27. Dezember 1798 ein Dekret, worin den Regierungsstatthaltern aufgetragen wurde, dafür zu sorgen, dass alle in Helvetien zur Landesverweisung (Deportation) Verurteilten innert 14 Tagen die Helvetische Republik verliessen.[23] 1801 wurde eine neue Fremdenverordnung erlassen. Sie bezweckte, die «Menge herumstreifender Betrüger, liederliches Weibsgesindel etc. sowie auch Verbrecher, polizeilich zu kontrollieren und zu fassen». Die Wirte hatten eine Fremdenliste zu führen und in Basel täglich einen Auszug auf die Hauptwache[24], im Kanton Schwyz – unter Androhung der Bestrafung als Vaterlandsverräter – jeden Abend ein «Nachtcedul» den Agenten zu übergeben, die Namen, Geschlecht, Heimat, Gewerbe und Absicht der Reise zu enthalten hatten.[25]

Die für die Polizeisachen zuständigen «Nationalagenten» hatten sich auch mit Vergehen und Verbrechen gegen den Staat zu befassen, das Ermittlungsverfahren durchzuführen und den Straffall dem Gerichtspräsidenten anzuzeigen. Die von den Distriktstatthaltern einzuziehenden Rapporte hatten über die politische Stimmung der Einwohner, über Störungen der öffentlichen Ruhe und Ordnung, geheime Zusammenkünfte und konterrevolutionäre Umtriebe zu berichten, wobei die Beamten nur Tatsachen und nicht unverbürgte Gerüchte anzuführen hatten. Zu rapportieren waren überdies Strassenraub, Mordbrand, Einbrüche, Diebstähle und Geldfälschung.[26] Nach der Auflösung des Direktoriums im Jahre 1800 bemühte der sich ihm folgende Vollziehungsausschuss, eine Polizeitruppe aufzustellen. Vorgesehen war ein Sicherheitspolizeikorps von 600 Mann für die ganze Schweiz; der Plan kam aber nie über das Stadium der Prüfung hinaus. Interessant ist die Erhebung von 1801, wonach im ganzen Gebiet der damaligen Helvetischen Republik noch 294 Mann der Maréchaussée im Dienst standen, wobei es Grenzkantone gab, die keinen einzigen Mann im Dienst hatten.[27]

Das Hauptübel der neuen helvetischen Verwaltung war deren notorischer Geldmangel, so dass vielerorts die noch vorhandenen Polizeiorgane davonliefen. Auf der Landschaft Bern blieben einzelne Harschiere im Dienst, andere suchten mangels Entlöhnung andere Arbeit. Erschreckt durch die vielen Plünderungen und die allgemeine Unsicherheit, stellten viele Landgemeinden Ortspolizeidiener in den Dienst.[28] Offiziell wurden in Freiburg die bestehende Maréchaussée und das Jägerkorps vorläufig – wenn auch oft unbesoldet – im Dienst belassen.[29] In Luzern war trotz der neuen politischen Situation eine gewisse Kontinuität im Polizeiwesen festzustellen. Die noch im Amt verbliebenen 28 Landjäger wurden in den helvetischen Staatsapparat integriert. Sie warteten aber wie andere Beamte gelegentlich vergeblich auf ihre ohnehin bescheidene Besoldung.[30]

Neugründungen von Landjägerkorps als Folge der Mediation

Gründe für die Reorganisation der Landpolizei

Mit der Mediationsakte vom 19. Februar 1803 war es gemäss der Kantonsverfassung der einzelnen Stände Pflicht der Regierung, für Sicherheit, Ruhe und Ordnung im Kanton zu sorgen. Die Formulierung dazu war verschieden prägnant, so zum Beispiel für den Aargau in Artikel 7: «Der Kleine Rat verfügt über die bewaffnete Macht zur Handhabung der öffentlichen Ordnung», für Bern in Artikel 8: «Ein Staatsrat … besorgt diejenigen Geschäfte, welche die innere und äussere Sicherheit betreffen», während für die Landkantone einfach die alten Pflichten der Obrigkeit erwähnt sind. Die Durchführung der inneren Sicherheit lag in der Kompetenz der Kantone. Das Bundesrecht der Mediationsverfassung sah nur über die Tagsatzung eine Eingriffsmöglichkeit vor und liess Absprachen und Konkordate zwischen den Kantonen zu.

Die Polizeiorganisationen in den Kantonen hatten sich durch die Helvetik nicht grundlegend geändert, so dass mit den bestehenden Kräften versucht wurde, die Sicherheit wiederherzustellen. Mit der Bildung von Freiwilligenkorps, Standeskompanien und Standeslegionen wurde in vielen grösseren Kantonen eine bewaffnete Ordnungsmacht geschaffen, die – durch Freiwillige gestellt und durch diese bewaffnet – den Kantonen finanziell nicht stark zur Last fiel.

Die Gründe für die Reorganisation der «Landpolizei», das heisst der bisherigen Organisation, werden vielerorts in den Einleitungen zu den kantonalen Landjägergesetzen dargelegt. Sie fassen die Lage, wie sie auch in anderen Quellen wie zum Beispiel den Regierungsprotokollen und Departementsberichten immer wieder geschildert wird, kurz zusammen: Es handelt sich um das Ungenügen der bestehenden Institutionen.

Die Unzulänglichkeit der «Landpolizei» beschreibt St. Gallen in der Einleitung zum Landjägergesetz von 1803 sehr deutlich: «In Erwägung, dass bey vielen Gemeinden gar keine Polizeywachen aufgestellt sind, bey andern aber nur solche, die ihrem Berufe schlecht vorstehen, grösstentheils aus der niedrigsten Volksklasse hervorgesucht, welche weder Lesen noch Schreiben können, und sehr oft mit den Bettlern und Jaunern gemeinschaftliche Sache machen; in Erwägung ferner, dass diese Leute weder mit zusammenhängenden Instruktionen versehen, noch unter bestimmter Oberaufsicht stehen, dass bey den wichtigsten Anlässen, als zum Beyspiel bey Streiffjagden oder sonstigen Nachspähungen, der erwünschte Endzweck durch sie niemals erreicht werde, indem sie theils ohne Aufsicht und Leitung herumziehen, theils nur in Schenk- und Wirthshäusern sich aufhalten, so, dass das liederliche Gesindel, statt aus dem Kanton, höchstens von einer Gemeinde zur andern verscheucht wird, oder, wenn es auch hie und da über die Grenze kommt, in wenig Tagen in den Kanton zurück kehrt.»

Neben der schlechten Organisation und dem ungenügenden Einsatz der «Landpolizei» findet sich als wesentlicher Grund für die Unsicherheit auf dem Lande der Hinweis auf eine grosse Anzahl von Bettlern, Landstreichern usw., die Hab und Gut, aber auch das Leben der Bevölkerung gefährden. Es sollten aber auch die eigentlichen Verbrecher gefangen werden.

Der ungenügende Einsatz war aber auch durch die schlechte oder fehlende Entlöhnung der «Landpolizei» begründet. Die leeren Staats-, Verwaltungskammer- und Gemeindekassen erlaubten die regelmässige Besoldung nicht mehr. So ist es nicht erstaunlich, dass «Landpolizisten» zur Lebenserhaltung oder Gestaltung einer besseren Lebensweise bestechlich wurden. Nicht ohne Grund verboten deshalb die späteren Diensteide die Annahme von «Mieth und Gaben» oder direkte Geldannahmen im Dienst. Dazu kam auch das Gebot zur ausdrücklichen Verschwiegenheit zum Beispiel in Freiburg, um vorbereitete Aktionen wie Betteljagden nicht zu gefährden.

Die Landpolizei hatte nicht nur der Bettler- und Verbrechensbekämpfung zu dienen; sie musste auch als Stütze der Regierung betrachtet werden. Die Waadt spezifizierte dazu, dass auch Vergehen gegen den Staat aufzuspüren waren: «… de dénoncer … toutes menées ou complot qui pourraient être faits contre l'Etat et le gouvernement». Die politischen Gegensätze im Gefolge der Französischen Revolution hatten nämlich während der Helvetik Umsturzversuche und Bürgerkrieg gezeigt, was ein geordnetes Leben unter einer verantwortlichen Regierung erschwerte oder gar verunmöglichte. Die angezeigten Mißstände bestanden zwar in geringerem Masse schon im Ancien Régime in allen Ständen. Erst die Ohnmacht des helvetischen Regimes angesichts der Kriegswirren und der Besetzung durch französische Truppen liess die Lage unhaltbar werden. Die Kantonsregierungen der mit der Mediationsakte wieder selbständigen Eidgenossenschaft reagierten je nach Notlage und Möglichkeiten unterschiedlich schnell bei den Bemühungen zur Verbesserung der Lage.

Aufruf der Tagsatzung vom 12. September 1803
Die bedrohliche Rechtsunsicherheit in der Eidgenossenschaft veranlasste die eidgenössische Tagsatzung am 12. September 1803 – mit einiger Verspätung –, den alten und den neuen Kantonen zu empfehlen, «eine hinreichende Anzahl Polizeidiener und Häscher zu bestellen», um die Massregeln gegen «Gauner, Strolche und herrenloses Gesindel» zu verschärfen. Mittels Passkontrollen an der Grenze sollte versucht werden, herrenloses Gesindel von der Eidgenossenschaft fernzuhalten. Sollte dieses jedoch in derselben getroffen werden, so wurde vereinbart, dieses mit Laufpässen durch Beamte an die Grenze zu begleiten oder sie mit Pässen auszustatten, in denen die Wegstrecke durch die Eidgenossenschaft und die Zeitdauer genau geregelt waren. Auch wurde vereinbart, dass Bettler oder Landstreicher, die Gemeinden der schweizerischen Bundesgenossenschaft angehören, ebenfalls auf gleiche Art zurückgeschickt oder -geführt werden. Dieser Aufruf ist der erste bundeseinheitliche Beschluss, um der «Strolchenplage» und der Schriftenlosigkeit von Personen zu begegnen. Als Aufruf zur Schaffung von eigentlichen Polizeikorps kam er aber zu spät, hatten doch bereits drei alte und vier neue Kantone eigentliche Landjägerkorps gegründet oder die alten Strukturen bereinigt (voller Wortlaut des Aufrufs im Anhang).

Die Organisation der Landjägerkorps
Zur Erhaltung der inneren Sicherheit im Lande und zum Schutz der Bürger ergriffen die Kantonsregierungen eine repressive Massnahme. Zur Straffung der bisherigen «Landpolizei» organisierten sie neue Landjägerkorps. Sie lösten die bisherigen zentralen Institutionen wie zum Beispiel die Maréchaussée, Jäger zu Fuss, Landharschiere, Harschiere, Profossen und dergleichen auf, behielten jedoch als Hilfsorganisation auf Gemeindeebene und unter der Gemeindeautonomie die Gemeindepolizei.

Die Landjägerkorps wurden nach dem Vorbild der französischen Maréchaussée militärisch gegliedert. Sie hatten nach der Lagebeurteilung der Regierung unter Berücksichtigung der Bevölkerungszahl, der finanziellen Mittel und der topographischen Gegebenheiten einen unterschiedlichen Bestand. Die Landjäger – ein uniformiertes, bewaffnetes, festbesoldetes Korps – taten auf Landposten, auf Bezirksposten, an der Landesgrenze und auf einer Hauptwache in der Kantonshauptstadt ihren befohlenen Sicherheitsdienst. Sie waren für die Sicherheit der Wege und Strassen, für das Verjagen von Landstreichern und Bettlern usw., das Ergreifen von Verbrechern, für Gefangeneneskorten und die Beförderung der Briefe und Weisungen der Behörden verantwortlich. Mit dem Erlass weiterer Gesetze erweiterte sich der Aufgabenbereich. Der Einsatz hatte, wie es zum Beispiel die Waadt im Landjägereid deutlich forderte, gemäss der Kantons- und Bundesverfassung – ohne Rücksicht auf Geburt, Person, Familie und Ort – mit vollem Einsatz «conformément à la loi» zum Schutz des Rechts, der Freiheit und der Unabhängigkeit des Vaterlandes zu erfolgen.

Das Landjägerkorps unterstand der kantonalen Exekutive – Staatsrat, Regierungsrat und ähnlich genannt. Bezüglich der Eingliederung in die Kantonsverwaltung gehörte es meist zum Polizeirat (Polizeikommission, Polizeidepartement u. ä.), der häufig mit dem Justizdepartement gekoppelt war. In vielen Kantonen waren die Landjäger organisatorisch wohl dem Kommando unterstellt, erhielten ihre Aufträge aber von den Statthaltern, Bezirksvorstehern und Gemeindepräsidenten. Die Finanzierung des Korps erfolgte durch die Staatskasse. Dabei konnte der Staat in verschiedenen Kantonen auch auf eine eigene Polizeisteuer Rückgriff nehmen, die pro Kopf der Bevölkerung auf die Gemeinden und Korporationen verteilt wurde. Diese Polizeisteuer war allgemein verhasst und musste später vielerorts wieder abgeschafft werden.

Anforderungen an die Mannschaft
Zum straff militärisch organisierten Landjägerkorps wurden nur militärdiensttaugliche, gesunde und kräftige Männer meist zwischen 18 und 40 Jahren rekrutiert. Die Kapitulation – das heisst die Anstellung auf Zeit – belief sich in der Regel auf zwei oder drei Jahre und konnte erneuert werden. Anfänglich übernahm man einzelne gute und bewährte Männer der früheren Organisationsform. Zur besseren Pflichterfüllung war die Ehelosigkeit vorgeschrieben; doch war mit der Erlaubnis der Obrigkeit in Ausnahmefällen trotzdem die Heirat möglich. Die Landjäger mussten lesen und schreiben können. In einigen Kantonen wie zum Beispiel Freiburg war die Zweisprachigkeit gefordert oder von Vorteil. Die Landjäger wurden vereidigt. Dem Kader oblag die Instruktion und Inspektion, dem Kommandanten neben dem militärischen Kommando auch die Rechnungsführung.

Angesichts der selbständigen Arbeitsweise, der Isoliertheit auf kleinen Landposten und der Verlockungen der Mitmenschen, die sich durch Aufmerksamkeiten aller Art die Landjäger wohlgesinnt stimmen wollten, sind ein gewisser Alkoholismus und ver-

Zürcher Landjäger in der neuen Uniform von 1804 mit Originalwaffen (Aufnahme 1954).

schiedentlich lockerere Sitten im Korps verständlicher. Dies führte zu häufigen Disziplinarmassnahmen und zum Ausschluss aus der Polizeitruppe, auch wenn als Schutzmassnahme eine semesterweise oder jährliche Versetzung an einen anderen Posten erfolgte.

Die Landjäger waren – ledig oder verheiratet – fest besoldet und auch wirklich bezahlt. Bei Arbeitsunfällen oder Krankheit war die meist kostenlose Einlieferung ins Militärspital oder das Bürgerspital des Hauptortes vorgesehen, wie auch die sonstige medizinische Betreuung auf Staatskosten erfolgte.

Eine bemerkenswert frühe Sozialmassnahme war die Errichtung einer Pensions- und Invalidenkasse, die durch einen Soldabzug, aber auch durch ausgefällte Bussen und ausbezahlte Entschädigungen für Inhaftierungen geäufnet wurde. Beim häufigen Wechsel im Korps konnten aber zu Beginn des 19. Jahrhunderts nur wenig Landjäger daraus Nutzen ziehen.

Ausrüstung und Bewaffnung

Die Landjäger wurden als Repräsentanten der kantonalen Obrigkeit betrachtet und dementsprechend gekennzeichnet. So trugen sie die Kantonskokarde und bei guter Finanzlage ein Abzeichen mit dem Kantonswappen auf dem Bandelier oder einer Inschrift auf Metall («Landjäger des Kantons…» o.ä.) aufgenäht am Arm oder sogar Knöpfe mit dem Kantonsnamen und der Korpsbezeichnung auf der Uniform. Bei der Uniform wurde aus Ersparnisgründen darauf geachtet, dass sie aus dauerhaftem Stoff geschneidert war und so während der zwei- bis dreijährigen vorgeschriebenen Tragdauer noch «adrett» wirkte. Zum Schutz vor Wetterunbill wurde zusätzlich noch ein Kaput abgegeben, mit wesentlich längerer Tragzeit.

Die Uniform hatte sich bezüglich Farbe von den nach Waffengattungen verschiedenen Militäruniformen abzuheben, um Verwechslungen vorzubeugen. Bevorzugt wurde Grau, mit schwarzen, blauen oder grünen Verzierungen, um auch bei den Streifengängen besser getarnt zu sein. Während beim Schnitt der Uniform – Ein- oder Zweireiher, mit oder ohne Weste, mit schwarzen Überstrümpfen – der allgemeinen Mode gefolgt wurde, gab es eine Vielfalt von Kopfbedeckungen (Zweispitz, Dreispitz, Tschako, Zeittafelhut, Rundhut, Zylinder), je nach örtlicher Präferenz und Kostenüberlegungen.

Die Bewaffnung bestand aus dem praktischeren Karabiner oder dem Gewehr mit Bajonett und einem Säbel. Sie wurde meist aus dem Zeughaus auf Staatskosten geliefert. Pistolen als Einzelwaffen zu Sondereinsätzen kamen verbreitet erst in den zwanziger und dreissiger Jahren auf. Das Lederzeug war der Tarnung und kleinerer

Kosten wegen meistens schwarz. In der Patronentasche oder im Weidsack wurden Munition, Strick, Handschellen – und was sonst zur Dingfesthaltung nötig war – sowie Steckbriefe mitgeführt.

Die Organisationsgruppen

Beim Betrachten der Gründungsdaten der Landjägerkorps lassen sich verschiedene Gruppen erkennen:

- Die erste Gruppe umfasst Kantone, die relativ schnell auf ihre neue kantonale Selbständigkeit reagierten und ihre «Landpolizei» organisierten. Es sind die neuen Kantone Waadt, St. Gallen und Aargau. Den neuen Ideen stärker zugetan und bestrebt, die kantonale Souveränität zu betonen, wurde die Bildung von Landjägerkorps umgehend in Angriff genommen. Man war unbelastet von veralteten Verwaltungsstrukturen und hatte eine offene Grenze zum süddeutsch-österreichischen beziehungsweise zum savoyisch-französischen Raum, die ein beachtliches Reservoir an fahrendem Volk bildeten.
- Zur zweiten Gruppe gehören Solothurn, Thurgau und Luzern. In diesen Kantonen sind die topographischen Gegebenheiten, die offene Grenze und die Gotthardroute für die schnelle Bildung der Landjägerkorps oder ähnlicher Formationen mitverantwortlich.

Zeitlich nach dem Aufruf der Tagsatzung vom 12. September 1803 an alle Kantone, spezielle Landjägerkorps zu gründen, um dem überhandnehmenden Bettlerwesen Einhalt zu gebieten, wurden Freiburg und Bern tätig, wobei ersteres seine Maréchaussée wieder aufleben lässt und Bern seine frühere Maréchaussée durch ein Polizeikorps ersetzt, damit es die offene Grenze gegen Frankreich abdecken kann. Schwyz folgt dem Vorbild Luzerns, während Solothurn zu Beginn des Jahres 1804 ein Landjägerkorps bildet. Das Gründungsdatum der Kantonspolizei Appenzell Innerrhoden wird ebenfalls mit 1803 angegeben.

Während den militärischen Aufgeboten des eidgenössischen Landammanns zur freundeidgenössischen Intervention im Bockenkrieg, der vom 20. März bis Ende April 1804 dauerte, fanden keine Gründungen von Landjägerkorps statt. Die Ereignisse im Kanton Zürich blieben aber nicht ohne Folgen für diesen Kanton und seine Nachbarn. Man kann sagen, dass in den nachstehenden Kantonen die bestehenden Strukturen als Folge des Bockenkrieges angepasst wurden:

- In Zürich und Freiburg – entweder vom Bockenkrieg direkt betroffen oder stark involviert – kam das vermehrte innere Sicherheitsbedürfnis ganz ausgeprägt zum Ausdruck.

- Graubünden, Tessin, Uri und Schaffhausen gründeten ihre Landjägerkorps im Blick auf die Grenzlage und/oder die Verkehrsachsen.
- Zug als Nachbarkanton und Glarus – traditionell mit Zürich verbunden – folgten ebenfalls dem Beispiel der Gründung von Korps.
- Basel, Appenzell und Unterwalden folgten erst später mit Korpsgründungen. Die überschaubare Grösse des Kantons, die Verbundenheit und Zufriedenheit mit den alten Strukturen und wohl auch die Furcht vor «unbegründeten» Mehrausgaben verhinderten hier wohl die schnelle Verbesserung der Polizeiverhältnisse.

Zwischen den einzelnen Kantonen fand eine rege Korrespondenz hinsichtlich Aufbau und Organisation, Ausrüstung und Aufgabenkreis statt. So hatte der Rat von Glarus am 14. August 1804 eine Eingabe der Landjägerkommission des Kantons Zürich zu behandeln, worin diese den Wunsch aussprach, es sollte ihr Korpschef «mit einer Behörde des Cantons Glarus über Policy-Gegenstände in eine Correspondenz und gegenseitige nächere Verbindung» treten können.

Die kantonalen Landjägerkorps
Ein kurzer Überblick soll die Besonderheiten und Gemeinsamkeiten der einzelnen Landjägerkorps in chronologischer Reihenfolge nach ihrer Gründung aufzeigen.

Waadt (4. Juni 1803)
Im Kanton Waadt beschloss der Grosse Rat am 4. Juni 1803 auf Vorschlag des Kleinen Rats die Errichtung einer Kompanie Gendarmen zu Fuss von 100 Mann, der die «innere Polizey» des Kantons obliegen soll, bestehend aus einem Hauptmann, einem Lieutenant, zwei Unter-Lieutenants, einem Feldweibel, einem Fourier, drei Wachtmeistern, acht Korporalen, zwei Tambouren und 81 Gendarmen. Nach der Formation der Gendarmenkompanie sollen die Maréchaussée und die an der Grenzen stehenden Piketer abgelöst werden.

Mit Reglementen vom 5. und 19. Juli sowie vom 22. November 1803 wurde die Administration des Korps und dessen Aufgabenbeschreibung festgelegt.[31]

St. Gallen (8. Juni 1803)
Wie das «Neue Militärarchiv» schreibt, hat auch der Kanton St. Gallen es als nötig erachtet, seinem «Polizeywesen» militärische Kraft und Organisation zu geben. Mit Datum vom 28. Juni 1803 verordnete er ein Gesetz zur Schaffung einer Anzahl Landjäger zur Handhabung der Polizei in den Kreisen des Kantons; diese sei militärisch zu orga-

nisieren. Der Kleine Rat wurde mit der Erarbeitung der Ausführungsbestimmungen beauftragt. Bereits am 23. September 1803 erliess der dortige Kleine Rat den Beschluss zur Errichtung eines Landjägerkorps, bestehend aus einem Hauptmann, je einem Ober- und Unterlieutenant, je einem Feldweibel und Fourier, vier Wachtmeistern, acht Korporalen, zwei Tambouren und 96 Gemeinen, total 115 Mann. Die Aufstellung der Landjäger oblag – jeweils in ihrem Kreise – den Friedensrichtern. Die Regierung bestimmte den 4. Oktober zur Ernennung der Landjäger und den 9. Oktober zur Vereidigung auf drei Jahre. Die «Ober-Offiziere» wurden von der Regierung ernannt, die Unteroffiziere aus den von den Friedensrichtern bestellten Landjägern.[32]

Aargau (8. Juli 1803)
Der Kanton Aargau sah sich bereits früher veranlasst, durch ein Gesetz die überlieferte Organisation «der Handhabung der öffentlichen Ruhe, Sicherheit des Eigentums und der Person» von Grund auf umzugestalten, da die Zahl und die Eignung der bisher angestellten Harschiere und der Dorfwachen nicht genügte, um «für die Sicherheit der Strassen gehörig zu sorgen» und «dem innern Wohl unseres Kantons jene nötige Nachachtung zu verschaffen».

Das Gesetz vom 8. Juli 1803 sah die Errichtung eines Landjägerkorps mit einer Kompanie Landjäger von 59 Mann vor, davon zwei Wachtmeister, drei Korporale, sechs Gefreite und 48 Gemeine unter dem Kommando eines Polizeihauptmanns. Die Zahl war so bemessen, dass in jedem der 48 Kreise ein Landjäger dem Friedensrichter und in jedem Bezirksort ein Gradierter dem Bezirksamtmann zur Verfügung standen. Am 20. August 1803 erliess der Rat ein ausführliches «Landjäger-Reglement», welches die Obliegenheiten der Landjäger umschrieb und bestimmte, dass die Unteroffiziere und Landjäger auf sechs Jahre angeworben werden. Sämtliche Offiziere, Unteroffiziere und Landjäger wurden vereidigt.[33]

Anpassung bestehender Organisationsstrukturen aufgrund der Mediation noch vor dem Aufruf der Tagsatzung

Appenzell Innerrhoden (1803)
Die ersten Ordnungshüter waren die Nachtwächter. Zu ihrem Schutze trugen sie Lanzetten. 1803 wurde vorerst nur ein einziger «Tagwächter» eingestellt. Erst 1873 wurde eine weitere Stelle geschaffen. Auf die Landsgemeinde 1873 trat die heute noch geltende Kantonsverfassung in Kraft. Diese liess die Bezirke und mit ihnen die Bezirkspolizei entstehen. Die bisherigen Tagwächter wurden zur Kantonspolizei.[34]

Solothurn (25. Januar 1803)
Der Regierungsstatthalter des Kantons Solothurn erliess am 25. Jänner 1803 ein Dekret mit Massnahmen zur Fortschaffung und Abhaltung des «Strolchengesindels» und organisierte erneut die früher vorhandenen Dorfwachen. Die im Kanton verstreuten Harschiere sollten Wälder und abgelegene Orte durchstreifen und das aufgegriffene Strolchengesindel den Dorfwachen oder dem Bezirksstatthalter übergeben.[35]

Appenzell Ausserrhoden (8. Mai 1803)
Als Ausgangspunkt des neueren Polizeiwesens kann eine Landesverordnung vom 8. Mai 1803 gelten, welche bestimmte, dass alle 20 Gemeinden Haschiere aufzustellen hätten. Dies aus finanziellen Erwägungen und aus Rücksichtnahme auf die traditionellerweise mit grosser Kompetenzfülle ausgestatteten Gemeinden. Das Polizeiwesen blieb Gemeindesache. Die Polizeiverordnung vom 10. Oktober 1826 hielt fest: «Es soll jede Gemeinde täglich einen Polizeidiener streifen lassen.» Bis zur Schaffung der Kantonspolizei im Jahre 1972 war das ausserrhodische Polizeiwesen im Bereich Sicherheitspolizei primär Gemeindesache.[36]

Thurgau (28. Mai 1803)
Wenige Wochen nach der Inkraftsetzung der Mediationsverfassung (10. März 1803) verordnet die thurgauische Kantonsregierung, der Kleine Rat, am 28. Mai 1803 die Gründung einer «fünfzehn Mann starken Polizeywache». Es sollen, gemäss Tagblatt der Beschlüsse (Bd. 1, S. 100–102), zur «Abtreibung des schlechten und verdächtigen Gesindels» sogleich in jedem der sieben grösseren Distrikte eine Wache mit zwei Polizeiwächtern und im Distrikt Diessenhofen eine solche mit einem Polizeiwächter aufgestellt werden. Die Distriktstatthalter haben die neuen Ordnungshüter selber zu ernennen.

Im Frühjahr 1804 ist die Staatskasse soweit konsolidiert, dass sie die Besoldung der distriktweise rekrutierten Polizeiwächter übernehmen kann. Die von der Regierung ernannten Statthalter erhalten die völlige Dispositionsfreiheit über ihre Ordnungshüter und können diese wirkungsvoll einsetzen.

Erst in einer im Februar 1807 erlassenen «Nachtragsverfügung» wird festgelegt, dass die Ernennung der neuen Polizeiwächter inskünftig durch die Regierung zu erfolgen hat. Ebenfalls wird eine einheitliche «Montierung» eingeführt. Ausdruck des neuen Charakters der Polizei als Kantonspolizei ist das Messingschild auf dem Hut, das die Aufschrift «Polizeywache vom Canton Thurgau» trägt (Tagblatt der Beschlüsse, Bd. 6, S. 73/74). Zur Gründung eines Landjägerkorps kam es erst 1818.[37]

Zug (10. Juni 1803)

Im Kanton Zug waren bereits Ende des 17. Jahrhunderts vereinzelt gemeindliche Polizeiangestellte im Amt. Diese Harschiere hatten den Auftrag, Bettler, Strolche und dergleichen einzufangen und über die Grenzen zu schieben. Die Stadt Zug hatte eigene polizeiliche Bedienstete, die sogenannten «Heimlicher». Die unsinnigen Betteljagden kosteten viel Geld und blieben ohne jeden Erfolg, wurden doch die Bettler einfach von einer Gemeinde in die andere getrieben. Auf Anregung des Zuger Stadtpräsidenten wurde eine für den ganzen Kanton nützliche Polizeiorganisation vorbereitet, und am 10. Juni 1803 wurde das sogenannte «Bettelmandat» verabschiedet, wonach der Unterstatthalter des Kantons Zug die «Oberaufsicht über die Polizey, Bettler und Vagabunden» erhielt. Die ausführenden Organe waren die von den Gemeinden angestellten Häscher.[38]

Luzern (13. August 1803)

In Anlehnung an den Einsatz von Landjägern im Jahre 1682 wurde mit Verordnung vom 13. August 1803 durch den Schultheiss und den Kleinen Rat des Kantons Luzern eine erneute Einrichtung der Landjäger geschaffen, die am Hauptorte des Amtsgerichtes oder bei Gemeindegerichten eingeteilt wurden und unter dem Befehl des Amtsmanns, der Gemeindegerichtspräsidenten oder Gemeinderichter standen. Es wurde eine einheitliche Armatur (Karabiner, Säbel und Stock), jedoch keine Uniform verordnet. Im § 9 wird darauf hingewiesen, dass nicht nur auf «Bettler und übrige verdächtige und liederliche Leute Aufsicht zu halten, sondern das Augenmerk auf alle Polizey-Vergehen» zu richten sei. Die Landjäger sollen durch den Kleinen Rat ernannt und entsetzt werden, der auch die Bezahlung übernimmt. Die Ablösung von ihren Posten soll jährlich durch die «Polizey-Commission» vorgenommen werden, mit Ausnahme derjenigen, welche aus besonderen Rücksichten auf denselben verbleiben müssen. Hinsichtlich des Bestandes an Landjägern wird nichts erwähnt, lediglich dass auf die Stelle des Landjägerhauptmanns verzichtet und dessen Arbeit durch die Polizeikommission verrichtet werden könne. Es kann mit einem damaligen Bestand von maximal 50 Mann (gemäss Etat von 1798) gerechnet werden.

Ende 1803 machten Mitglieder der Polizeikammer zuhanden des Kleinen Rats Vorschläge hinsichtlich Organisation, Uniformierung, Besoldung und Bewaffnung. 1805 sollte das Landjägerkorps erneut reorganisiert, die alte Truppe aufgelöst und ein neues Korps nach militärischem Vorbild errichtet werden. Die Leitung sollte ein Hauptmann innehaben und das Korps drei Unteroffiziere, zwei Tambouren und 36 Gemeine umfassen. Die Vorschläge wurden nur teilweise umgesetzt.[39]

Basel

Mit der Mediation wurde die Anstellung eines neuen Polizei-Lieutenants beschlossen, dem die Harschiere unterstellt wurden. Erst 1806 erliess der Rat eine neue Ordnung der Harschiere zu Stadt und Land. Ein Landjägerkorps wurde erst 1816 gegründet.[40]

Anpassung bestehender Strukturen aufgrund des Aufrufs der Tagsatzung vom 12. September 1803

Bern (26. Oktober 1803)

Im Verlaufe des Sommers 1803 trafen von der Landschaft laufend Klagen über die «unheilvolle Zerrüttung» der Sicherheitseinrichtungen ein, so dass der Staatsrat die Militärkommission zur Vorlegung eines Projekts für das Landjägerkorps drängte.

Das bereits im 27. September 1803 beim Staatsrat eingetroffene Gutachten enthielt Erwägungen über die Zweckmässigkeit, die Gliederung, Uniformierung, Bewaffnung und Besoldung des Korps sowie über die Pensionierung der bisherigen Maréchaussée. Nach unwesentlichen Änderungen wurde am 26. Oktober 1803 vom Kleinen Rat des Kantons auf Anhörung des Staatsrates der Beschluss gefasst, dass für die Verrichtung des Polizeidienstes im Kanton Bern ein militärisches Korps von 100 Landjägern mit Einschluss ihres Chefs und seiner Untergeordneten errichtet werden soll. Dem Staatsrat sei die Bestimmung aller ferneren Details in bezug auf Einrichtung, Instruktion, Armatur und Kleidung dieses Korps überlassen. Der Staatsrat wurde mit der Ausführung des Dekrets und der Finanzrat mit dem Bereitstellen eines Kredits von 10 000 Franken beauftragt. Am 31. Oktober 1803 erschien die Ausschreibung der Landjägerstellen. Am 1. Januar 1804 nahm das neue Landjägerkorps seine Tätigkeit auf. Es bestand aus einem Chef, einem Fourier, 5 Wachtmeistern, 11 Korporalen und 82 Landjägern. In Bern waren 20 Mann stationiert, und dort erfolgte auch – sofern notwendig – die Ausbildung. Die militärische Ausbildung war kurz, da fast ausschliesslich Leute angestellt wurden, die entweder bei bernischen Truppen oder in Schweizerregimentern in fremden Diensten gedient hatten.

Die Landjäger und Unteroffiziere wurden auf die Bezirke verteilt, wo sie die vom Oberamtmann befohlenen Patrouillen durchführten. Verschiedene Grenzstationen hatten infolge der grossen Landstreicherplage besondere Bedeutung.[41]

Schwyz (29. November 1803)

Am 29. November 1803 verabschiedete der Regierungsrat eine «zweckmässige gedeyliche Polizeiverordnung», um nicht wie bis anhin mangels Vorkehren noch länger dem «ungestümen Schwarm des schädlichsten, gefährlichsten Bettelgesindels preisgegeben zu bleiben», das wegen der Wachsamkeit der übrigen Kantone in den Kanton Schwyz als «Freiheitsort» einströmte. Demnach hatten Häscher fremde Bettler aufzugreifen und an die Grenze zu führen. Erst unter Berufung auf die Annahme der Polizeiverordnung vom 2. August 1804 wurde festgelegt, das der Bezirksrat in der March auf Kosten des Kantons auf zwei Jahre einen Landjäger zu ernennen habe. Weitere Landjäger wurden für die Bezirke Einsiedeln und die beiden Höfe sowie für Gersau und Küssnacht bestimmt. Erst 1806 wurde der Landjägerbestand von 5 auf 7 Mann erhöht.[42]

Solothurn (1. März 1804)
In einer Verordnung vom 4. Januar 1804 gaben Schultheiss, Kleiner und Grosser Rat des Kantons Solothurn kund: «Da uns hinterbracht worden, dass sehr viel fremdes Strolch- und Bettelgesindel in hiesigem Kanton eindringe, dass die Harschiers seit ewigen Zeit im Polizeywesen dasjenige nicht mehr leisten, wozu sie bey ihrer ersten Einrichtung bestimmt waren, dass aber in den benachbarten Kantonen zu Abtreibung dieses Gesindels die strengsten Massregeln ergriffen worden, so haben wir, um unsere lieben und getreuen Kantonsbürger von der Plage dieser herumziehenden Bettler und Vagabunden zu befreyen, an die Stelle der bisher bestandenen Harschiers auf den künftigen 1. März 1804 ein auf militärischem Fuss eingerichtetes Landjägerkorps errichtet. Dieses soll bestehen aus einem Wachtmeister, zwei Kaporalen, zwei Gefreyten und 25 Gemeinen, total 30 Mann. Sie stehen unter den Befehlen und der unmittelbaren Aufsicht des Platz-Commandanten zu Solothurn als Polizei-Lieutenant des Kantons. Soldaten und Gemeine sollen auf die Oberämter verteilt werden, der Wachtmeister und die beiden Korporale sollen da, wo es erforderlich ist, gebraucht werden.» In Polizeisachen standen die Landjäger zur Disposition der Herren Oberamtsleute; in Zivilangelegenheiten sollten sie nicht gebraucht werden können. Wie diese Landjäger mit den Dorfwachen in Verbindung stehen sollten und sich dieselben in Fällen von Arrestationen, Begleitung von Verhafteten sowie betreffs Gesindel und Bettler verhalten müssen, solle von den betreffenden Kommissionen vorgeschrieben werden. Am 5. Juli 1804 wurde ein Gesetz zur Finanzierung des Landjägerkorps erlassen.[43]

Anpassung bestehender Strukturen als Folge des Bockenkrieges
Interessant ist die Feststellung, dass die Unruhen im Kanton Zürich, die zum Bockenkrieg beziehungsweise dessen Ausbruch führten, in keinem der nachfolgend erwähnten Kantone als Grund zur Errichtung der Landjägerkorps angegeben wurden. Einzig in einem Bericht der Ausserordentlichen Standeskommission an den Kleinen Rat des Kantons Zürich wird von der «Fahne des Aufruhrs» gesprochen. Stets wird auf den Not-

stand verwiesen, die Bevölkerung vor «Diebes- und Strolchengesindel» zu schützen. Was auffällt, sind die nach dem Bockenkrieg in schneller Folge entstehenden Landjäger- beziehungsweise Gendarmeriekorps. Es war eine Zeit des Aufbruchs. Die Parlamente mussten neue Gesetze zur Formierung einer bewaffneten Ordnungsmacht schaffen. Während das am 22. Juni 1804 verabschiedete eidgenössische Militärgesetz vielerorts noch Gegenstand der Diskussion war, wurden nicht nur Stadtgarnisonen und Freikorps formiert, sondern auch Landjägerkorps mit militärischer Organisationsstruktur.

Freiburg (16. Mai 1804)
Mit der Begründung der Unzulänglichkeit der im Kanton vorhandenen Mittel, das «Diebes- und Strolchengesindel» im Zaume halten zu können, und überzeugt von der Notwendigkeit, schärfere Massregeln zu ergreifen, damit der Gesellschaft die Sicherheit verschafft werde, die sie von der Regierung zu fordern berechtigt ist, wurde mit Gesetz die bestehende Maréchaussée aufgehoben und an deren Stelle eine Kompanie Landjäger auf militärischem Fuss eingerichtet. Die Landjäger standen unter dem Befehl des Landeshauptmanns, insofern es ihre Bewaffnung, Equipierung und Kriegszucht betraf. In bezug auf die Polizei unterstanden sie den Regierungsstatthaltern. Die Kompanie wurde angeführt vom Hauptmann, dem vier Wachtmeister, vier Korporale und 34 Jäger unterstanden. Die Landjäger wurden auf zwei Jahre angeworben, mussten mindestens 24 und durften nicht älter als 50 Jahre sein. Am 18. Juni 1804 wurde aufgrund des Gesetzes eine Landjägerverordnung erlassen, in der die Pflichten der Landjäger und ihrer Vorgesetzten genau umschrieben, die Strafen aufgelistet und die Eidesformeln für den Hauptmann, für die Unteroffiziere und die gemeinen Landjäger festgehalten wurden. Fast gleichzeitig beschloss der Grosse Rat die Bildung von fünf Polizeibezirken, jedoch ohne die Stadt Freiburg, die über ihre eigene Polizei, die Staatswache, verfügte.[44]

Graubünden (30. Mai 1804)
Am 30. Mai 1804 beschloss der Kleine Rat des Kantons Graubünden die Aufstellung eines «Piquet» von 8 Landjägern, welche dazu bestimmt waren, den Kanton «von allen fremden Landstreichern rein zu halten» und dadurch dem so lästigen Betteln zu steuern. In seiner Verlautbarung wurden die Gemeinden aufgefordert, Aufsicht zu halten über die Landjäger, ihnen aber auch hilfreich beizustehen. Gleichzeitig wurde festgehalten, dass die Vorsteher der Grenzgerichte ungesäumt an der äussersten Grenze einen Pfahl mit folgender Aufschrift aufzustellen hätten: «Im Kanton Graubünden ist alles Betteln verboten.» Der Rat ergänzte das Gesetz mit der Bemerkung: «Aus Anlass der

Rückkunft des Contingents und Compagnie [vom Einsatz im Bockenkrieg] glaubte man die am besten tauglichen Subjekte zu finden, welche als Landjäger zur Reinhaltung des Kantons von Landstreichern aufgestellt werden könnten.» Nach Anfrage an die Mannschaft der Kompanie wurden 8 Mann auf unbestimmte Zeit engagiert. Es wurde ihnen eine Montur abgegeben und für die Landjäger eine Instruktion abgefasst.[45]

Tessin (2. Juni 1804)
Eine der ersten Massnahmen des Kleinen Rats des neugeschaffenen Kantons Tessin war die Schaffung eines Gendarmeriekorps. Ein erstes Projekt vom 27. August 1803, welches dem Grossen Rat am 11. Mai 1804 vorgelegt wurde, sah die Schaffung eines «Corpo di gendarmeria» von 60 Mann vor, Freiwillige und Leute aus den Gemeinden. Am 2. Juni 1804 stimmte der Kantonsrat der Schaffung einer «Formazione d'una compagnia di 60 fucilieri pel servizio del Cantone» zu, bestehend aus einem Hauptmann, einem Leutnant, zwei Wachtmeistern, vier Korporalen, zwei Tambouren und 52 Soldaten.[46]

Zug (8. Juni 1804)
Da das bisherige System nicht genügte, beschloss der Zuger Stadt- und Amtsrat am 8. Juni 1804 die Schaffung einer kantonalen Polizeiwache, bestehend aus 5 Landjägern, welche am 2. Juli 1804 den Dienst antreten mussten. Wie bei anderen Korps mussten sie lesen und schreiben können und gegebenenfalls über Fremdsprachenkenntnisse verfügen. Sie hatten im Piemont, in Frankreich oder Holland in fremden Diensten gestanden. Ein eigentliches Polizeireglement mit Rechten und Pflichten des kleinen Landjägerkorps wurde erst am 4. August 1833 geschaffen.[47]

Zürich (27. Juni 1804)
Mit der Errichtung einer neuen Regierung wurde auch eine Polizeikommission bestellt. Das seit dem Jahre 1787 bestehende Mandat der Stadtregierung war nach der Helvetik wieder aktuell. Inzwischen hatte die eidgenössische Tagsatzung am 12. September 1803 ihre Verfügung betreffend «Strolche und herrenloses Gesindel» erlassen. In einem Rapport der Justiz- und Polizeikommission vom 24. September 1803 wird vermerkt, dass die 8 Harschiere für die Stadt wohl vorhanden, aber nur zur Hälfte für die wichtigen Verrichtungen ihres Dienstes brauchbar wären. Wenn die Dorfwachen wohlorganisiert und bestellt wären, würden 5 Harschiere zur Visitation hinreichen. Die heilsame Einrichtung mit den Dorfwachen sei wegen ihrer gewöhnlich schlechten Bezah-

Korpsfahne der Kantonspolizei Zürich; Geschenk des Regierungsrates zum 175-Jahr-Jubiläum am 31. August 1979. Auf der Rückseite ist das Dienstgelübde festgehalten.

lung «dermal blosser Schein ohne Kraft und Wirkung». In den meisten Dorfschaften versähen unvermögende, ja oft «presthafte Menschen» diesen Posten und würden nur darum gewählt, damit man weder sie noch ihre Familie aus dem Armengut erhalten müsse. Wegen schlechter Bezahlung müssten kraftvolle, aber arme Dorfbürger tagsüber als Knecht arbeiten, so dass sie dann nachts müde seien und im Bett lägen. Schlecht stehe es auch mit den Nebenwachen. Die hiezu bezeichneten Bürger würden höchstens einmal im Tag einen Rundgang machen.

Aus Rücksicht auf die unerträglich gewordene Bettlerplage wurde eine allgemeine Betteljagd im ganzen Kanton in Vorschlag gebracht. So kam es zu einer neuen Verordnung wegen der Dorfwachen (4. Weinmonat 1803), in der die Gemeinden ernstlich ersucht wurden – je nach Beschaffenheit und Grösse ihres Gebiets –, «einen, zwey oder drey, von ihr eigens bestellte zum Dienst taugliche und besoldete Wächter» zu stellen. Die Betteljagd wurde auf den 15. Oktober 1803 festgesetzt. Die Gemeindeammänner hatten eine hinlängliche Anzahl rüstiger und bewaffneter Männer oder wenigstens eine mit tüchtigen Stöcken versehene Mannschaft bereitzustellen und mit ihnen den ganzen Distrikt – vor allem die abgelegenen Höfe – zu durchsuchen. Alle Bettler, alle Kriegs- und Landläufer, die nicht patentiert und mit gehörigem Pass versehen waren, wurden ihrer Heimat oder der Grenze zugeführt. Den Nachbarkantonen und den fremden Regierungen wurde eine Anzeige gemacht, damit das an der Grenze abgelieferte «Gesindel» in Empfang genommen und weiter fortgeschafft werden konnte.

Am 26. Januar 1804 erliess der Kleine Rat eine Verordnung für die Landharschiere und eine erneuerte Polizeiordnung für die Stadtharschiere. Diese behördlichen Erlasse und die Anordnung erwiesen sich als nicht ausreichend, um den bedenklichen Zuständen zu begegnen. Das ganze Land war durch die kriegerischen Ereignisse und die damit verbundene Teuerung, Arbeitslosigkeit und zunehmende Unsicherheit auf Wegen und Stegen in eine Situation geraten, welche nur mit ausserordentlichen Mitteln behoben werden konnte.

«Zur Erhaltung einer guten Polizey und Sicherheit des Landes» schuf die Regierung ein Reglement für das Landjägerkorps des Kantons Zürich (19. Juni 1804). In diesem wurden die bisher angestellten Harschiere und deren Verrichtungen ab 1. Herbstmonat an aufgehoben. An ihrer Stelle sollte eine Kompanie Landjäger von 62 Mann errichtet und dabei «soviel möglich auf junge, unverheiratete, verständige und zuverlässige Männer Rücksicht genommen werden». Das Korps bestand aus einem Chef, einem Fourier, 3 Wachtmeistern, 6 Korporälen und 52 Gemeinen. Die Uniform bestand aus aschgrauen langen Hosen, einem Gilet und kurzem, bis unter den Bauch zugeknöpftem Rock mit schwarzem Kragen und Aufschlägen, schwarzen kurzen Überstrümpfen und einem grauen Überrock, einem runden, auf der einen Seite aufgeschlagenen Hut mit einer Kantonskokarde sowie einem Schild aus Messing um den linken Arm mit der Umschrift «Landjäger des Kantons Zürich». Die Bewaffnung bestand aus einem kurzen Schiessgewehr, einem Säbel und einem schwarzledernen Weidsack.

Das Korps war militärisch organisiert und die Mannschaft auf die vier Distrikte Horgen (16), Uster (10), Bülach (10) und Winterthur (10) verteilt; sie unterstand je einem Korporal oder Wachtmeister. Der Chef, der Fourier und der Rest der Mannschaft sowie der Unteroffiziere verblieben in Zürich. Die genauen Anweisungen über die Pflichten und Verrichtungen des Chefs, die Pflichten und Verrichtungen des Fouriers, der Unteroffiziere und der gemeinen Landjäger verlangten auf allen Stufen eine strikte Befolgung der erhaltenen Befehle, strengste Ordnung und Pflichterfüllung, die Erstellung von wöchentlichen Rapporten und Verschwiegenheit über alles, was geheim zu halten geboten wurde.

Vom 28. Juni 1804 stammt ein spezielles Reglement über die Bestrafung der Unteroffiziere und der gemeinen Landjäger. Folgende Strafen waren vorgesehen: Schadenersatz, Arreststrafen für leichte Vergehen, Degradierung für Unteroffiziere, Gefangenschaft mit Krummschliessung und anschliessender Entlassung. Alle diese Strafen wurden durch die «Landjäger-Commission» verhängt. Das Reglement wurde nach dem Beispiel anderer Kantone und im Interesse einer militärischen Disziplin aufgestellt und vom Kleinen Rat am 9. Juli 1804 genehmigt.

Die Anwerbung der Landjäger und der Unteroffiziere erfolgte über eine schriftliche Kapitulation für zwei Jahre und enthielt die wichtigsten Punkte des Gründungsreglements und des Eides. Spezielle Eidesformeln galten für den Chef, eine spezielle für die Unteroffiziere und eine solche für den gemeinen Landjäger.

Zusätzlich zu der von der Regierung angegebenen Begründung für die Schaffung eines Landjägerkorps sind einige Gedanken aus dem Gutachten der ausserordentlichen Standeskommission an den Kleinen Rat von Bedeutung. Darin wird von notwendigen Verbesserungen der «Polizey-Einrichtung» zur Sicherstellung des Publikums gegen fremdes und einheimisches «Diebsgesindel» gesprochen, auch über dasjenige, das die öffentliche Ruhe und Ordnung behindert. Massregeln, welche zu einem heilsamen Zweck führen, gehörten zu den wichtigsten Obliegenheiten einer sorgfältigen Regierung. Sie seien besonders in einem Lande unentbehrlich, «welches, wie das Zürcherische, seit langen Jahren durch unruhige und leidenschaftliche Menschen zu den verschiedenartigsten Zwecken bearbeitet und aufgewiegelt worden ist, wo eine grosse Zahl dürftiger Fabrikarbeiter und brotlose Taugenichtse bereitwillige Werkzeuge für jeden darbieten, der die Fahne des Aufruhrs aufzustecken sich erdreistet; worin endlich bei den untersten Volksklassen alle richtigen Begriffe von Recht und Unrecht verdunkelt und Achtung und Gehorsam in Bezug auf Gesetz und Regierung in gänzliche Vergessenheit geraten sind. Aus diesen Betrachtungen sei die Errichtung eines besondern Landjäger-Corps von 60 Mann nach dem Beispiel anderer Kantone, welches sich als sehr zuträglich erprobt hat, vorgeschlagen. Dieses Corps würde in Absicht auf Besoldung, Bekleidung, Dienstpflichten usw. auf ähnlichem Fuss eingerichtet werden, wie die diesfälligen Reglemente mehrerer Cantone ausweisen.» Gleichzeitig wurde auch die Oberaufsicht über dieses Korps und die allgemeine «Landespolizey» skizziert. Diese müsste, weil Schnelligkeit und Verschwiegenheit Haupterfordernisse seien, aus nicht mehr als vier Ratsmitgliedern bestehen. Dem Wunsch der Standeskommission wurde mit der Schaffung einer Polizeikommission Rechnung getragen.[48]

Obwalden (30. August 1804)

Man begann 1803 mit den früher schon üblichen Betteljagden. Die Gemeindeharschiere mussten an bestimmten Tagen die fremden Bettler aufgreifen und über die Grenze abschieben. Mit einer neuen Polizeiordnung wurden anstelle der Harschiere drei Landjäger ernannt. Sie unterstanden nicht mehr den Gemeindebehörden, sondern der Landesobrigkeit und mussten von den Gemeindeweibeln unterstützt werden.[49]

Uri (19. September 1804)

Den ersten Anhaltspunkt für eine selbständige Polizei im Kanton Uri kann man dem Landratsbeschluss vom 19. September 1804 entnehmen, der die Bewaffnung von drei Landjägern anordnete. Diesem Erlass vorausgegangen waren am 26. Juni 1804 umfassende Polizeimassnahmen gegen «Vagabunden und verdächtige Leute», was auf aktuelle Probleme – vermehrte Ordnungs- und Sicherheitspolizei in unruhiger Zeit, zumal in einem Pass- und Durchgangsland – schliessen lässt. Die früheste Landjägerordnung bestand in einem Vertrag von 1805 zwischen dem Landessäckelmeister und den ersten Landjägern, von denen zwei in Altdorf stationiert waren und der dritte in Amsteg mit dem Auftrag, seine Touren bis Urseren auszudehnen.[50]

Glarus (18. Dezember 1804)

Die alte Harschierordnung vom 20. März 1804 mit sechs Funktionären genügte nicht mehr. Der Rat hatte am 14. August 1804 eine Eingabe der Landjägerkommission des Kantons Zürich zu behandeln, worin diese den Wunsch aussprach, es sollte ihr Korpschef «mit einer Behörde unseres Cantons über Policy-Gegenstände in eine Correspondenz und gegenseitige nächere Verbindung» treten können; das heisst, auch Glarus sollte so etwas wie die Stelle eines Polizeichefs schaffen. Diese Anregung beantwortete man dahin, man sei daran, die erforderlichen Abänderungen vorzunehmen; «anbey seye aber einstweilen unserem dermahligen Herr Landseckelmeister Cosmus Zweifel die Oberaufsicht über die Policy-Angestellten übertragen worden». Bereits am 16. September 1804 erklärte sich der Rat bereit, einem Abkommen mit Zürich beizutreten, wonach Landjäger in «Verfolgung von verdächtigen Personen» gegenseitig die Grenzen der Kantone überschreiten dürften. Am 5. Oktober 1804 konnte der Rat einer Neuordnung zustimmen, durch welche eine Polizeikommission als vorgesetzte Behörde sowie ein Landjägerkorps geschaffen wurden. In der Folge wurden die bisherigen Harschiere ersetzt. Man wählte acht Landjäger, die bestimmten Ortschaften zugeteilt wurden. Besonders eingeschärft wurde den Landjägern, dass sie die ihnen zugestellten Signalemente auswärtiger Delinquenten «behörend aufbehalten und selbe auf sich tragen».

Am 18. Dezember 1804 wurden die acht Mann durch den Rat vereidigt. Zudem bewilligte dieser in Anbetracht der «gegenwärtig rohen Jahreszeit einen Kaput-Rock», der jedoch beim Ausscheiden zurückzugeben sei.[51]

Schaffhausen (18. Februar 1805)
Die von der «Cantons-Polizey-Commission» entworfene Stadt- und Landjägerordung wurde vom Kleinen Rat am 18. Februar 1809 genehmigt. Die drei Stadtjäger und sieben Landjäger unterstanden dem «Polizey-Lieutenant», der auch für die Besoldung zuständig war. Die Jäger hatten sich, so oft sie ihre Patrouillen machten, bei den Gemeindepräsidenten ihres angewiesenen Bezirks zu melden und diese unterschriftlich bestätigen zu lassen. Da der Bettel im ganzen Kanton verboten war, mussten die ansässigen Bettler den betreffenden Gemeinden zugeführt, fremde jedoch an die Grenze geschafft werden. Besonderes Augenmerk verdienten «fremde Vagabunden, herrenloses Gesindel, Deserteure, liederliche, der Wollust ergebene Weibspersonen sowie schriftenlose fremde Krämer und Juden und falsche Steuersammler». Vor allem die Jahrmärkte mussten ständig in Uniform kontrolliert werden.[52]

Thurgau (26. Februar 1807)
Mit der Konsolidierung der Staatskasse im Jahre 1804 übernahm diese die Besoldung der Polizeiwächter. Die von der Regierung ernannten Statthalter erhielten damit die völlige Dispositionsfreiheit für ihre Ordnungshüter und wurden nicht mehr durch die Gemeinden behindert, die aufgrund der Mitfinanzierung auf die Präsenz der Landjäger Wert legten. Eine im Februar 1807 erlassene «Nachtragsverfügung» hielt fest, dass die Ernennung der neuen Polizeiwächter durch die Regierung zu erfolgen habe. Im gleichen Monat wird eine einheitliche «Montierung» beschlossen, bestehend aus Uniform und Bewaffnung. Ausdruck des neuen Charakters der Polizei als Kantonspolizei ist das Messingschild auf dem Hut, das die Aufschrift «Polizeywache vom Canton Thurgau» trägt. Das militärisch organisierte Landjägerkorps – ein Hauptmann, 7 Korporale und 24 gemeine Landjäger – nimmt erst am 1. August 1818 seinen Dienst auf.[53]

Vereidigungen auf die neue Verfassung als Auslöser der Unruhen in Zürich
Die Revolutionsjahre 1798 bis 1802 hatten dem Zürchervolk nebst dem Unheil der kriegerischen Auseinandersetzungen auch den Genuss der Freiheit und Gleichheit gebracht. Das Petitionsrecht galt in vollem Masse; jeder Bürger konnte sich mündlich oder schriftlich an die staatlichen Gewalten wenden. Die Mediationsakte begünstigte jedoch wieder die Aristokratie. Die liberalen Kräfte aus dem Kanton Zürich konnten sich gegen die anderen Kantone nicht durchsetzen, als es um einen niedrigen Ansatz des Loskaufkapitals für Zehnten und Grundzins ging. Bonaparte setzte in die kantonalen Verfassungen den sehr dehnbaren Ausdruck «Loskauf nach dem wahren Werte».

In der verfassungsmässigen Kreiseinteilung für die Wahlen in den Grossen Rat wurde wiederum die Stadt bevorzugt, erhielt sie doch 20 Prozent aller Volksvertreter, trotz ihrem nur 6prozentigen Bevölkerungsanteil. Auch wurde Hans von Reinhard erster Bürgermeister und als solcher zugleich Vorsitzender im Grossen Rat und im Obergericht – von Gewaltentrennung keine Spur! Vor Weihnacht 1803 beschloss die Regierung ein Gesetz, das für den Grundzins und Zehntenloskauf den hohen Ansatz des 25fachen Werts vorsah. Zugleich sollten in den Kirchen der Hauptorte von Wahlkreisen die Bürger zuhanden von Mitgliedern des Kleinen Rates einen Eid der Treue für die Verfassung, die Gesetze und die Regierung leisten. Im Weinland und den Gegenden von Winterthur, Andelfingen und Bülach gärte es. Eine Bittschrift an die Regierung um Abänderung der Gesetze wurde zur Unterzeichnung herumgeboten und beraten. Die Bittschrift wurde abgelehnt und für ungesetzlich erklärt; die Anstifter und Befürworter wurden zur Bestrafung an die Gerichte verwiesen. Der für 1804 gewählte Landammann der Schweiz, der Berner Schultheiss Rudolf von Wattenwyl, der eine nicht geringe Verantwortung hinsichtlich der öffentlichen Ruhe in der Schweiz hatte, bestärkte am 11. März 1804 den Kleinen Rat in Zürich mit der Mitteilung, dass er alle Mittel, welche die Bundesverfassung ihm zu Gebote stelle und der Kanton Bern und andere Orte zu bieten vermöchten, zugunsten der Regierung von Zürich bereithalte. Somit wurde die Eid-Einforderung vorangetrieben. Am 16. März verweigerten die Einwohner von Wädenswil zusammen mit denen von Richterswil, Hütten und Schönenberg den anwesenden Ratsherren gegenüber den Eid. In Horgen wurde der Eid ebenfalls verweigert, während in Stäfa und Meilen sogar die Mitglieder der Regierung verhöhnt wurden. Statt durch Vermittlung die beginnenden Unruhen beizulegen, begann der schweizerische Landammann von Wattenwyl in den Kantonen Bern und Freiburg Truppen einzuberufen, was in der Folge zum Bockenkrieg führte.[54]

Vereidigung der Landjäger auf die neuen Regierungen am Beispiel Zürichs

Die Eidesleistung auf die Regierung – seit Zwinglis Zeiten nicht mehr aus dem Zürcher Stadtstaat wegzudenken – forderte von den Bürgern nach 1803 die Eidesleistung auf Verfassung, Regierung und Gesetze. Dies führte zusammen mit dem erwähnten Zehntenloskauf und Einschränkungen der Gewerbefreiheit und der Gemeindeautonomie zum offenen Aufruhr. Nach dessen Niederschlagung wurde das Landjägerkorps geschaffen. Die Regierung verlangte von den Landjägern einen Eid auf die Regierung. Die inhaltliche Bedeutung der drei Eidesformeln für Chef, Unteroffiziere und Landjäger lässt gemeinsame Züge erkennen. Die einleitende Treue- und Wahrheitspflicht gegenüber der Regierung und vorgesetzten Stellen – den Nutzen des Staates zu fördern und den Schaden abzuwehren – ist eine alte, in den Pflichteiden vom Mittelalter bis zur Neuzeit anzutreffende Formulierung. Die allgemeine Schweigepflicht gegenüber Drittpersonen bei dienstlichen Wahrnehmungen ist ein besonderes Element polizeilicher Aufgaben.

Anstelle der Eidesformel trat im Laufe des Jahrhundert das Handgelübde. Das im Jahre 1879 neu verfasste Amtsgelübde wurde mit der kleinen Modifikation «…überhaupt Euere Verpflichtung getreu zu erfüllen» bis heute beibehalten und ist auf die 1979 anlässlich der 175-Jahr-Feier der Kantonspolizei vom Kantonsrat geschenkte Korpsfahne aufgestickt.[55]

Anmerkungen

Diese Beschreibung der Entstehung der Landjägerkorps der Schweiz kann und will nicht abschliessend sein. Die in diesem Beitrag aufgeführten Kantone mussten im weiteren Zusammenhang mit dem Bockenkrieg stehen, sei es als Neugründung oder Strukturbereinigung des Kantons als Folge der Mediation, des Aufrufs der Tagsatzung oder infolge des Bockenkrieges. Den Abschluss macht das thurgauische Landjägerkorps, dessen Kanton ja auch ein Kind der Mediation war.

Die vollständige Liste mit den Daten der Entstehung der kantonalen Polizeikorps findet der Leser im Anhang, wo auch weitere Tabellen mit Auflistung von Gründungsdaten, Bestand, Anwerbungsdauer, Uniformierung und Bewaffnung sowie Besoldung die Übersicht über die Verhältnisse vor 200 Jahren erleichtern.

1 Franz Züsli, Polizei-Organisation der Republik Zürich in der zweiten Hälfte des 18. Jahrhunderts, S. 118–126.
2 Hans Arnet, 150 Jahre Kantonspolizei Bern, S. 9–17.
3 Adolf Ramseyer, Die Basler Polizei, S. 167/68.
4 Hubert Foerster, Die Maréchaussée (1748–1804) und das Jägerkorps (1771–1804) im Kanton Freiburg, Freiburger Geschichtsblätter 59 (1974/75), S. 219–235.
5 Hermann Bischofberger, 75 Jahre Polizeibeamten-Verband Appenzell Innerrhoden, S. 29–31.
6 Josef Wiget, 180 Jahre Schwyzer Polizei, S. 19.
7 Hansjakob Achermann, 75 Jahre Polizeibeamten-Verein Nidwalden, S. 6/7.
8 Fridolin Stucki, Glarner Landjägerkorps, S. 7.
9 Richard Renggli, 175 Jahre Kantonspolizei Zug, S. 13/14.
10 Walter Wittwer, 175 Jahre Solothurner Polizei.
11 Roland Hofer, Staatsarchiv Schaffhausen, in Brief an den Verfasser, 2003.
12 André Salathé, Der Aufbau eines staatlichen Polizeikorps (am Beispiel des Kantons Thurgau), S. 345–362.
13 Niklaus Lötscher, Die Kantonspolizei St. Gallen, S. 11.
14 Adelhelm Bünter, 75 Jahre Polizeibeamtenverein Nidwalden, S. 6.
15 Franz Kiener, 200 Jahre Kantonspolizei Luzern, S. 19, 26.
16 Franz Züsli, Polizeiorganisation der Republik Zürich, S. 118–126.
17 Franz Kiener, 200 Jahre Kantonspolizei Luzern, S. 129.

18 Hubert Foerster, Die Maréchaussée (1748–1804) und das Jägerkorps (1771–1804) im Kanton Freiburg, Freiburger Geschichtsblätter 59 (1974/75), S. 219–235.
19 Nicola Behrens, Zürich in der Helvetik, S. 205.
20 Ebenda: «Der Statthalter wacht für die innere Sicherheit, übt das Recht der Gefangennehmung aus und verfügt über die bewaffnete Macht, ohne dass er sie anführen darf» (§ 96 Abs. 10). «Für die Handhabung der öffentlichen Ruhe und die Vollziehung der sowohl von dem Statthalter als von den Gerichtshöfen oder der Verwaltungskammer ergehenden Befehle ist in jedem Hauptort und in jedem District ein Unter-Statthalter, welcher in jeder Section der Städte und in jedem Dorfe einen Agenten unter sich hat, den er selbst ernennt» (§ 103).
21 Josef Wiget, 180 Jahre Schwyzer Polizei, S. 18–20.
22 Adolf Ramseyer, Die Basler Polizei, S. 168ff.
23 Josef Wiget, 180 Jahre Schwyzer Polizei, S. 18–20.
24 Adolf Ramseyer, Die Basler Polizei, S. 168ff.
25 Josef Wiget, 180 Jahre Schwyzer Polizei, S. 18–20.
26 Adolf Ramseyer, Die Basler Polizei, S. 168ff.
27 Hans Arnet, 150 Jahre Kantonspolizei Bern, S. 17/18.
28 Ebenda.
29 Hubert Foerster, Die Maréchaussée, S. 219.
30 Franz Kiener, 200 Jahre Kantonspolizei Luzern, S. 34.
31 Neues Militärarchiv, Bd. 1, Zürich 1804, S. 106/07, 286–288, 466–470.
32 Neues Militärarchiv, Bd. 1, S. 181–187.
33 Noldi Halder, 50 Jahre Verein der Kantonspolizei Aargau, S. 11ff.; Neues Militärarchiv, Bd. 1, S. 63/64.
34 Hermann Bischofberger, 75 Jahre Polizeibeamten-Verband Appenzell I. Rh., S. 29ff.
35 STASO, Gedruckte Mandate, 25. Januar 1803.
36 Peter Witschi, Staatsarchivar Appenzell Ausserrhoden, in Brief vom 1.12.2003 an den Verfasser.
37 André Salathé, Der Aufbau eines staatlichen Polizeikorps (am Beispiel des Kantons Thurgau), S. 345–362.
38 Richard Renggli, 175 Jahre Kantonspolizei Zug, S. 13.
39 Franz Kiener, 200 Jahre Luzerner Polizei, S. 36–38.
40 Adolf Ramseyer, Die Basler Polizei, S. 167/68.
41 Hans Arnet, 150 Jahre Kantonspolizei Bern, S. 19–22; Neues Militärarchiv, Bd. 1, S. 203–205.
42 Josef Wiget, Geschichte der Schwyzer Polizei, Schwyz 1984, S. 20–22.
43 Walter Wittwer, 175 Jahre Solothurner Polizei; STASO, Gedruckte Mandate, Proklamationen, Erlasse, Gesetze und Verordnungen; Neues Militärarchiv, Bd. 2, S. 27–31.
44 Hubert Foerster, 175 Jahre Freiburger Polizei, Freiburg 1979, S. 18, 24; Neues Militärarchiv, Bd. 2, Zürich 1805, S. 32–36.
45 Ernst Juon, 150 Jahre Landjägerkorps Graubünden, S. 22/23; Neues Militärarchiv, Bd. 2, Zürich 1805, S. 57–59.
46 Silvio Martinoli, Cronistoria della polizia ticinese, Pubblicazione dell'Associazione dei Capi delle polizie comunali ticinesi, Losone 1992, S. 9.
47 Richard Renggli, 175 Jahre Kantonspolizei Zug, S. 15/16.
48 Jakob Müller, Geschichte der Kantonspolizei Zürich, Festschrift «25 Jahre Verein Kantonspolizei Zürich, 1909–1934», Zürich 1934, S. 8–21; Neues Militärarchiv, Bd. 2, S. 60/61.
49 Niklaus von Flüe, Die Mediationszeit in Obwalden, S. 72.
50 Peter Roubik, Urner Kantonspolizei, S. 7ff.
51 Fridolin Stucki, Zur Geschichte des Glarner Landjägerkorps, S. 4–7.
52 Offizielle Sammlung 2, Schaffhausen 1805, S. 5–12.
53 Tagblatt der Beschlüsse des Kantons Thurgau, Bd. 6, S. 73/74; André Salathé, Polizei und Bevölkerung, S. 15ff.
54 J. J. Schneebeli, Der Bockenkrieg 1804, S. 2ff.
55 Franz Gut, Eid und Gelöbnis der Kantonspolizei Zürich, S. 183ff.

Anhang

Literaturverzeichnis

Achermann Hansjakob, 75 Jahre Polizeibeamten-Verein Nidwalden, 1911–1986, Stans 1986.

Arnet Hans, Hundertfünfzig Jahre Kantonspolizei Bern, 1804–1954, Bern 1954.

Behrens Nicola, Zürich in der Helvetik. Von den Anfängen der lokalen Verwaltung, in: Mitteilungen der Antiquarischen Gesellschaft in Zürich, Bd. 65, Zürich 1998.

Biber Walter, 150 Jahre Stadtpolizei Bern, Bern 1960.

Broger Hermann et al., 75 Jahre Polizeibeamten-Verband Appenzell I. Rh. Geschichte über das Polizeiwesen im Kanton Appenzell I. Rh., Appenzell 1988.

Bünter Adelhelm et al., 75 Jahre Polizeibeamten-Verein Nidwalden, Stans 1986.

Foerster Hubert, Die Maréchaussée (1748–1804) und das Jägerkorps (1771–1804) im Kanton Freiburg, Freiburger Geschichtsblätter 59 (1974/75).

Foerster Hubert, Freiburg und der Bockenkrieg 1804, Freiburger Geschichtsblätter, 1985/86, und 175 Jahre Freiburger Polizei, Freiburg 1979.

Fürstenberger Markus, 175 Jahre Basler Polizei, Basel 1991.

Gut Franz, Eid und Gelöbnis der Kantonspolizei Zürich, Separatabdruck Zürcher Taschenbuch auf das Jahr 1991, Zürich 1990.

Halder Noldi, 50 Jahre Verein der Kantonspolizei Aargau, Aarau 1954.

Herdi Ernst, Thurgauer Polizei einst und heute, Frauenfeld 1957.

Hofer Roland, Staatsarchiv Schaffhausen, in Brief an den Verfasser, 2003.

Juon Ernst, 150 Jahre Landjägerkorps Graubünden. 50 Jahre Bündnerischer Polizeibeamtenverein, Chur 1954.

Kiener Franz, Im Einsatz für Sicherheit, Ruhe und Ordnung, 200 Jahre Kantonspolizei Luzern, Luzern 2003.

Loertscher Walter, Die Kantonspolizeien der Schweiz, Renens 1991.

Lötscher Niklaus, Die Kantonspolizei St. Gallen, Verband der Kantonspolizei St. Gallen, 1907–1982.

Martinoli Silvio, Cronistoria della polizia ticinese, Pubblicazione dell'Associazione dei Capi delle polizie comunali ticinesi, Losone 1992.

Müller Jakob, Geschichte der Kantonspolizei Zürich, 25 Jahre Verein Kantonspolizei Zürich, 1909–1934, Zürich 1934.

Ramseyer Adolf, Die geschichtliche Entwicklung des Basler Polizeiwesens, Die Basler Polizei, 75 Jahre Polizeibeamten-Verband des Kantons Basel-Stadt 1905–1980, Basel 1980.

Renggli Richard, 175 Jahre Kantonspolizei Zug / 75 Jahre Verband der Kantonspolizei Zug, Zug 1982.

Roubik Peter et al., Das Polizeiwesen im Kanton Uri – gestern und heute. 75-Jahr-Jubiläum des Verbandes der Polizeibeamten, Sektion Uri, Ausstellung im Schloss A Pro, Seedorf 1992.

Salathé André, Polizei und Bevölkerung. Der Aufbau eines staatlichen Polizeikorps zu Beginn des 19. Jahrhunderts (am Beispiel des Kantons Thurgau), in: Brändli Sebastian et al. (Hrsg.), Schweiz im Wandel. Studien zur neueren Gesellschaftsgeschichte, Festschrift für Rudolf Braun zum 60. Geburtstag, Basel/Frankfurt a. M. 1990.

Schneebeli J. J., Der Bockenkrieg 1804, Stäfa 1904.

Stucki Fridolin, Zur Geschichte des Glarner Landjägerkorps und seiner Vorläufer, Jahrbuch des Historischen Vereins des Kantons Glarus, Heft 73, Glarus 1992.

von Flüe Niklaus, Die Mediationszeit in Obwalden, Historisch-Antiquarischer Verein Obwalden, Sarnen 1968.

Wiget Josef, Geschichte der Schwyzer Polizei, Entwicklung des Polizeiwesens im Stand Schwyz. 180 Jahre Schwyzer Polizei, Schwyz 1984.

Wittwer Walter, 175 Jahre Solothurner Polizei (nicht publiziert, im Staatsarchiv Solothurn), Solothurn 1979.

Züsli Franz, Beiträge zur Geschichte der Polizei-Organisation der Republik Zürich in der zweiten Hälfte des 18. Jahrhunderts, Diss. iur., Zürich 1967.

Quellen

Amtliche Sammlung der neuern Eidgenössischen Abschiede, Repertorium der Abschiede der eidgenössischen Tagsatzungen aus den Jahren 1803 bis 1813, Bern 1886.

Neues Militärarchiv, Bd. 1, Zürich 1804.

Neues Militärarchiv, Bd. 2, Zürich 1805.

Offizielle Sammlung 2, Schaffhausen 1805.

STASO, Gedruckte Mandate, Proklamationen, Erlasse, Gesetze und Verordnungen, 25. Januar 1803.

Tagblatt der Beschlüsse, Dekrete und Verordnungen, welche von dem Grossen und dem Kleinen Rath des Kantons Thurgau ausgegangen, 10 Bde., Bd. 1 und 6.

Der Aufruf der Tagsatzung vom 12. September 1803 in vollem Wortlaut

1. Die Gränzkantone der Schweiz sind eingeladen, in den Kommunikationsorten mit den benachbarten Staaten oder Gränzstätten Polizeiaufseher, Wächter, Piketer oder andere Beamtete aufzustellen, welche auf alle in die Schweiz kommende Fremde genaue Aufsicht haben sollen. Diese Beamtete werden unter Anderem den Auftrag erhalten, sich die Pässe von allen Fremden vorweisen zu lassen; diejenigen Fremden, welche mit keinem oder einem ungültigen Passe versehen, wie auch diejenigen, welche, ohne den Zweck ihrer rechtfertigen zu können, das Aussehen von Landstreichern oder Bettelgesindel haben, zurückzuweisen.

2. Alle Kantone sind ebenfalls eingeladen, in ihrem Innern eine hinlängliche Anzahl Polizeidiener oder Häscher zu bestellen, welche das Land durchreisen, die Landstreicher und Bettler auffangen und dem Polizei-Vorgesetzten zuführen werden. Dieser wird sorgen, dass dieselben nicht nur aus dem Kantone, in welchem sie aufgefangen, sondern auch aus dem Gebiete der ganzen Bundsgenossenschaft hinausgeführt werden, und zwar zur Gränze, welche ihrem Heimatsorte am nächsten liegt.

3. Wann der Vorgesetzte nöthig erachtet, solche Leute durch Polizeidiener begleiten zu lassen, so wird er dieselben mit Laufpässen oder andern nöthigen Anzeigen dem nächsten Vorgesetzten des angränzenden Kantons übergeben, welcher sie auf gleiche Weise von Ort zu Ort bis an die äusserste, dem Heimathort am nächsten gelegene Gränze führen lassen wird. Sollte der Vorgesetzte hinlänglich glauben, diese Leute mit Pässen zu versehen, so werden die Pässe eine Stadt oder Staat ausser der Bundsgenossenschaft als Bestimmungsort enthalten; den Weg, welchen der Träger zu gehen hat, genau bezeichnen; die Zeit, während welcher der Pass gültig, und welche so viel möglich auf die zu machende Reise berechnet seyn wird, bestimmen, und ihnen die Pflicht auferlegen, sich dem Polizeivorgesetzten aller durchzureisenden Kantone vorzustellen.

4. Wenn die Bettler oder Landstreicher einer Gemeinde der schweizerischen Bundsgenossenschaft angehören, so werden sie auf gleiche Art in ihre Gemeinde zurückgeschickt oder -geführt werden.

5. Die Kantonsgewalten sind ferner eingeladen, korrektionelle Strafen gegen diejenigen Bettler und Landstreicher festzusetzen, welche ausser den ihnen durch die Pässe angezeigten Wege gefunden, oder sich länger, als es ihnen gestatte, aufgehalten, oder endlich nachdem sie hinausgeführt wurden, wiederum ins Land getreten wären. Die nämlich Verfügung wird auch gegen die Schweizer Platz finden, welche sich aus ihrer Gemeinde geflüchtet, um wieder zum Landstreicher- und Bettelleben zurückzukehren.

6. Das Bettel- und Strolchengesindel, welches auf die oben beschriebene Weise aus einem Kanton dem Polizeivorgesetzten des benachbarten Kan-

tons zugeführt wird, soll in diesem letztern nach den in Handen habenden Laufpässen gehalten werden.
7. Es ist nicht nöthig, den Kantonen anzuempfehlen, den Unterhalt solcher Leute durch die von der Klugheit und Menschlichkeit angerathenen Massregeln zu sichern, welche von Gemeinde zu Gemeinde geführt, oder ihren Weg ohne sich aufzuhalten fortzusetzen gezwungen, kein Erhaltungsmittel hätten.
8. Sollte ohnerachtet dieser Verfügungen die Zahl der Bettler und Landstreicher in der Schweiz so sehr anwachsen, dass es, um das Land zu reinigen, ausserordentlicher allgemeiner Betteljägde bedürfte, so ist der Landammann der Bundsgenossenschaft bevollmächtigt, dieselben anzuordnen, und die Kantone werden sich angelegen seyn lassen, seinen Absichten zu entsprechen.[1]

Eide und Gelöbnisformeln der Kantonspolizei Zürich (1804)

A. Für den Chef des Landjägerkorps[2]

«Es schwört der Chef des Landjäger-Corps, der Regierung des Löbl. Cantons Zürich Treue und Wahrheit zu leisten; derselben Nutzen zu fördern, und Schaden zu wenden; Ihrer Befehle stets gewärtig zu seyn, und Ihre Verordnungen in allen seinen Dienstverrichtungen pünktlich zu befolgen, allen Aufträgen, die ihm zu Einführung und Handhabung der öffentlichen Sicherheit und einer guten Polizey ertheilt werden, aufs genauste nachzukommen; die strengste Ordnung, Disciplin und Pflichterfüllung bey seiner unterhabenden Mannschaft einzuführen, und zu erhalten; die Fehlenden ohne Ansehen der Person, nach dem Reglement zu behandeln; mit dem anvertrauten Gelde gewissenhaft umzugehen; über alles, was ihm geheim zu halten gebotten wird, oder woraus sonst Schaden oder Nachtheil entstehen könnte, Verschwiegenheit zu beobachten; endlich von niemandem Geld, oder andere Geschenke bey der Ausübung seiner Dienstverrichtungen anzunehmen.»

B. Für die Unteroffiziere[3]

«Es schwören die Unter-Officiere des Landjäger-Corps, der Regierung des Löblichen Cantons Zürich, Treue und Wahrheit zu leisten, derselben Nutzen zu fördern und Schaden zu wenden; aller über sie gesetzten Behörden, so wie auch ihres Chefs Befehlen getreulich nachzukommen, die vorgeschriebenen Verordnungen und Instructionen, die ihnen zur Handhabung der öffentlichen Ruhe, und einer guten Policey ertheilt werden, aufs genauste zu befolgen; Ordnung, Disciplin und Pflichterfüllung bey ihrer unterhabenden Mannschaft zu erhalten; die Fehlenden ohne Ansehen der Person nach dem Reglement anzuzeigen oder zu bestrafen; den anvertrauten Sold gewissenhaft und vorschriftsmässig auszuteilen; über alles was ihnen geheim zu halten geboten wird, oder woraus sonst Schaden entstehen könnte, Verschwiegenheit zu beobachten; Endlich von Niemandem Geld oder andere Geschenke bey der Ausübung ihrer Dienstverrichtungen anzunehmen.»

C. Für den Gemeinen Landjäger[4]

«Es schwören die Gemeinen Landjäger der Regierung des Löblichen Cantons Zürich, Treue und Wahrheit zu leisten; derselben Nutzen zu fördern, und Schaden zu wenden, aller über sie gesetzten Behörden, so wie auch des Chefs und der Unter-Officiers des Corps, Befehlen getreulich nachzukommen; die vorgeschriebenen Verordnungen und Instructionen, die ihnen zur Handhabung der öffentlichen Ruhe und einer guten Policey ertheilt werden, aufs genaueste zu befolgen; die Bettler, verdächtigen herumschweifenden Personen und Verbrecher anzuhalten, und zu derselben Entdeckung, so viel möglich beyzutragen; über alles was ihnen geheim zu halten geboten wird, oder Nachtheil entstehen könnte, Verschwiegenheit zu beobachten; von Niemand Geld oder andre Gaben, bey der Ausübung ihrer Dienstverrichtungen anzunehmen; endlich sich der strengsten und gewissenhaftesten Pflichterfüllung zu befleissigen.»

---

1 Urkunden zum Repertorium der Abschiede der eidgenössischen Tagsatzungen vom Jahre 1803 bis Ende des Jahrs 1813, Bern 1843, S. 261.
2 OSM II, S. 102f. Reglement für das Landjäger-Corps des Cantons Zürich vom 19. 6. 1804, Eidesformel für den Chef.
3 StAZ PP 25. 1. Protokoll der Landjäger-Kommission vom 26. 7. 1804, Ziffer 17.
4 Ebenda.

Gründungsdaten der Landjägerkorps

	Kanton	Korpsgründung	Als Vorläuferorganisation
Neugründungen infolge der Mediation	VD	4. Juni 1803	
	SG	28. Juni 1803	
	AG	8. Juli 1803	
Bestehende Strukturen aufgrund der Mediation und vor dem Aufruf der Tagsatzung angepasst	AI	1803	Tagwächter
	SO	25. Januar 1803	Harschiere
	AR	8. Mai 1803	Haschiere
	TG	28. Mai 1803	Polizeiwache
	LU	13. August 1803	

Aufruf der Tagsatzung vom 12. September 1803

Bestehende Strukturen aufgrund des Aufrufs angepasst	FR	12. September 1803	Maréchaussée
	BE	26. Oktober 1803	
	SZ	29. November 1803	
	AI	1803	Tagwächter
	SO	1. März 1804	

Bockenkrieg, 20. März bis 30. April 1803

Bestehende Strukturen als Folge des Bockenkriegs angepasst	FR	16. Mai 1804	
	GR	30. Mai 1804	
	TI	2. Juni 1804	
	ZG	8. Juni 1804	
	ZH	27. Juni 1804	
	OW	30. August 1804	
	UR	19. September 1804	
	GL	18. Dezember 1804	
	SH	18. Februar 1805	
	TG	26. Februar 1807	

Spätere Neugründungen

	NE	27. Juni 1809	
	NW	17. Juni 1811	
	GE	8. Januar 1814	
	VS	4. Dezember 1815	
	BS	21. Juni 1816	
	BL	30. März 1832	
	AI	12. November 1863	
	OW	7. Mai 1908	
	AR	1. Juli 1972	
	JU	1. Januar 1979	

Uniformen 1803/04

	Uniform	Aufschläge	Gilet	Hosen	Epauletten	Gamasche	Kopfbedeckung
ZH	Aschgrau	Schwarzer Kragen	Aschgrau	Aschgrau	Schwarz	Schwarz	Rund, seitlich aufgeschlagen, Kantonskokarde
BE	Aschgrau	Blauer Kragen, Aufschläge	Gilet mit weissen Knöpfen	Aschgrau	Blau	Schwarz	Rund, seitlich aufgeschlagen, Kantonskokarde
VD	Dunkelblau	Grüner Kragen, Verzierungen	Dunkelblau, weisse Knöpfe	Dunkelblau	Blau	Schwarz	Dreieckig mit Kokarde
SG	Grau	Grüner Kragen, Aufschläge, Passepoils	Grünes Gilet, weisse Knöpfe	Grau mit grünen Biesen	Grün	Schwarz, weisse Knöpfe	Dreieckig mit Kantonskokarde
AG	Aschgrau	Grüner Kragen, Aufschläge	–	Aschgrau	Grün	Schwarz	Runder Hut, grüner Busch, Kokarde
LU	Grün	Himmelblau	Strohgelb	Grün	Blau/weiss	Schwarz	Runder Hut mit Kokarde, schwarzer Feder
SO	Aschgrau	Schwarzer Kragen, Aufschläge	Weste	Aschgrau	–	Gamasche	Dreieckig mit Kokarde
FR	Aschgrau	Grüner Kragen, Aufschläge	–	Aschgrau	–	Schwarz	Hut mit Schnur und Schleife
ZG	Dunkelblau	Weisser Kragen, Aufschläge	–	Innen mit Leder	–	–	Seitlich aufgeschlagener Hut
GL	Blau	Hellblau	–	Blau	–	–	Runder, seitlich aufgeschlagener Hut mit Kokarde
SH	–	–	–	–	–	–	Seitlich aufgeschlagener Hut mit Kokarde
TG	Dunkelgrau	Dunkelblaue Aufschläge	–	Dunkelgrau	Blau	–	Seitlich aufgestülpter Hut mit schwarzer Feder
OW	Blau	Hellblau	–	Blau	–	–	Wollhut mit Kokarde

Armatur (Bewaffnung) 1803/04

	Gewehr	Säbel	Patronentasche	Schliesszeug	Sonstiges	Munition	Lederzeug
ZH	Karabiner	Säbel an Schulterriemen	Weidsack an Schulterriemen	Däumeleisen	Strick	Pulver, Schrot	Schwarz
BE	Karabiner	Infanteriesäbel	Weidsack an Schulterriemen	Däumeleisen	Strick	Pulver, Schrot	Schwarz
VD	Gewehr mit Bajonett	Kurzer Säbel an Schulterriemen	Weidsack an Schulterriemen	–	–	Pulver	Schwarz
SG	Stutzer mit schwarzem Riemen	Säbel an Schulterriemen	Patronentasche mit Riemen am Leib	–	–	Jahresbedarf an Pulver	Schwarz
AG	Kurzes Gewehr	Säbel an Riemen	Patronentasche	–	Stock	20 Patronen	Schwarz
LU	Kurzes Gewehr	Kurzer Säbel mit Lederschlagband	Patronentasche	–	Stock, Luzerner Schild	–	Schwarz
SO	Stutzer	Säbel	Weidsack	–	–	–	Schwarz
FR	Kurzes Gewehr, Bajonett	Kurzer Säbel mit Gehenk	Patronentasche mit Riemen am Leib	–	–	25 Patronen, Zündsteine	Schwarz
ZG	Kurzes Gewehr mit Bajonett	Säbel	Patronentasche	–	–	–	Schwarz
GL	Geladene Pistole	Säbel	–	–	Kreuzriemen	–	Schwarz
SH	Stutzer	Säbel	Weidsack	–	–	Scharfe Patronen	Schwarz
TG	Karabiner oder kurzer Stutzer	Säbel	Patronentasche	–	–	–	Schwarz
OW	Kurzes Gewehr	Säbel	–	–	–	–	–

Korpsstärke / Gründungsdatum / Anwerbungsdauer bei der Gründung

Kanton	Gründung	Korpsstärke	Anwerbungsdauer	Altersbereich
AI	1803	1 Tagwächter		
AR	8. 5. 1803	20 Harschiere		
VD	4. 6. 1803	100 Gendarmen		Zwischen 25 und 50
SG	28. 6. 1803	115 Landjäger	3 Jahre	
AG	8. 7. 1803	59 Landjäger	6 Jahre	
TG	28. 5. 1803	15 Polizeiwächter		
LU	13. 8. 1803	40 Landjäger		
BE	26. 10. 1803	100 Landjäger	2 Jahre	
SZ	29. 11. 1803	5 Landjäger		
SO	1. 3. 1804	30 Landjäger	2 Jahre	
FR	16. 5. 1804	43 Gendarmen	2 Jahre	Zwischen 24 und 50
GR	30. 5. 1804	8 Landjäger		
TI	2. 6. 1804	60 Landjäger		
ZG	8. 6. 1804	5 Landjäger		
ZH	8. 6. 1804	62 Landjäger	2 Jahre	
OW	30. 8. 1804	3 Landjäger	2 Jahre	
UR	19. 9. 1804	3 Landjäger		
GL	18. 12. 1804	8 Landjäger		
SH	18. 2. 1805	10 Landjäger		Zwischen 20 und 60
TG	26. 2. 1807	15 Landjäger		

Besoldungen 1803/04

Grad	Zürich	Bern	Waadt	St. Gallen
Chef	1000 Franken/Jahr	1600 Pfund/Jahr	1200 Pfund/Jahr	1800 Franken/Jahr
Lieutenant			960 Pfund/Jahr	1200 Franken/Jahr
Feldweibel		500 Pfund/Jahr	12 Batzen/Tag	*24 Kreuzer/Tag
Fourier	12 Batzen/Tag	400 Pfund/Jahr	11 Batzen/Tag	*16 Kreuzer/Tag
Wachtmeister	10 Batzen/Tag	400 Pfund/Jahr	11 Batzen/Tag	*16 Kreuzer/Tag
Korporale	9 Batzen/Tag	350 Pfund/Jahr	10 Batzen/Tag	*10 Kreuzer/Tag
Gefreite/Tambouren			9½ Batzen/Tag	*10 Kreuzer/Tag
Gemeine	7½ Batzen/Tag	300 Pfund/Jahr	9 Batzen/Tag	38 Kreuzer/Tag

* Hinzu kamen für die Unteroffiziere spezielle Tagesentschädigungen.

Umrechnungstabelle[1]

1 Gulden	2 Pfund (15 Batzen)
1 Pfund	7½ Batzen
Alter Franken	10 Batzen
1 Batzen (Btz.)	4 Kreuzer (Kr.)

Kaufkraft der alten Geldsorten 1804, umgerechnet auf 2004 (= 10× mehr als 1954)
1 Pfund = etwa 80 Franken, 1 Batzen = etwa 8 Franken, 1 Kreuzer = 2 Franken

Lebenskosten 1805 (in der Stadt Bern)

1 Pfund Ruchbrot	4 Kreuzer
1 Pfund weisses Brot	6 Kreuzer
1 Pfund Käse	15–17 Kreuzer
1 Mass Wein	4 Batzen
1 Pfund Rindfleisch	2 Batzen

Der Taglohn eines Handlangers betrug 1805 bei zehnstündiger Arbeit 8 Batzen!

---

1 Hans Arnet, 150 Jahre Kantonspolizei Bern, S. 53.

Polizeidichte in den Kantonen (ohne Stadt- und Gemeindepolizeikorps)

Kanton	Polizeibestand[1]	Bevölkerung[2]	Fläche (km²) [3]	1 Polizist auf Anzahl Einwohner	1 Polizist auf km²
ZH	1804 63	192 882	1729	2841	27,5
	1991 1700 [4]	1 153 400	1729	678	1,0
BE	1803 106	229 104	6884	2161	64,9
	1991 1419	942 600	6050	664	4,3
LU	1803 40	86 722	1492	2168	37,3
	1991 400	316 100	1492	790	3,7
UR	1804 3	11 843	1077	3947	358
	1991 93	34 100	1077	366	11,6
SZ	1803 5	23 127	908	4625	182
	1991 129	108 600	908	841	7,0
NW	1811 7	10 424	290,5	1489	41,5
	1991 52	32 300	276	621	5,6
OW	1804 3	9 123	474,8	3041	158,2
	1991 44	28 700	491	652	11,2
GL	1804 8	24 119	685	3014	85,5
	1991 62	37 700	685	608	11,0
ZG	1804 5	12 487	239	2497	47,8
	1991 161	84 800	239	526	1,5
FR	1804 43	62 072	1670	1443	38,8
	1991 365	203 700	1670	558	4,5
SO	1804 30	49 084	791,5	1636	26,4
	1991 313	223 400	791	713	2,5
BS	1816 17	40 900	460,3	2405	27,0
	1991 964	191 900	37	124	0,5
BL	1832 15	–	428	–	28,5
	1991 354	229 900	428	649	1,2
SH	1805 10	25 751	294	2575	29,4
	1991 155	71 200	298	459	1,9
AR	1972 20	39 652	243	1983	12,1
	1991 71	51 100	243	719	3,4
AI	1803 1	12 000	172	12 000	172
	1991 19	13 700	172	721	9,0
SG	1803 115	137 034	2014	1191	17,5
	1991 478	416 400	2014	871	29,4
GR	1804 8	–	7132	–	891
	1991 339	176 900	7107	522	20,9
AG	1803 60	105 532	1405	723	9,6
	1991 592	489 900	1405	349	0,2
TG	1807 15	81 076	1014	5405	67,6
	1991 289	201 800	1014	199	11,3
TI	1804 62	90 179	2800,9	1454	45,1
	1991 540	286 600	2811	531	5,2

Kanton	Polizeibestand[1]		Bevölkerung[2]	Fläche (km²)[3]	1 Polizist auf Anzahl Einwohner	1 Polizist auf km²
VD	1803	100	148 483	3252	1485	32,5
	1991	900	576 400	3219	640	3,6
VS	1815			5226		
	1991	462	249 300	5226	540	48
NE	1809			797		
	1991	270	159 600	797	591	3,0
GE	1814			282		
	1991	1500[4]	377 500	282	24,3	0,2
JU	1991	–	–	837		
	1991	99	65 300	837	659	8,5

1　Bestand bei Gründung des Korps bzw. Zahlen aus «Die Kantonspolizeien der Schweiz» von 1991.
2　Erhebungen während der Helvetik (BABE, Helvetik 1090^K und 1090^L) und Erhebung von 1991 in «Die Kantonspolizeien der Schweiz».
3　Vor und nach Gebietsabtretungen (Wiener Kongress und neuer Kanton).
4　Ohne Flughafenbewachung.

Autorenverzeichnis

René Bieri (*1931), während 39 Jahren in verschiedenen Funktionen bei der Kantonspolizei Zürich, zuletzt als Adjutant. Publikationen zur Uniformengeschichte und zur Bewaffnung des Polizeikorps. Ehrenmitglied der Schweizerischen Gesellschaft für historische Waffen- und Rüstungskunde.

Hubert Foerster (*1943), lic. phil., 1968 Adjunkt, seit 1998 Staatsarchivar des Kantons Freiburg, hat sich – neben Themen zur Freiburger Geschichte – der Militärgeschichte mit Schwerpunkt Helvetik und Mediation, darunter besonders dem Bockenkrieg, verschrieben.

Hans Rudolf Fuhrer (*1941), PD Dr. phil., Dozent für Militärgeschichte an der Militärakademie an der ETH Zürich und Privatdozent für Schweizerische Militärgeschichte an der Universität Zürich.

Michael Hess (*1970), lic. phil., wissenschaftlicher Mitarbeiter Corporate History der Credit Suisse Group. Autor verschiedener militärhistorischer Studien zur Schweiz im Mittelalter.

Joseph Jung (*1955), Prof. Dr. phil., Leiter Ressort Foundations and Corporate History der Credit Suisse Group. Zahlreiche Publikationen zur Wirtschafts- und Kulturgeschichte der Schweiz.

Otto Sigg (*1943), Dr. phil., seit 1969 am Staatsarchiv des Kantons Zürich tätig, seit 1983 als dessen Leiter. Zahlreiche Veröffentlichungen zur Landes- und Lokalgeschichte des Kantons Zürich, sozial-, rechts- und agrarhistorische Ausrichtung.

Jürg Stüssi-Lauterburg (*1954), Dr. phil., seit 1984 Vorsteher der Eidgenössischen Militärbibliothek in Bern. Autor mehrerer Bücher und Mitglied des Grossen Rates des Kantons Aargau.

Peter Ziegler (*1937), Prof. Dr. phil. h. c., von 1973 bis 1999 Didaktiklehrer für Geschichte, Sekundar- und Fachlehrerausbildung an der Universität Zürich.

Bildnachweis

Grafische Sammlung Zentralbibliothek Zürich:
S. 13, 34, 36, 39, 41, 65

Schweizerisches Landesmuseum:
1. Umschlagseite, S. 81, 82, 83, 85, 115, 119, 121

Staatsarchiv des Kantons Zürich: S. 51

Kantonales Hochbauamt, Zürich: S. 8

Kantonspolizei Zürich: S. 139, 150

Napoleonmuseum, Arenenberg: S. 11

Ortsmuseum Sust, Horgen:
4. Umschlagseite, S. 15, 21, 25, 50, 101, 108, 109, 125

Heinz Egli, Zürich: S. 57

Ortsmuseum Sust

Das Ortsmuseum Sust in Horgen, das sich der Geschichte und Kultur von Horgen widmet, präsentiert das Thema «Bockenkrieg» in einer Sonderausstellung (Anfang November 2004 bis Ende Februar 2005). Teile davon werden in die permanente Ausstellung überführt.

Konzept und Gestaltung: John Schoch
Texte: Michael Hess

Weitere Informationen zur Ausstellung über den «Bockenkrieg 1804» wie auch über das Ortsmuseum sind erhältlich beim Kurator Walter E. Buholzer.

Ortsmuseum Sust
Bahnhofstrasse 27
8810 Horgen
Tel. 01 725 15 58

Öffnungszeiten:
Samstag/Sonntag 14–17 Uhr
(Gruppen- und Spezialführungen nach telefonischer Voranmeldung jederzeit möglich)
Eintritt frei